实用新型
专利权评价报告制度的
运行、分析及展望

国家知识产权局专利局专利审查协作北京中心
组织编写

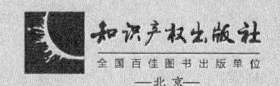

图书在版编目（CIP）数据

实用新型专利权评价报告制度的运行、分析及展望/国家知识产权局专利局专利审查协作北京中心组织编写. —北京：知识产权出版社，2024.9. —ISBN 978－7－5130－8600－4

Ⅰ. D923.424

中国国家版本馆 CIP 数据核字第 2024LD3532 号

内容提要

本书通过对实用新型专利权评价报告的实际运行状况进行全面评估，阐释了实用新型专利权评价报告在实用新型制度体系中的作用，并通过探讨实用新型专利权评价报告的应用价值及其法律地位，为完善评价报告制度提供依据，并为实用新型专利权评价报告制度的改革方向提供有价值的参考。

责任编辑：王祝兰　　　　　　　　　责任校对：潘凤越
封面设计：杨杨工作室·张　冀　　　责任印制：孙婷婷

实用新型专利权评价报告制度的运行、分析及展望

国家知识产权局专利局专利审查协作北京中心◎组织编写

出版发行：知识产权出版社有限责任公司	网　　址：http://www.ipph.cn
社　　址：北京市海淀区气象路 50 号院	邮　　编：100081
责编电话：010－82000860 转 8555	责编邮箱：wzl_ipph@163.com
发行电话：010－82000860 转 8101/8102	发行传真：010－82000893/82005070/82000270
印　　刷：北京九州迅驰传媒文化有限公司	经　　销：新华书店、各大网上书店及相关专业书店
开　　本：787mm×1092mm　1/16	印　　张：12
版　　次：2024 年 9 月第 1 版	印　　次：2024 年 9 月第 1 次印刷
字　　数：222 千字	定　　价：88.00 元
ISBN 978－7－5130－8600－4	

出版权专有　侵权必究

如有印装质量问题，本社负责调换。

编写组

王名佳　王　博　张剑云

前　言

党的二十大对知识产权法治工作作出重要部署，党的二十大报告提出要"加强知识产权法治保障，形成支持全面创新的基础制度"，"推进科学立法、民主立法、依法立法，统筹立改废释纂，增强立法系统性、整体性、协同性、时效性"，为知识产权法律制度建设工作提出了根本遵循。同时，《知识产权强国建设纲要（2021—2035年）》指出要"构建门类齐全、结构严密、内外协调的法律体系。开展知识产权基础性法律研究，做好专门法律法规之间的衔接，增强法律法规的适用性和统一性。根据实际及时修改专利法"。

实用新型专利权评价报告制度的设立目的是在实用新型专利权运用中，评估实用新型专利权的稳定性。从2000年第二次《中华人民共和国专利法》（以下简称《专利法》）修改设立专利权评价报告制度的前身专利检索报告制度起，历次《专利法》修改不断对该制度进行改革和完善，实用新型专利权评价报告制度逐渐成为实用新型制度及其体系发展中的重要组成部分。国家知识产权局官网2015年4月1日在第四次《专利法》修改专题《关于〈中华人民共和国专利法修改草案（征求意见稿）〉的说明》中指出"专利权评价报告在侵权纠纷中没有发挥其应有的作用"，国家知识产权局微信公众号2016年在《专利法修订草案你问我答｜专利权评价报告制度篇》[1]中指出要"进一步发挥评价报告在司法和行政程序中的作用"，2023年2月发布的《最高人民法院　国家知识产权局关于强化知识产权协同保护的意见》[2]中指出要"完善专利权评价报告在侵权诉讼中的使用机制"。

然而经梳理过往的研究成果发现，专利权评价报告基于其设立初衷、法律地位在实际应用中所发挥的作用如何，在运行中还存在哪些问题，尤其是与专利权

---

[1] 国家知识产权局. 专利法修订草案你问我答：专利权评价报告制度篇［EB/OL］.（2016-07-28）［2024-04-15］. https://mp.weixin.qq.com/s17-WZQfdOgRAo2ylZzu_dMw.

[2] 国知发保字〔2023〕3号。

评价报告相关的法律法规、司法解释等变迁对其实际应用所产生的影响，均未被系统地进行梳理、分析和研究。除了"作为审理、处理专利侵权纠纷的证据"这一核心意义，专利权评价报告在司法诉讼、行政执法的其他方面及相关经济活动、电商平台等应用场景中，也显现出特别的作用和价值，但未被系统地挖掘、整理及归纳呈现。此外，自2015年起未见针对实用新型专利权评价报告制度运行情况的全面评估研究，而2015年之后由于实用新型专利的活跃性，其数据样本更丰富，更能体现其在制度改革变化中的实际运行状况。同时，我国近年来大量质量不高的实用新型申请难遏制、掣肘审查效率、挤兑审查资源的现状，加剧了实用新型专利权稳定性评估的迫切性，也对实用新型制度本身构成挑战。

本书旨在通过对实用新型专利权评价报告的实际运行状况进行全面评估，阐释了实用新型专利权评价报告在实用新型制度体系中所真实发挥的作用，并通过探讨实用新型专利权评价报告的应用价值及其法律地位，为完善评价报告制度提供依据，并为实用新型专利权评价报告制度的改革提供有价值的参考。

本书编著者中，张剑云主要执笔第一章、第二章第一节及附录（共5.4万字），王博主要执笔第二章第二节、第三节及第三章第二节（共5.2万字），王名佳主要执笔第三章第一节、第三节及第四章（共10.1万字）。本书的编著得到国家知识产权局专利局专利审查协作北京中心诸多领导和同事的支持和帮助，特此感谢石贤敏、王大鹏老师对本书的悉心指导，感谢乔佳琪、张秀清、李青、陈龙、王岩、李靓在本书第二章数据分析中所作出的贡献。同时感谢知识产权出版社王祝兰、崔思琪、潘凤越三位老师在本书出版过程中的耐心指导。本书虽倾尽编著者的智慧和心血，然仍难免有疏漏和差错，望读者批评指正。

目 录

第一章 实用新型专利权评价报告制度概述 …………………………… 1
　第一节　专利权评价报告制度的由来 ……………………………………… 1
　　一、专利权评价报告的概念 ………………………………………………… 1
　　二、专利权评价报告的性质与作用 ………………………………………… 2
　第二节　国外实用新型相关制度及后续确权方式 ………………………… 2
　　一、采取形式审查制的国家 ………………………………………………… 4
　　二、采取初步审查制的国家 ………………………………………………… 8
　　三、采用实质审查制的国家 ………………………………………………… 10
　第三节　我国实用新型专利权评价报告制度的历史沿革 ………………… 14

第二章　我国实用新型专利权评价报告制度运行现状及分析 ……… 19
　第一节　实用新型专利权评价报告现状及分析 …………………………… 20
　　一、宏观统计数量分析 ……………………………………………………… 20
　　二、国内外申请人请求状况分析 …………………………………………… 22
　第二节　实用新型专利权评价报告的作出状况 …………………………… 37
　　一、专利权评价报告的认可情况 …………………………………………… 37
　　二、专利权评价报告与确权程序作出结论的比较 ………………………… 40
　　三、专利权评价报告结论对司法程序的影响 ……………………………… 47
　第三节　实用新型专利权评价报告在经济活动中的使用状况 …………… 52
　　一、专利权评价报告在专利权实施许可中的使用状况 …………………… 54
　　二、专利权评价报告在专利权转让中的使用状况 ………………………… 60
　　三、专利权评价报告在专利权质押中的使用状况 ………………………… 64
　　四、专利权评价报告在电子商务中的使用状况 …………………………… 69

第三章　我国实用新型专利权评价报告制度运行中的问题 …………… 72
第一节　实用新型专利权评价报告对司法诉讼、行政执法的影响 ……… 72
一、专利权评价报告对侵权诉讼立案条件的影响 ……………… 73
二、专利权评价报告对侵权诉讼中止的影响 …………………… 89
三、专利权评价报告对专利权稳定性和有效性的影响 ………… 101
四、专利权评价报告对侵权诉讼中专利侵权抗辩的影响 ……… 107
五、专利权评价报告在限制恶意诉讼中发挥的作用 …………… 114
六、专利权评价报告对诉中行为保全的影响 …………………… 117
七、专利权评价报告对专利侵权纠纷行政处理的影响 ………… 118
第二节　专利权评价报告在专利法历次修改中的遗留问题 ……………… 123
一、专利权评价报告的性质及法律地位 ………………………… 123
二、关于请求人资格主体的扩大 ………………………………… 125
三、关于专利权评价报告的请求时机和作出时限 ……………… 128
四、关于专利权评价报告的作出及公开程序 …………………… 131
第三节　专利权评价报告制度对确权制度的影响 ………………………… 134
一、专利权评价报告制度与无效宣告程序制度之比较 ………… 134
二、专利权评价报告制度对无效宣告程序制度之影响 ………… 137

第四章　我国实用新型专利权评价报告制度的改革进路 ……………… 144
第一节　专利权评价报告在我国专利确权与侵权纠纷解决中作用发挥情况 … 144
一、在解决维权周期长方面作用发挥不显著 …………………… 145
二、在专利权"弱有效推定"的侵权判定中被限制发挥作用 … 148
三、在遏制权利滥用、规范权利行使方面作用发挥不理想 …… 150
第二节　专利确权与侵权纠纷解决架构域外借鉴 ………………………… 151
一、美国专利确权与侵权纠纷解决架构 ………………………… 152
二、德国专利确权与侵权诉讼解决架构 ………………………… 154
三、日本专利确权与侵权诉讼解决架构 ………………………… 156
第三节　我国实用新型专利权评价报告制度的改革进路 ………………… 158
一、现有制度框架下实用新型专利权评价报告制度建议 ……… 158
二、突破现有制度框架的实用新型专利权评价报告制度构建 … 165

附　录 …………………………………………………………………………… 171

参考文献 ………………………………………………………………………… 180

第一章　实用新型专利权评价报告制度概述

第一节　专利权评价报告制度的由来

专利权评价报告制度或类似制度的产生本身是由于相应专利审查制度无法全面进行专利权稳定性审查而作出的一种弥补，因此专利权评价报告或类似程序存在与否、专利权评价报告或类似程序具体在各个国家以何种形式存在以及专利权评价报告或类似程序自身的法律地位如何，也都与各个国家自身的审查制度以及该制度在相应国家的法律效力、应用实践等层面有非常密切的关系。

一、专利权评价报告的概念

由于我国对实用新型申请以及外观设计申请采用初步审查制进行审查，因此，授权的实用新型专利和外观设计专利由于缺乏对权利要求所请求保护的技术方案的全面评价，其稳定性无法被保证。当出现侵权诉讼等情况时，由于权利的不稳定，专利权人对其权利的预期不能明确，进而可能会出现滥诉等不必要的诉讼，造成司法资源的浪费以及对他人权利的损害。而未经过实质审查的实用新型专利或外观设计专利在出现权利纠纷时，其被宣告无效的可能性也比较大，而无效宣告程序由于造成诉讼中止明显会拉长案件的正常审理周期，对专利权人以及利害关系人都会造成负面影响。因此，专利权评价报告制度的设立也正是在一定程度上减少司法资源浪费、减轻当事人负担的一种手段。

《中华人民共和国专利法》（以下简称《专利法》）第六十六条第二款规定：专利侵权纠纷涉及实用新型专利或者外观设计专利的，人民法院或者管理专利工作的部门可以要求专利权人或者利害关系人出具由国务院专利行政部门对相关实用新型或者外观设计进行检索、分析、评价后作出的专利权评价报告，作为审理、处理专利侵权纠纷的证据；专利权人、利害关系人或者被控侵权人也可以主动出具专利权评价报告。

《专利审查指南2023》第五部分第十章规定："国家知识产权局根据请求，对相关实用新型专利或者外观设计专利进行检索，并就该专利是否符合专利法及其实施细则规定的授权条件进行分析和评价，作出专利权评价报告。"

因此，专利权评价报告有助于相关主体了解实用新型专利或者外观设计专利的权利稳定性，这在实用新型专利或者外观设计专利的权利应用时将给专利权人或者利害关系人带来一定的裨益。

二、专利权评价报告的性质与作用

《专利审查指南2023》第五部分第十章规定：专利权评价报告是人民法院或者管理专利工作的部门审理、处理专利侵权纠纷的证据，主要用于人民法院或者管理专利工作的部门确定是否需要中止相关程序。专利权评价报告不是行政决定，因此请求人不能就此提起行政复议和行政诉讼。

根据上述规定可知，专利权评价报告是实用新型专利和外观设计专利侵权纠纷中的重要证据，该证据的提交会对侵权纠纷相关程序的中止提供一定程度的参考价值。

第二节　国外实用新型相关制度及后续确权方式

目前世界上一共有超过200多个国家、地区或组织存在知识产权相关制度，根据《世界实用新型专利运用指南》中给出的统计数据，截至2017年年底，世界上有实用新型制度或者类似制度的国家或地区有120个。这120个国家或地区中，有本国或者本地区的实用新型制度的国家或地区有93个，另外27个国家分别作为非洲地区工业产权组织（ARIPO）和非洲知识产权组织（OAPI）的成员方引入实用新型制度。❶ 同时在"一带一路"沿线，一共有38个国家或地区设立了实用新型专利制度（包括中国）。

在设有实用新型制度或类似制度的国家或地区中，不同国家或地区对其所采用的名称也并不完全相同，包括有utility model——实用新型（德国、日本、韩

---

❶ 曲淑君. 世界实用新型专利运用指南[M]. 北京：知识产权出版社，2019：1-2.

国、意大利和中国等），petty patent——小专利（泰国和印度尼西亚等）、innovation patent——革新专利（已经取消实用新型制度的澳大利亚曾经的叫法），short term patent——短期专利（中国香港）、certificate utility——实用证书（法国）、utility innovation——实用创新（马来西亚）等。

在设有实用新型制度或类似制度的国家或地区中，对实用新型进行单独立法的一共有11个，包括德国、日本、韩国、奥地利、匈牙利、爱沙尼亚、捷克、罗马尼亚、斯洛伐克、丹麦和芬兰。

通过已有研究成果，可知这120个国家或地区所存在的实用新型制度或者类似制度的主要审查方式为以下三种：形式审查制、初步审查制或实质审查制（本书主要基于实用新型授权前所进行的审查程序进行上述三种审查类型分类，例如授权前仅做初步审查的，则归入初步审查制；授权前要先后经过初步审查和实质审查的，则归入实质审查制）。其中形式审查制是指仅对实用新型专利申请的形式缺陷进行审查；初步审查制是指对实用新型专利申请的形式缺陷和部分实质性缺陷进行审查，但基本不主动进行现有技术检索；而实质审查制则是指通过现有技术检索对实用新型专利申请的新颖性和/或创造性以及其他造成不能授权的实质性缺陷进行完整的审查。

统览全球，已存在实用新型制度或者类似制度的国家和地区，虽然在立法情况、审查方式、保护客体、保护期限、评价方式等方面存在相同或不同之处，但是它们有一个共通的地方就是审批程序相对简单、审批周期相对较短以及因其自身的特点而在地域性技术创新、保护以及对制度所覆盖的国家、地区或组织的经济活动起到一定的积极作用。

然而，世界范围内的实用新型制度或者类似制度不同的审查方式必然会带来实用新型专利申请被授权后其权利稳定性有所不同。通常情况下，采用实质审查制的实用新型专利的权利稳定性要大于采用初步审查制的实用新型专利的权利稳定性，而采用初步审查制的实用新型专利的权利稳定性又要大于采用形式审查制的实用新型专利的权利稳定性。

基于实用新型自身审查制度的不同，不同国家或地区针对实用新型专利的权利稳定性要求在后续会设立不同的确权程序或者方式，例如采用形式审查制或初步审查制的实用新型在确权或诉讼时往往需要与评价报告（或类似制度）、异议制度、实质审查相结合。但是并非所有设有实用新型的国家或地区都会设立评价报告或类似制度，例如采用实质审查制的国家或地区，其就不存在对应的评价报告或类似制度。而且对于有评价报告或类似制度的国家或地区，其在自身实用新型制度体系中的具体名称、提出方式、评价内容等方面可能也不同，例如名称可能是检索报告、现有技术报告、专家报告、技术评价报告、检索服务等，评价报告可以通过"强制"和"请求"两种方式作出，评价内容可能仅涉及新颖性、工业实用性等。

由此可知，基于实用新型专利权利稳定性的不同，各国家或地区实用新型制度或者类似制度在进一步的确权以及诉讼中衍生出了很多种方式。然而无论辅以何种手段，其主要目的都是对相关实用新型制度进行补充，以满足对权利稳定性的评估或满足确权/诉讼要求等。

下面来看看世界范围内的实用新型制度或者类似制度以及其后续的确权方式。

一、采取形式审查制的国家

形式审查制基本等同于注册制，即实用新型专利申请在符合受理条件的情况下即被注册登记并给予相应的证书，因此，采用形式审查制的国家或地区的实用新型制度或类似制度的注册登记使这种形式审查的结果实际获得的并不是专利权，而只是一种行政登记结果。进而后续确权和诉讼必然需要辅以其他的程序和手段才能够完成。目前已知的在完成实用新型注册登记后的进一步确权过程包括形式审查制＋检索报告、形式审查制＋评价报告、形式审查制＋请求实质审查、形式审查制＋异议制＋实质审查等。

据统计，采用形式审查制的国家或地区数量多达57个，其中代表性国家包括澳大利亚、奥地利、波兰、德国、法国、芬兰、捷克、墨西哥、日本、土耳其、乌克兰、西班牙、意大利等。下面对采用形式审查制并结合其他程序来完成实用新型专利确权的代表性国家作进一步的介绍。

1. 德国（形式审查制＋检索报告）

德国是目前世界上公认的最早颁布实用新型保护制度的国家，其早在距今133年前的1891年就颁布并实施了实用新型保护法，而其他国家或地区制定的实用新型制度或者类似制度都可以认为是在德国实用新型保护法的基础上衍生以及发展起来的。德国法中的"专利"实质并不包括实用新型和外观设计，这也构成了《德国专利法》和《德国实用新型法》分别立法的基础。同我国的专利类型相比，德国的专利相当于我国的发明专利，而实用新型和外观设计分别与我国的实用新型专利和外观设计专利相当。

《德国专利法律之二次简化和现代化法》于2021年8月10日由德国总统签署，且其主体部分于2021年8月18日生效，部分规定于2022年5月1日起生效，其中对《德国专利法》《德国实用新型法》等十部法律分别作了不同程度的修订。因此，现行的《德国专利法》《德国实用新型法》皆可以认为是上述相关修订后的版本。不过上述修订并不是将《德国专利法》和《德国实用新型法》合二为一了，二者依然在单独立法的基础上分别作出修订，且均有配套的实施细则。

德国实用新型采用的是形式审查制即注册制，德国专利商标局对实用新型仅作形式上是否满足保护要求的审查以及是否属于实用新型保护客体的审查，不作其他实质性缺陷的审查。不过实用新型的申请人或者注册登记的权利人以及第三人是可以要求德国专利商标局针对该实用新型进行公开出版物的检索的，即要求德国专利商标局对该实用新型作出检索报告，其中对于实用新型专利申请人请求作出检索报告的时间不作限制，但是对于第三人请求作出检索报告的时间有限制，即需要到该实用新型专利授权完成后才可以提出。而检索的结果会通知到检索的请求人，其中当检索请求人为实用新型的申请人或者注册登记的权利人时，其可对检索结果发表意见，而当检索请求人为第三人时，第三人则没有这种权利。不过即使这种针对该实用新型所作的基于公开出版物的检索结果否定了该实用新型的新颖性和/或创造性，这种检索结果都不会影响实用新型的注册登记。由此可知，德国实用新型制度仍然属于授权容易且授权速度较快的一种制度，但是权利的稳定性并不好，不过由于德国实用新型检索报告的审查内容与德国专利的实质审查内容实质一致，因此，德国实用新型检索报告在专利侵权纠纷中对于法院和当事人的参考价值很高。

另外，德国实用新型的撤销程序类似我国针对实用新型的无效宣告程序，任何人都可以基于实用新型的主题是否属于被排除的主题、缺乏三性、存在同样主题已经受到保护的专利或者实用新型以及修改超范围等事实向德国专利商标局要求撤销实用新型。另外，《德国实用新型法》规定，德国专利商标局作出的实用新型检索报告的行为属于具体行政行为，当事人可以就其向法院对作出该报告的机关提出行政诉讼。❶

2. 意大利（形式审查制+检索报告）

1474年3月19日，意大利威尼斯颁布了世界上第一部专利法，因此，威尼

---

❶ 李建伟. 我国专利权评价报告制度研究 [D]. 合肥：安徽大学，2021.

斯被认为是专利法的发源地。如今，意大利作为《保护工业产权巴黎公约》（以下简称《巴黎公约》）以及《专利合作条约》的成员国，国外企业和个人都可以通过《巴黎公约》和《专利合作条约》途径在意大利申请专利。但是由于欧洲专利体系中不存在实用新型，而《专利合作条约》规定，意大利的指定局和选定局都是欧洲专利局，因此，申请人实质上无法通过《专利合作条约》途径在意大利获得实用新型的保护，通过《巴黎公约》途径获得意大利实用新型保护是唯一的途径。

意大利专利商标局（UIBM）对符合其保护客体的实用新型仅作形式审查。但是意大利的专利程序规定，对所有按照《巴黎公约》提交的且未要求优先权的包括实用新型专利申请的意大利国家申请，欧洲专利局都将为其提供检索报告和审查意见，而当意大利专利商标局收到欧洲专利局出具的检索报告和审查意见后，将进一步制定标准的审查报告，随后转达给申请人，要求其针对报告中提及的意见进行答复，如果申请人不做答复，则该申请将被驳回。因此，虽然意大利专利商标局自身仅对其实用新型申请做形式审查，但该实用新型申请实质要在欧洲专利局进行检索以及三性意见的审查，进而意大利专利商标局才会基于欧洲专利局的该检索报告和审查意见给出最终的标准审查报告，因此，意大利的实用新型实际要经过形式审查＋检索报告的共同审查才能最终授权，且这种程序交互的过程难免造成审查周期偏长，通常都需要3年左右才能有最终结果。

意大利实用新型在最终授权后任何人都能够直接向意大利专利商标局提起专利无效请求，而无效结果主要用于后续专利侵权诉讼。

3. 日本（形式审查制＋评价报告）

在1884年4月18日正式颁布的《专卖特许条例》为日本历史上第一部真正意义上的专利法，但是《专卖特许条例》的生效却是在10年后的1894年7月1日。趁着加入《巴黎公约》的契机，日本陆续颁布并实施了《日本专利法》、《日本外观设计法》和《日本商标法》，并在1905年开始实施《日本实用新案法》。《日本实用新案法》相比《德国实用新型法》晚了仅14年，属于世界上较早建立实用新型保护制度的国家之一。截至《日本实用新案法》出台，日本产业财产权"四法"（即《日本专利法》《日本外观设计法》《日本商标法》《日本实用新案法》）正式形成。日本随后又于1909年和1921年先后两次对《日本专利法》、《日本外观设计法》、《日本商标法》以及《日本实用新案法》进行修订，形成了相对稳定的日本财产权制度的架构体系，该架构体系也一直沿用了下来。

1905 年的《日本实用新案法》主要以保护比发明专利创造性低的小发明为核心，针对实用新案不审查其新颖性和创造性，因此实用新案的审查周期短，但权利稳定性不高。

1993 年，日本对其 1905 年制定并一直沿用的《日本实用新案法》进行了大规模的修改，将实用新案的创造性标准提升至与发明的创造性标准一致的程度，对市场生命周期相对较短的技术方案以尽早保护为出发点采取与当时德国、法国等类似的登记制度，不再进行初步审查。同时，由于登记制度使得没有专利性的技术方案被登记，进而会造成权利滥用等各种问题，这次修改还涉及了在《日本实用新案法》中引入具有官方评价性质的实用新案技术评价书制度。日本实用新案技术评价书制度规定了实用新案的权利人在行使权利前有出示实用新案技术评价书的义务，并且对权利人在具体实施其权利时，还增加了一些限制性的规定。但是法律规定实用新案技术评价书不属于行政决定，且请求主体可以为任何人，且提出时间为递交申请后的任意时间，包括权利到期以后。在实用新案受到侵权损害时相关当事人要先提交技术评价书，如不提交就发出侵权警告，会被认定为是权利的不正当行使，需要当事人承担相应的法律责任。同时实用新案技术评价书也是侵权诉讼中的起诉要件，原告在起诉时不提交实用新案技术评价书，则该侵权诉讼案件不会被法院受理。

4. 澳大利亚（形式审查制＋请求实质审查）

澳大利亚专利曾分为三种类型，分别是：标准专利（standard patent）、革新专利（innovation patent）以及短期专利（short-term patent）。其中革新专利是澳大利亚专利局于 2001 年引入的，目的在于保护那些达不到澳大利亚标准专利创造性门槛的小发明和小创造，类似中国的实用新型专利。

澳大利亚的革新专利在经过形式审查后即可授权，保护周期为 8 年。在保护期内，可以对革新专利提出实质审查请求，而且只有实质审查通过才可以对革新专利行使相应的权利，不过澳大利革新专利的实质审查对其创造性要求也非常低。此外，澳大利亚的革新专利不仅保护产品，还保护方法，这与我国实用新型专利的保护客体并不相同，同时革新专利还可以转化为标准专利，而我国实用新型专利自身是不存在类型转换可能的；另外，革新专利还可以基于标准专利以分案的形式提出，而中国实用新型分案和母案的类型必须相同。不过从 2021 年 8 月 15 日开始，澳大利亚已经废除了革新专利和短期专利，只保留了标准专利。

5. 巴西（形式审查制+请求实质审查）

巴西是南美洲经济体量最大的国家，也是南美洲拥有专利数量最多的国家，而且远超其他国家。近年来，巴西作为金砖国家之一越来越受到投资者的青睐，特别是美国将巴西作为其很重要的投资对象。

巴西是世界上第四个建立专利制度的国家，其知识产权保护体系相对来说也比较完善。但是通过相关统计数据可知，巴西专利失效数量在一半以上，且巴西专利审查周期极其漫长。不过当前可以通过专利审查高速路（PPH）完成对特定技术领域的专利审查，明显改善了巴西专利的审查效率。

巴西实用新型的申请流程为：提交申请、形式审查、公布申请、请求并进行实质审查、授权。因此，巴西实用新型需要经过实质性的技术审查才能够获得授权，对于未提出实质审查申请的，将被驳回。但是审查周期比专利的审查周期要短 2 年左右，巴西实用新型保护期限为 15 年。

6. 古巴（形式审查+异议制+实质审查）

古巴于 1904 年加入《巴黎公约》，于 1996 年加入《专利合作条约》，现行的专利相关法律为 2011 年 11 月 20 日开始实施的《古巴发明、工业品外观设计和实用新型法》。

古巴对实用新型仅作形式审查。古巴实用新型自申请日起 18 个月后公开，任何相关人员在从实用新型公布之日起 60 天的异议期内都可以对实用新型提出异议。在异议期满后则不能对该实用新型再次提交意见。在异议期满后的 12 个月内，古巴工业产权局开始对实用新型进行新颖性和非显而易见性的实质审查。申请人可以针对审查意见在指定期限内进行答复。古巴工业产权局最终基于实质审查结论以及申请人的答复意见作出最终是否授权的决定。任何人都可以向古巴工业产权局提交无效请求且不受时间限制。

二、采取初步审查制的国家

笔者在前面已经说过，初步审查制仅对实用新型专利申请的形式缺陷和部分实质性缺陷进行审查，但基本不进行现有技术检索，且在初步审查合格后即授予专利权。正是由于初步审查不涉及通过全面检索来对新颖性、创造性以及其他实质性缺陷进行衡量，因此，在此种制度下授权的实用新型专利的权利稳定性通常都较差，进而后续程序中通常都会辅以其他手段来给出确权参考依据以满足诉讼中有关权利稳定性的要求。目前统观全球，审查阶段采用初步审查制的国家或地区除了中国还有匈牙利、白俄罗斯、泰国、格鲁吉亚、斯洛文尼亚、智利等。下面来看看其中代表性国家的实用新型制度以及其如何确保达到授权后权利稳定性的要求。

1. 匈牙利（初步审查+撤销程序）

早在1895年，匈牙利就在其国内颁布了专利法，并于1909年加入《巴黎公约》，于1980年加入《专利合作条约》，自2003年1月1日起成为欧洲专利组织成员国。

同德国一样，匈牙利的专利法和实用新型法各自单独立法，匈牙利的专利相当于我国的发明专利，实用新型与我国实用新型专利相当。现行的《匈牙利实用新型法》于2018年1月1日修订实施并沿用至今。

匈牙利实用新型保护的也是创新高度低于专利的新的技术方案，主要为产品的构造、结构以及部件排布等。实用新型的申请人可以直接向匈牙利知识产权局（HIPO）提交实用新型申请，也可以通过《专利合作条约》途径提交申请来获得匈牙利实用新型保护。匈牙利知识产权局对实用新型的审查涉及：是否属于实用新型保护的客体、是否具有实用性、是否符合单一性要求以及优先权成立与否等内容。由此可知，匈牙利实用新型在授权前的审查不仅仅是形式审查，其属于初步审查的范畴。

然而对于匈牙利实用新型在新颖性、创造性以及技术方案是否公开充分等层面是否符合实用新型法的规定，却并不是匈牙利实用新型初步审查的内容。根据《匈牙利实用新型法》，这些内容会在实用新型被授权后的撤销程序中去认定进而基于认定结果作出实用新型权是否被撤销的决定。关于匈牙利实用新型的撤销，根据《匈牙利实用新型法》的相关规定，请求撤销实用新型权的请求人可以为任何人。对于匈牙利知识产权局所作出的关于实用新型的授权、失效、撤销等决定不服的当事人可以依法向法院请求复查。

2. 白俄罗斯（初步审查+无效程序）

白俄罗斯的实用新型是指关于产品形状、结构、配置等技术性特征的新颖而有效的技术方案，同样要具有与发明专利一样的实用性、新颖性和创造性。但是白俄罗斯实用新型申请保护的条件并没有发明那么严苛，白俄罗斯实用新型仅进行初步审查，审查涉及形式缺陷、是否符合实用新型保护的客体以及权利要求技术方案是否有单一性等。因此，在白俄罗斯，对于那些达不到发明专利技术水平的技术方案，通过申请实用新型是很容易获得保护的。之前，白俄罗斯的实用新型保护期为5年，并可延长3年。2018年7月7日，白俄罗斯关于《发明专利、实用新型和工业品外观设计法》的修正案正式生效，该修正案将实用新型的有效期延长为最长10年，而不再是此前的5年+3年了，这也与目前国际上的实用新型10年的保护期保持了一致。

白俄罗斯规定了在专利保护期内任何人都可以对已授权的发明专利或实用新型专利、外观设计专利提出无效请求，且请求人和专利权人有权参与复审委员会的相关程序。专利权人自专利证书签发起5年内、实用新型和外观设计证书签发起3年内不充分实施相应专利的，任何打算实施专利但权利人却拒绝签订许可合同的都可以向法院申请颁发非单独强占强制许可证。

3. 泰国（形式审查+新颖性和工业实用性审查才可被颁布证书）

《泰国专利法》要求保护发明、产品设计和小专利。其中的小专利大致类似于中国的实用新型专利。

泰国的小专利可以是产品或者方法，这点与我国实用新型的保护主体不同。泰国小专利在形式审查合格后进行公告，此后1年内任何人都可以要求泰国知识产权厅对该小专利进行涉及新颖性和工业实用性的审查，经审查合格后的小专利申请将被颁发注册证书，从申请到拿到注册证书的时间需要2年左右，而泰国小专利的保护期为6年，但可以延展2次，总共也为10年。

对于小专利，任何人如果对小专利的专利性存疑都是可以上诉到法庭要求取消其专利权的。但是在发生侵权纠纷时，法院并不会要求小专利的所有人出具证明该小专利的专利性的文件。

三、采用实质审查制的国家

由于采用实质审查实际已经完成实用新型专利的确权程序，因此，采用此种审查制度的国家或地区的后续诉讼以及专利转化运用皆无需额外的确权程序。目前大概有16个国家或地区采用实质审查制，代表性国家包括俄罗斯、韩国、格鲁吉亚、马来西亚、葡萄牙、印度尼西亚等。

1. 俄罗斯（实质审查+撤销程序）

俄罗斯于1812年通过了其历史上的第一部专利法，1994年，俄罗斯开始编纂民法典，而《俄罗斯民法典》首次规定实用新型是赋予法律保护的专利权客体，现行《俄罗斯民法典》于2014年10月1日起正式实施。俄罗斯法律体系中的实用新型等同于我国的实用新型专利。

根据现行法律的规定，俄罗斯实用新型要先后进行形式审查和实质审查才能够被授予专利权。因此，俄罗斯实用新型专利权相对稳定。

俄罗斯联邦知识产权局规定了，任何人都可以向其提出撤销实用新型的请求，而实用新型权利人当其实用新型专利受到侵犯时，可以直接向侵权者发送律师函或者向法院提起诉讼，而无须提供任何证明其实用新型专利权稳定性的证据。

2. 韩国（实质审查＋无效程序）

韩国现行的专利法和实用新型法各自独立立法，韩国历史上多次对实用新型法进行修改，韩国实用新型于1999年由实质审查制度改为辅以"技术评价报告"的形式审查制度，但是在2006年10月1日又将其再次修改为与发明专利同样经过实质审查才能获得专利权的制度。而现行的《韩国实用新型法》于2015年1月1日起生效，其中对实用新型的审查制度未再作出改变。

目前，韩国实用新型申请被韩国知识产权局（KIPO）受理后，首先进行形式审查，形式审查合格后，实用新型申请被进行分类，从申请日或者优先权日起18个月后，该实用新型申请将被公布，随后基于实质审查请求，韩国知识产权局将对该实用新型进行实质审查，而实质审查请求可以在从申请日或优先权日起的3年内随时提出。韩国实用新型的实质审查主要针对新颖性、创造性、公开是否充分、权利要求保护范围是否清楚等实质缺陷进行。基于上述缺陷的审查结果以及申请人的答复情况，韩国知识产权局对该实用新型作出注册或者驳回决定。由此可知，韩国实用新型由于要进行先公布后进入实质审查最终才能被注册的程序，因此，审查周期与我国发明专利的审查周期比较接近，也远超我国实用新型的审查周期。

韩国实用新型经过实质审查被驳回后可以由申请人要求重审，这点类似于我国的复审程序；另外，审查员也可以依职权取消实用新型的注册决定而启动重审程序。对经过重审后维持驳回决定的实用新型申请，申请人可以向专利法院提出诉讼，对专利法院判决结果不服的，可以进一步上诉。

韩国实用新型自注册公告日起的3个月内，任何人均可以对其提出无效申请。

此外，韩国的专利申请（相当于我国的发明专利申请）和实用新型申请可以相互转换。专利申请的申请人在收到最初的驳回决定通知书起的30日内，可以将其类型由专利变更为实用新型来获得保护。韩国专利和实用新型保护客体不同，同样存在产品和方法的区别，因此，在将韩国专利申请变更为实用新型申请时，专利申请中的方法权利要求必须要删除。

3. 格鲁吉亚 ［实质审查 + 重审（利害关系人）/无效（任何人）程序］

格鲁吉亚是世界贸易组织成员以及世界知识产权组织成员，加入了大多数与知识产权有关的国际条约，包括《巴黎公约》以及《专利合作条约》等。根据世界知识产权组织的统计，格鲁吉亚的发明专利以及实用新型专利年申请量目前都低于百件，表明其专利活动度比较低，也反映出创新、创造类活动在格鲁吉亚比较缺乏以及国际上对格鲁吉亚市场的淡漠。

不过即使存在如上的现状，格鲁吉亚对其实用新型仍然采取了较为严格的审查措施，即要通过形式审查以及客体审查、新颖性和创造性审查后才能被授予专利权。不过格鲁吉亚实用新型的新颖性检索范围仅限于对其国内提交过的申请的检索，而创造性对比文件的检索范围却扩展至世界范围内的文献公开以及使用公开。格鲁吉亚也存在类似中国的一案双申制度，对发明和实用新型分别独立审查并作决定，不过也规定了，在发明专利授权时，要撤回相应的实用新型专利，且规定了由于发明专利申请缺乏新颖性被驳回的，已授权的实用新型专利随之失效，这点与中国不同。而且在授权之前，发明和实用新型可以相互转换。

格鲁吉亚实用新型授权后且在权利存续期内，实用新型的利害关系人可以以该实用新型不符合授权条件为由向格鲁吉亚知识产权中心请求重审该实用新型，请求人要说明该实用新型不符合授权条件的理由并提供证据。格鲁吉亚实用新型授权后，任何人也可以向法院请求宣告已授权的实用新型无效。由此能够看出，格鲁吉亚实用新型授权后的权利稳定性可以从两条路线被挑战，一条仅限于利害关系人向格鲁吉亚知识产权中心提出，另一条为任何人可以向法院提出。

4. 马来西亚（实质审查 + 无效程序）

马来西亚在1983年颁布了专利法，并在2006年对其进行修订，对专利、实用创新及工业设计提供保护。

马来西亚实用创新的保护客体与我国不同，其既可以是产品，也可以是方法。马来西亚实用创新的保护期限为10年，但可以连续两次延展，且每次的延展期为5年。即马来西亚实用创新的总保护期限可以与发明相同。

马来西亚的实用创新在经过形式审查后，还需要经过实质审查才能够获得授权。马来西亚实用创新的实质审查又分为标准实质审查以及变通的实质审查。其中标准实质审查由马来西亚知识产权局自己对实用创新进行检索和审查，以对实用创新的新颖性和工业实用性进行评价。而变通的实质审查则是指，如果在马来西亚之外的规定国家或根据某些条约和公约，与本实用创新要求保护的发明创造相同或者实质相同的发明创造已经获得授权，则马来西亚知识产权局将基于该发明创造的授权结果简化本国的审查过程。只有在实质审查合格后，实用创新才能被授予专利权。

在马来西亚，请求宣告实用创新无效的请求人可以为任何相关利益人。而且，在马来西亚，单个权利要求的一部分也可以被宣告无效。

5. 葡萄牙（实质审查+无效程序）

葡萄牙的专利分为发明专利、实用新型和外观设计三大类，而实用新型的保护客体与发明并没有区别，也就是说葡萄牙实用新型不仅保护产品，还保护方法。不过葡萄牙实用新型制度的根本目的也是通过采用更简便、更快速的行政程序来对发明创造进行保护。葡萄牙实用新型的保护期为6年，但可以连续两次续展，每次续展期为2年。

根据世界知识产权组织的统计，葡萄牙实用新型的年申请量在百件左右。

葡萄牙实用新型在提交申请后，将首先对申请的形式缺陷和是否属于实用新型的保护客体进行初步审查。初步审查合格后的实用新型将被公布。在初步审查合格后，如果申请人未要求对该实用新型进行实质审查，此时葡萄牙工业产权局将通知申请人该实用新型申请将被授予临时专利权。一旦申请人或者第三人提出实质审查请求，该实用新型的临时专利权将终止。葡萄牙实用新型的实质审查涉及对该实用新型所请求保护技术方案新颖性和创造性的审查。葡萄牙规定，如果实用新型专利的持有人希望通过诉讼或者仲裁来主张其权利，则其必须要求葡萄牙国家工业产权局对该实用新型进行实质审查。换句话说，处于临时保护期的实用新型无法通过司法诉讼来主张其权利。

已经授权的葡萄牙实用新型也可以被宣告无效，但是被宣告无效的实用新型一定是已经经过实质审查后被授权的实用新型，处于临时保护期的实用新型不能被宣告无效，因为处于临时保护期的实用新型本身也不能在后续司法诉讼中进行权利主张。不过特别值得一提的是，葡萄牙的这种临时授权虽然不能成为专利权人作为其权利主张的手段，但是专利权人可以在获得临时授权后再进行市场调研以及结合自身专利布局的需求去选择是否进入实质审查并最终获得稳定的实用新型专利权。

6. 印度尼西亚（实质审查+撤销程序）

印度尼西亚是东南亚最大经济体以及二十国集团成员国，也是"一带一路"沿线国家。在印度尼西亚的专利体系中，除了与我国发明专利对等的普通专利，还有另外一种大致与我国实用新型对应的简易专利（simple patent）。《印度尼西亚专利法》规定，简易专利可授予任何新发明，包括现有产品的开发或过程的开发，只要其具有实际用途，并且可以在工业中应用。因此，与我国实用新型保护客体不同，印度尼西亚的简易专利不仅保护产品，也保护方法。

印度尼西亚简易专利申请的提交途径仅限于直接向印度尼西亚知识产权局提交以及通过《巴黎公约》途径进行提交，不能通过《专利合作条约》途径向印度尼西亚知识产权局提交简易专利申请。

印度尼西亚简易专利申请要经过形式审查、公布、实质审查这些程序后才能够获得授权，但对每个阶段的期限要求都比较高，总审查周期要求在6个月左右要作出。虽然印度尼西亚简易专利要进行实质审查，但其审查标准与发明专利的审查标准相比还是要宽松很多的。印度尼西亚简易专利的保护期也为10年。

由于印度尼西亚简易专利采用实质审查制，因此，印度尼西亚简易专利后续在专利确权以及维权程序中不再存在类似于中国的评价报告制度。

《印度尼西亚专利法》设置了两种不同的程序来撤销专利权，一种是通过向复审委员会提出异议要求撤销对应的专利权，另一种是向商事法院提出无效请求，二者并行存在。

第三节 我国实用新型专利权评价报告制度的历史沿革

我国实用新型专利制度作为中国专利制度的重要组成部分，旨在保护小发明、小创造，是对发明专利制度的重要补充，在我国专利保护体系中具有独特的作用。而且基于我国实用新型专利申请量、授权量连续多年稳居世界第一的现状，我国实用新型专利同发明专利一样，在激发我国创新主体的创新热情、促进技术转化、保护创新成果等方面起到了与发明专利同样重要和积极的作用。

但是在实用新型专利权的深化应用过程中，创新主体实际存在对实用新型专利权利稳定性进行评估的需求。因此，在我国前期所执行的实用新型初步审查模式下，为了对其专利权的稳定性给出参考价值，先后出现了实用新型专利检索报告制度以及用于替代实用新型专利检索报告制度的专利权评价报告制度。

由此可知，我国专利权评价报告制度并不是专利制度一诞生就有的，其是在专利制度诞生后、在后续专利权转化和运用过程中才得以出现并被不断加以优化的。

对于我国实用新型专利而言，用于对其专利权稳定性进行评价的专利检索报告制度以及专利权评价报告制度的历史发展进程可归纳如下。

1. 阶段一（1985年4月—2001年6月）

本阶段为1985年专利制度诞生直至2001年6月即第二次修改后的《专利法》实施前。

1985年4月1日起正式实施的《专利法》明确规定，对发明、实用新型和外观设计等三类发明创造均给予保护。这是我国的第一部专利法。

随着《专利法》的实施和运行，其中不完善以及不适应科技发展变化之处也在不断显现，于是在1992年我国对《专利法》进行首次修改。但本次修改与实用新型相关的内容仅限于将实用新型保护期限由之前规定的5年修改为10年，同时将专利权的续展程序（实用新型专利的保护期限为5年，并可通过申请续展3年）取消。

上述修改加强了对实用新型专利权的保护，同时实用新型专利的保护期限采取了与国际上普遍一致的10年保护期限，实现了实用新型保护期限与国际接轨。然而由于我国专利制度从1985年诞生至1992年也仅经过了短短7年，虽然此时的中国已进入改革开放的发展阶段，但很多专利授权后的应用仍然处于初步发展状态，涉及权利稳定性以及权利纠纷的案件相对较少，因此，1992年针对《专利法》的修改并没有涉及对实用新型专利应用中权利稳定性的相关评价内容。

在1985年4月—2001年6月的这个阶段中，我国实用新型审查采取的完全是初步审查制度，即在该初步审查程序中，仅对实用新型专利申请的形式缺陷以及明显实质性缺陷进行审查，在缺陷消除后即可作出授权决定。其中形式缺陷审查涉及申请文件是否齐全、申请费是否缴足、申请人资格、著录项目以及申请文件是否满足出版条件要求等；而明显实质性缺陷审查则是对是否属于实用新型保护客体、具有实用性、说明书清楚完整、具有明显新颖性、具有单一性等明显实质性缺陷进行审查，以保证经过初步审查后所授权的实用新型专利质量相对稳定。此阶段在实用新型专利申请获得授权后，除了无效宣告程序，不存在能够对实用新型专利权进行新颖性、创造性以及其他导致不能授予专利权的实质性缺陷进行二次认定的程序，这使专利权人清楚知晓其实用新型专利的权利稳定性非常被动。

截至2000年，我国专利制度已经运行15年，此时我国在经济、科技等领域也取得长足的发展，《专利法》在新的经济、科技环境下也存在修改的必要性。

2. 阶段二（2001年7月—2009年9月）

2000年我国对《专利法》进行第二次修改，修改后的内容从2001年7月1日起正式生效，而实用新型专利检索报告制度也正是在本次《专利法》修改时引入的，主要是为了解决实用新型专利仅经过初步审查且没有其他任何的确权环节，存在法律稳定性不强进而容易造成滥诉等一系列问题。根据2001年公布的《中华人民共和国专利法实施细则》（以下简称《专利法实施细则》）第五十六条，检索报告仅就专利是否符合新颖性或者创造性作出评判，不涉及其他的专利授权实质要件。因此，第二次修改《专利法》所引入的实用新型专利检索报告相当于是为仅经过初步审查后就授权的实用新型专利做一次"初步体检"，便于专利权人在行使权利前能够对其权利的稳定性作出一个涉及"三性"的基本判断，同时也能够为专利司法和行政执法提供关于权利稳定性的初步证据，以减少不必要的诉累。

然而随着实用新型专利检索报告制度的运行，其在解决一定程度的权利稳定性判断以及减少诉累等问题的同时也存在需要进一步完善的需求，例如：检索报告请求人的范围仅被限定为专利权人，而利害关系人或者其他第三人无权提请作出实用新型专利检索报告；在专利权人提出请求至国家知识产权局作出检索报告的期间内，专利权人无法进行任何意见陈述；检索报告在作出后并未向社会公众公开，公众对于已授权的实用新型专利权的稳定性无法借助检索报告进行辅助判定等。因此，伴随着《专利法》的进一步修改，实用新型专利检索报告的改革也被提上了日程。

3. 阶段三（2009年10月—2021年5月）

2008年《专利法》进行第三次修改，修改后的内容从2009年10月1日起正式生效，而2010年第三次修改后的《专利法实施细则》是从2010年2月1日起开始生效。第三次修改中用"专利权评价报告"替代了之前的"专利检索报告",同时其相关内容也作了一定改动,包括:将对象由实用新型专利扩大到了实用新型和外观设计两种专利;将请求人的范围扩大为不仅包括专利权人,还包括利害关系人;"专利权评价报告"的内容也并不仅限于通过检索来对实用新型专利权利要求的新颖性和创造性进行评价,还包括有对实用新型和外观设计能否授予专利权的其他实质性缺陷进行分析评价,以期望能够更加全面地对专利权的稳定性作出评价;专利权评价报告的时效性本次也得以加强,本次修改后的《专利法实施细则》第五十七条规定了国家知识产权局应当自收到专利权评价报告请求后2个月内作出专利权评价报告;此外,针对评价报告还增加了"更正程序"以及新增任何单位或者个人都可以查阅或者复制专利权评价报告的规定等。本次修改在《专利法》层面明确了我国的专利权评价报告的法律地位。

然而在专利权评价报告的实际应用中,当专利权人或利害关系人预期评价报告结论对其有利时,其通常会主动提出请求并在后续侵权诉讼或行政执法环节主动出具该评价报告以佐证其专利权的稳定性;而当预期评价报告结论对其不利时,专利权人、利害关系人实际缺乏请求动机,进而更谈不上后续利用该评价报告来助益侵权诉讼或者行政执法处理了。另外,国家知识产权局在专利权评价报告中给出否定性结论,实际并不意味着专利权的终止,进而专利权人或利害关系人如果仍以该专利权实质并不稳定的专利控告他人侵权,也无相应的限制或惩罚措施,即在专利权人或者利害关系人享有了请求作出专利权评价报告的权利的同时,并未对专利权人或者利害关系人因专利权评价报告被作出而应尽到的义务作出任何说明和限制,造成了请求作出评价报告的主体在享有该请求权利的同时不需要承担任何责任和义务,使得该程序权利和义务的不平等,浪费了行政资源。不过本次修改后的《专利法》还是规定了实用新型专利权人控告他人侵犯其专利权的,人民法院或者行政机关可以要求其出具由国家知识产权局作出的专利权评价报告。因此,当专利权评价报告给出否定性结论时,专利权人或者利害关系人必然是不想在后续程序中出具该评价报告的,但是人民法院或者行政机关针对专利权人控告他人侵权的这种情形,是可以要求其出具该否定性结论的专利权评价报告进而给出快速的司法判决或者行政决定,不过由于上述规定中对出具专利权评价报告的要求被定义为"可以",因此,其不构成侵权诉讼以及行政执法立案的要件,也不是案件中止的条件,即使专利权人拖延不提供专利权评价报告,人民法院以及行政机关还是要基于案件其他要件继续审理,这也造成了评价报告结论为否定性意见时应用效力大打折扣的情况。

4. 阶段四（2021 年 6 月迄今）

2020 年我国对《专利法》进行了第四次修改，修改后的内容从 2021 年 6 月 1 日起正式生效。修改后的《专利法》第六十六条第二款规定：专利侵权纠纷涉及实用新型专利或者外观设计专利的，人民法院或者管理专利工作的部门可以要求专利权人或者利害关系人出具由国务院专利行政部门对相关实用新型或者外观设计进行检索、分析和评价后作出的专利权评价报告，作为审理、处理专利侵权纠纷的证据；专利权人、利害关系人或者被控侵权人也可以主动出具专利权评价报告。

由此可知，本次对专利权评价报告制度所作的进一步修改主要涉及增加被控侵权人为请求人，便于在侵权诉讼程序中，被控侵权人能够充分了解侵权专利的专利权稳定程度以及对侵权风险作出评估，进而采取合理的应对措施或者基于专利权评价报告的否定性结论提交无效宣告请求来宣告该专利权无效，在一定程度上降低了侵权诉讼成本并提升了时效性。

然而，虽然本次修改扩大了评价报告请求人的范围，但社会公众依然不具备请求作出专利权评价报告的资格，这也在一定程度上限制了评价报告的应用范围。统观全球，其他很多国家/地区的评价报告制度或类似制度，对评价报告的请求人都放开为任何人。虽然任何人都可以请求主管机关作出专利权评价报告会导致请求量明显增加从而带来评价报告作出压力，同时评价报告作出后其后期利用率如果不能同步提升则属于明显的行政资源浪费，但是向公众放开评价报告的请求权利依然是大势所趋。

另外，本次《专利法》修改并未对专利权评价报告的法律地位作任何调整，其依然被限定为可以作为法院审理专利侵权案件或者管理专利工作的部门处理专利侵权纠纷的证据，因此，专利权评价报告的实际应用效率预期也不会在此次《专利法》修改后有较大程度的变化。

第二章　我国实用新型专利权评价报告制度运行现状及分析

实用新型专利权评价报告的设立目的是在实用新型专利权运用中，评估实用新型专利权的稳定性，因而实用新型专利权评价报告制度是实用新型制度体系的重要组成部分。在实用新型专利权评价报告多年的运行中，其应用场景和作用价值不断丰富和提升。比如在 2008 年第三次修改《专利法》后，实用新型专利权评价报告的法律地位被定义为"作为审理、处理专利侵权纠纷的证据"，请求人类型由仅包括"专利权人"扩大到了"专利权人或者利害关系人"，评价内容也由检索报告的"对实用新型专利权利要求的新颖性和创造性进行评价"扩大至"包括有对实用新型和外观设计能否授予专利权的其他实质性缺陷进行分析评价"，增加"更正程序"便于请求人能够对评价报告的结论有一次陈述意见的机会、对评价报告完成的时间作出规定以及新增任何单位或者个人都可以查阅或者复制专利权评价报告的规定等。

同时，随着我国在建设知识产权强国的道路上由追求数量向追求质量的方向转变，实用新型专利权评价报告制度目前也在运行层面不断地作着调整。比如在 2020 年第四次修改的《专利法》中进一步扩大了专利权评价报告适格请求人的范围，将 2008 年第三次修改的《专利法》中确定的"专利权人或者利害关系人"的请求人范围进一步扩大为"专利权人、利害关系人或者被控侵权人"，即侵权诉讼双方都可以请求国家知识产权局作出专利权评价报告，这就避免了评价报告为否定性结论时，专利权人或利害关系人规避提交评价报告情形的出现。此外，根据《专利审查指南 2023》的规定，专利权人请求作出专利权评价报告的时机也被提前至专利申请授权登记时，有利于专利权人更快获得相关专利权利稳定性的参考依据。

本章将重点展示 2010—2020 年这 11 年间实用新型专利权评价报告的各种实际运行数据，对实用新型专利权评价报告运行的基本情况作尽可能全面的分析和展示，同时努力找寻其中的规律，以期了解和掌握这 11 年间，实用新型专利权评价报告在实用新型制度体系中所真实发挥的作用。

第一节　实用新型专利权评价报告现状及分析

一、宏观统计数量分析

由于 2020 年新型冠状病毒疫情对世界整体经济产生影响，从 2020 年开始各类统计数据皆呈现异常波动。为降低上述原因所造成的对整体统计数据的影响，本章各项数据的统计区间主要分布在 2010—2020 年。

图 2 - 1 展示了 2010—2020 年各年度实用新型专利权评价报告作出量与实用新型专利的年度申请总量、年度授权总量、累计维持数量之间的对比。由图 2 - 1 可知，2010—2020 年，实用新型专利年度申请总量、年度授权总量以及累计维持数量皆呈持续增长趋势，表明我国创新主体对实用新型专利一直保持较高的热情和青睐，也反映出实用新型专利仍然符合我国的科技发展水平以及切实为我国创新主体提供了有效的知识产权保护。

图 2 - 1　实用新型年度申请、授权、维持总量与评价报告年度作出量对比

2010—2020 年我国实用新型专利权评价报告作出总量为 49392 件，然而这 11 年的实用新型专利权评价报告各年度作出量并非持续增长，具体是，2010—2016 年作出量逐年增加并在 2016 年达到峰值 6309 件，而在 2016 年后作出量开始逐年下降，特别是 2020 年出现断崖式下跌，年作出量跌至 2415 件，约为 2016

年的 1/3。另外，在 2016 年前，实用新型专利权评价报告作出量的历年增长率介于 7.13% 和 26.86% 之间，其中 2015 年增长率为历年最高，达到 26.86%；而在 2016 年后的连续三年（2017—2019 年），实用新型专利权评价报告作出量呈现逐渐下降的趋势，增长率为负值且介于 -6.84% 和 -5.6% 之间。而 2020 年新型冠状病毒疫情直接影响各类型维权活动的开展，笔者认为这是造成当年实用新型专利权评价报告作出量仅为 2415 件，环比下降达 53.56% 的主要原因之一。

针对图 2-1 中实用新型评价报告作出量在 2016 年后突然下降这一现象，笔者推测造成该拐点出现的诱因可能是 2015 年 1 月 19 日由最高人民法院审判委员会第 1641 次会议通过且于 2015 年 2 月 1 日起施行的《最高人民法院关于修改〈最高人民法院关于审理专利纠纷案件适用法律问题的若干规定〉的决定》中的相关规定的改动。本次修改将该规定中的第八条第一款具体修改为：

"对申请日在 2009 年 10 月 1 日前（不含该日）的实用新型专利提起侵犯专利权诉讼，原告可以出具由国务院专利行政部门作出的检索报告；对申请日在 2009 年 10 月 1 日以后的实用新型或者外观设计专利提起侵犯专利权诉讼，原告可以出具由国务院专利行政部门作出的专利权评价报告。根据案件审理需要，人民法院可以要求原告提交检索报告或者专利权评价报告。原告无正当理由不提交的，人民法院可以裁定中止诉讼或者判令原告承担可能的不利后果。"

上述修改中将原告"应当在起诉时出具由国务院专利行政部门作出的检索报告"修改为原告"可以出具由国务院专利行政部门作出的专利权评价报告"。这将原告在对实用新型专利提起侵犯专利权诉讼时所必须承担的责任和义务修改为一种可选择的行为，且只能在请求人是权利人和利害关系人的情况下，直接导致了请求国家知识产权局作出专利权评价报告数量的下降。

然而在第四次《专利法》修改中，专利权评价报告的请求人已经从"专利权人或者利害关系人"扩大至"专利权人、利害关系人或者被控侵权人"，因此，专利权评价报告请求主体的扩大，将可能由于专利权评价报告为否定性结论造成的专利权人和利害关系人请求动机低的情形抛向了被控侵权人。笔者预测请求主体扩大至包括被控侵权人在一定程度上会推动预期为否定性结论的评价报告请求量的增长，以帮助被控侵权人在侵权诉讼中做到有效防御，因此，在第四次《专利法》修改以及我国经济环境不断复苏向好局面的影响下，未来专利权评价报告的请求量和作出量以及专利权评价报告在侵权诉讼及行政执法中的应用在理论上应呈现正向增长的趋势。

从图 2-1 可以看出，与实用新型专利权年度授权总量相比，历年请求作出实用新型专利权评价报告的专利数量不到其年度授权总量的千分之一。这反映出我国创新主体偏重于追求专利数量，对实用新型专利自身权利稳定性的考量缺乏一定的主动性。另外,由于专利权评价报告目前的法律地位仅被限定为法院或者管理专利工作的部门"审理、处理专利侵权纠纷的证据",即专利权评价报告在侵权纠纷中会作为证据被加以一定程度的"参考",但该证据的提交又存在"有正当理由可不提交"的情形。在司法实践中,这种"有正当理由可不提交"必然留给原告可操作的空间,因此带来评价报告结论为否定性结论时其作为证据出现概率的大幅下降。同时,专利权评价报告的请求人仍然未扩大至任何人、被控侵权人且暂时只能以纸件请求的请求形式提请专利权评价报告的作出、专利权评价报告的更正限制等方面也阻碍了专利权评价报告更大程度的应用。这些可能都是实用新型专利权评价报告请求量持续低迷的原因所在,本书在后续应用实践章节也会对相关情况作进一步的分析。

二、国内外申请人请求状况分析

(一)国内外请求主体对比

图 2-2 展示了我国实用新型专利申请中国内外申请人后续请求作出专利权评价报告的数量分布情况。

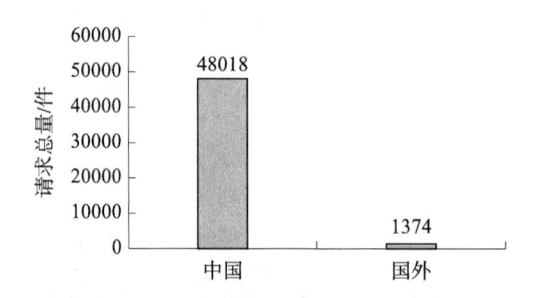

图 2-2　实用新型专利权评价报告请求人国内外数量分布情况

由图 2-2 可知,在我国,国内申请人请求作出实用新型专利权评价报告的数量远高于国外申请人,占总请求量的 97.22%。这主要由于我国实用新型制度本身就是为我国中小企业服务的,外国创新主体选择在中国申请专利时,更多的选择发明,而非实用新型。不过,鉴于实用新型制度本身是一项符合中国科技创新水平和高度的制度,因此,也有一些外国创新主体在中国申请专利时会基于专利产品的生命周期、授权快速性要求、费用低廉等层面选择以实用新型来保护其发明创造。

图 2-3 为 2010—2020 年国外申请人在我国申请实用新型专利后所提交的实

用新型专利权评价报告请求量与实用新型专利授权量的对比情况。从图中可以看出，国外申请人实用新型专利权评价报告的请求量总体维持在一个相对稳定且较低的状态，其整体波动趋势与国内申请人实用新型专利权评价报告请求量的波动状态一致，皆为逐渐增长至2016年然后开始缓慢下降。

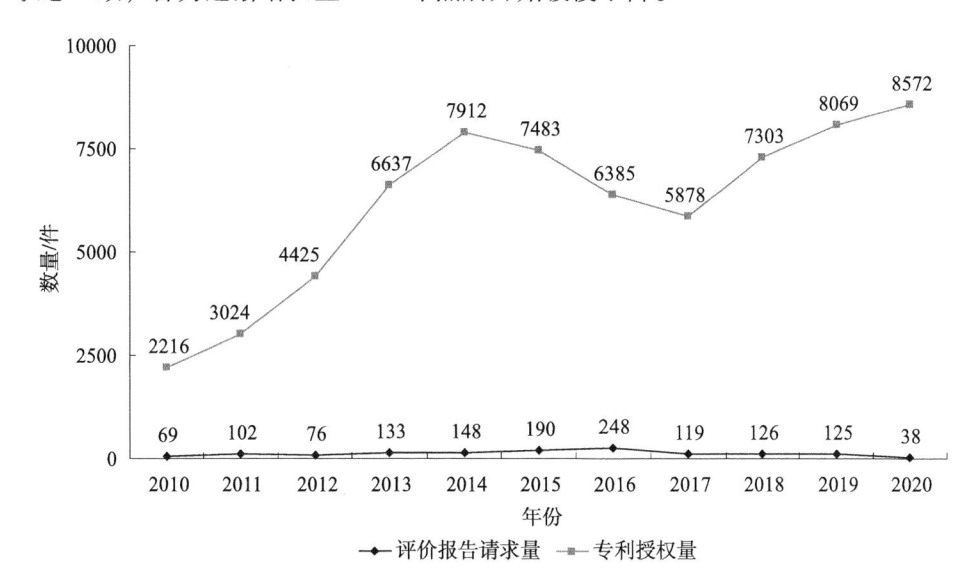

图 2-3 国外申请人实用新型专利权评价报告请求量与授权量

另外，尽管2010—2020年国外申请人所提交的实用新型专利权评价报告请求总量只有1374件，但结合国外申请人实用新型专利授权量可知，国外申请人提交的实用新型专利权评价报告请求的比例却明显高于国内申请人。这反映出国外申请人在选择中国实用新型专利对其发明创造进行保护时，更加关注其发明创造所对应的实用新型专利的权利稳定性，并非单纯为了专利数量而进行实用新型专利申请。

（二）国外请求人分布

在2010—2020年由国外请求人所提交的1374件实用新型专利权评价报告请求中，作出量排名前三位的国外请求人所属国家/地区分别为美国、英国和日本，三者的作出量占总作出量的80.79%，而美国请求的作出量658件几乎占了总请求量1374件的一半，也超过了位列第二、第三位的英国和日本作出量的总和。另外，排名前十位的国外请求人的实用新型专利权评价报告作出量占总作出量的93.38%，而排名在前十位以后的国外请求人2010—2020年的作出量都基本是个位数，具体统计数量见表2-1。由表2-1可以得出，国外发达经济体的申请人依然是国外申请人申请中国实用新型专利以及请求作出实用新型专利权评价报告的主体,特别是与中国经济、科技、贸易往来密切的美国、英国、日本、韩国、德国等国家的申请人,其更加关注在中国的知识产权保护方式。这实际也反映出我国目前作为世界三大经济体之一在全球的分量。

表2-1 国外请求人实用新型专利权评价报告作出数量分布

国家/地区	作出量/件	国家/地区	作出量/件	国家/地区	作出量/件
美国	658	萨摩亚	7	爱尔兰	1
英国	227	意大利	6	芬兰	1
日本	225	英属维尔京群岛	6	罗马尼亚	1
韩国	62	新西兰	6	巴西	1
德国	38	马来西亚	5	南非	1
荷兰	18	开曼群岛	4	保加利亚	1
加拿大	16	土耳其	4	泰国	1
瑞士	15	比利时	4	印度	1
澳大利亚	13	新加坡	3	文莱	1
以色列	11	西班牙	3	俄罗斯	1
瑞典	10	奥地利	2	乌克兰	1
法国	8	塞浦路斯	2	百慕大群岛	1
丹麦	7	毛里求斯	1	希腊	1

(三) 国内请求人分布

通过对实用新型专利权评价报告国内请求人的省份分布进行统计,分析其空间位置分布情况,可得图2-4。

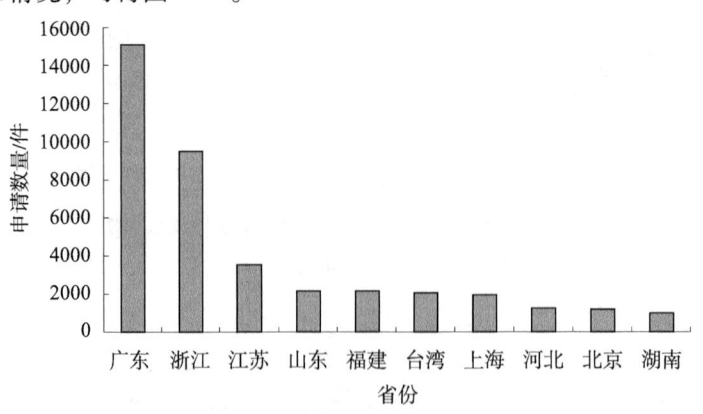

图2-4 实用新型专利权评价报告国内请求省份分布

由图 2-4 可知，在 2010—2020 年，实用新型专利权评价报告请求量排名前十位的省份分别为广东、浙江、江苏、山东、福建、台湾、上海、河北、北京以及湖南。其中，广东请求量占国内总量的 31.55%，远高于其他省份，这反映出珠三角地区的实用新型专利具有明显超越国内其他区域的活跃度。而排名前十位省份的实用新型专利权评价报告请求总量占国内总量的 83.74%，上述排名前十位的省份大多数位于我国东南沿海地区，即为我国科技、经济、贸易等均较为发达的地区。由该排名可知我国东南沿海地区的相关企业对实用新型专利权评价报告关注度较高，同时结合其他证据可以知晓这些地区企业的创新能力、市场活跃度以及知识产权活跃度本身就比较高，因此，在相关知识产权制度的运用上，其也必然是明显高于其他区域的。

（四）请求人类型分布

将 2010—2020 年提请实用新型专利权评价报告的请求人分为企业、个人和其他三种类型，具体类型分布情况如图 2-5 所示。其中的其他类型包括共同申请人、科研单位、高校、机关团体和其他团体。

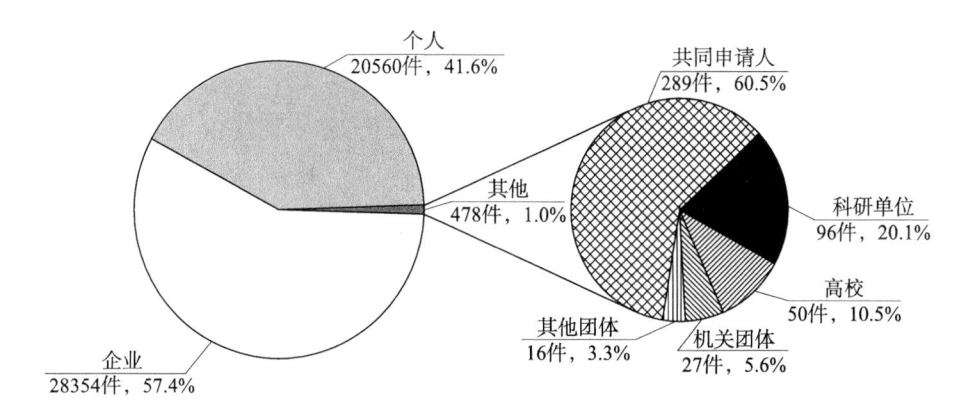

图 2-5 实用新型专利权评价报告请求人类型分布

由图 2-5 可知，在 2010—2020 年已作出的 49392 件实用新型专利权评价报告中，请求人为企业和个人的分别为 28354 件和 20560 件，占总作出量的 99.0%，其中企业的作出量占比更是超过了总作出量的一半，为 57.4%，而个人请求人的作出量占比为 41.6%。由该图可知，企业和个人在知识产权运用中的活跃度远高于科研单位、高校、机关团体以及其他团体。其主要原因在于，虽然我国科研单位、高校的创新、创造能力远优于企业和个人，但是这些机构即使将其科研成果申请了发明和实用新型专利，其直接将其科研成果转化为市场产品的可能性也并不大，通常都需要通过其他企业或者以其他方式转让出去，而且这些机构对其科研成果的专利性通常是有信心的，对专利的权利稳定性是否会引起后续的市场化过程中的侵权诉讼等并不过多关注。因此，请求专利权评价报告的主体多为企业和个人也就能被理解了。

2010—2020 年，《专利法》规定的专利权评价报告的请求人只能为专利权人和利害关系人。因此基于请求人类型，笔者可以得出 2010—2020 年这两种请求人各自请求作出评价报告的数量，如图 2-6 所示。

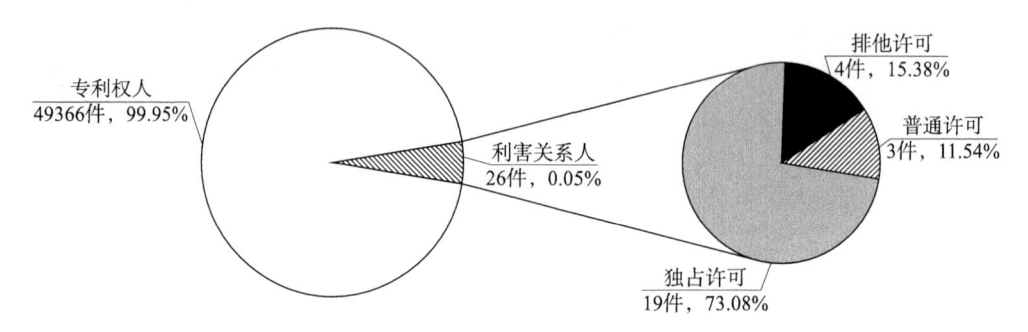

图 2-6 两种请求作出实用新型专利权评价报告请求人对应作出数量

然而，根据图 2-6 可以看到，在 2010—2020 年 49392 件实用新型专利权评价报告中，仅有 26 件实用新型专利权评价报告的请求人为利害关系人，占比仅为 0.05%，其余 49366 件全部是由专利权人提出请求的。而这 26 件中，有 19 件为独占许可，4 件为排他许可，另外 3 件为普通许可。这种请求人为专利权人和利害关系人的数量占比情况表明，在我国实用新型专利权评价报告的实际运行中，利害关系人作为请求人的情形几乎可以忽略不计。而且由于《专利法》第四次修改才增加被控侵权人可以作为专利权评价报告的请求人，因此，这一时期的实用新型评价报告请求人类型几乎只能是专利权人。这种对请求人的严格限定，在很大程度上制约了我国实用新型专利权评价报告的请求率，且结合专利权评价报告自身的法律地位限定，造成了我国实用新型专利更多只是用于填充企业的专利数量，而并非基于专利布局和产品自身特性去选择实用新型专利进行保护。

（五）技术领域分布

请求作出实用新型专利权评价报告的实用新型专利在一定程度上是能够反映出该实用新型专利所属技术领域中的活跃度的，并且基于不同领域的实用新型专利权评价报告请求情况可以反映出不同领域的专利权人或利害关系人对其实用新型专利的重视程度。通过对作出实用新型专利权评价报告的实用新型专利国际专利分类（IPC）主分类号进行统计，对请求作出实用新型专利权评价报告案件的技术领域进行分布情况统计，得出的统计结果如图2-7所示。

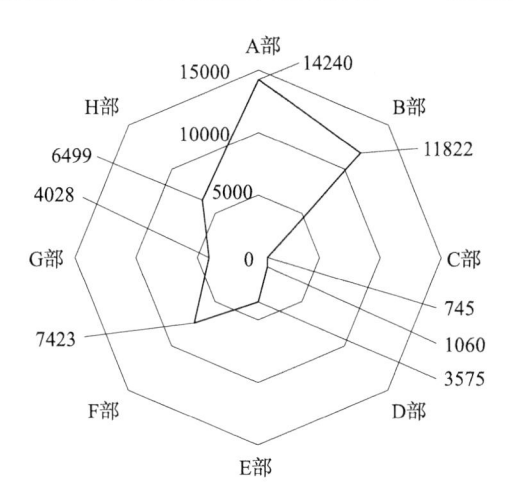

图2-7 实用新型专利权评价报告案件技术领域分布
注：图中数字表示各领域专利权评价报告请求量，单位为件。

由图2-7可知，请求作出实用新型专利权评价报告的实用新型专利的技术领域主要集中在"人类生活必需"（A部）和"作业；运输"（B部），其中涉及人类生活必需的实用新型专利权评价报告案件数量为14240件，占比28.83%，涉及作业与运输的实用新型专利权评价报告案件数量为11822件，占比23.94%。这表明，我国实用新型专利当前在市场活跃度较高的依然是涉及人民大众物质文化需求和基础产业的那些实用类发明创造，这些领域的发明创造与生活贴近，也符合我国这个阶段的科技创新水平。请求作出实用新型专利权评价报告的实用新型专利技术领域排在第三位的是"机械工程；照明；加热；武器；爆破"（F部），随后依次是"电学"（H部）、"物理"（G部）和"固定建筑物"（E部），而"纺织；造纸"（D部）、"化学；冶金"（C部）等其他部的数量较少。这种请求量的排位总体上与我国实用新型专利自身的特点以及我国的科技创新水平相一致。

1. 国内外技术领域对比

根据实用新型专利权评价报告请求案件的IPC主分类号，分别对国内请求人和国外请求人各自请求作出实用新型专利权评价报告案件的技术领域分布进行统计，如图2-8、图2-9所示。

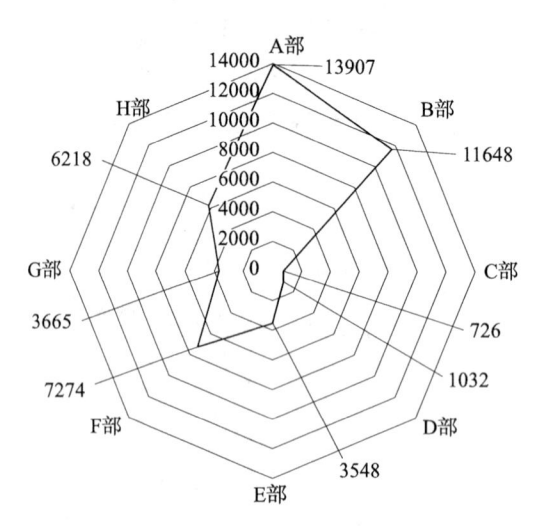

图 2-8　国内请求人实用新型专利权评价报告技术领域分布

注：图中数字表示各领域专利权评价报告请求量，单位为件。

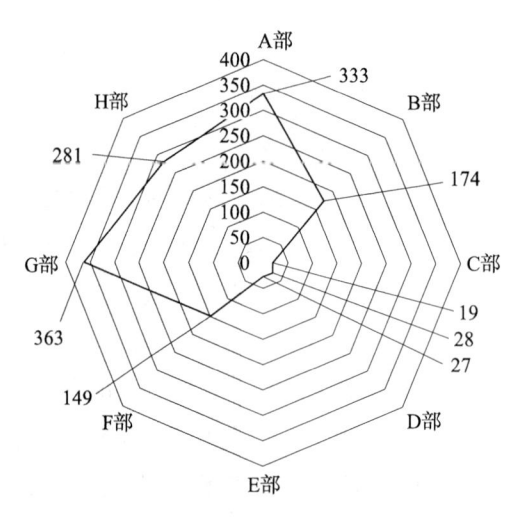

图 2-9　国外请求人实用新型专利权评价报告技术领域分布

注：图中数字表示各领域专利权评价报告请求量，单位为件。

从国内外申请人实用新型专利权评价报告案件技术领域的分布对比可以看出，国内请求人的活跃领域较为集中在 A 部、B 部、F 部，国外请求人的活跃领域较为集中在 G 部、A 部和 H 部。可见，国内外请求人在实用新型专利实施和运用的热点领域是存在一定差异的。国外请求人在先进技术较为集中的 G 部、H 部提出专利权评价报告的数量占其总量的 46.9%，而国内请求人为 20.6%。不过由于之前已经分析过，目前在我国提交实用新型专利申请以及对应专利权评价报告最多的外国请求人主要就归属于当今世界上的发达经济体。这些经济体本身在计算机、通信这些领域具备超强的实力，进而决定了在我国以实用新型提交专利申请并在后续提请专利权评价报告的这些国家的实用新型专利市场活跃点也必然会集中在 G 部、H 部这些先进技术集中的领域。

2. 不同类型国内请求人技术领域分析

图 2-10、图 2-11 为国内请求人中企业、个人以及其他请求人中的高校和科研单位请求作出实用新型专利权评价报告的技术领域分布状况。

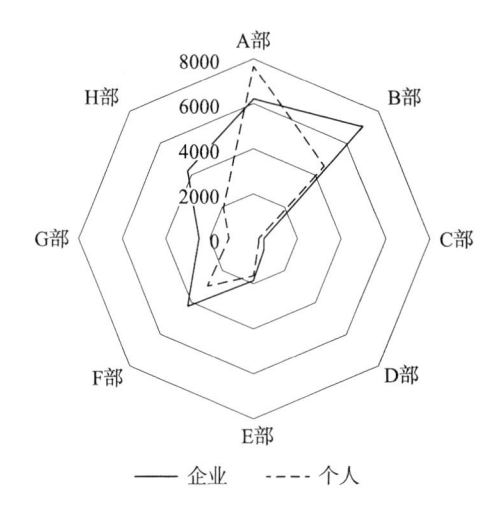

图 2-10 企业、个人国内请求人实用新型专利权评价报告技术领域分布
注：图中数字表示各领域专利权评价报告请求量，单位为件。

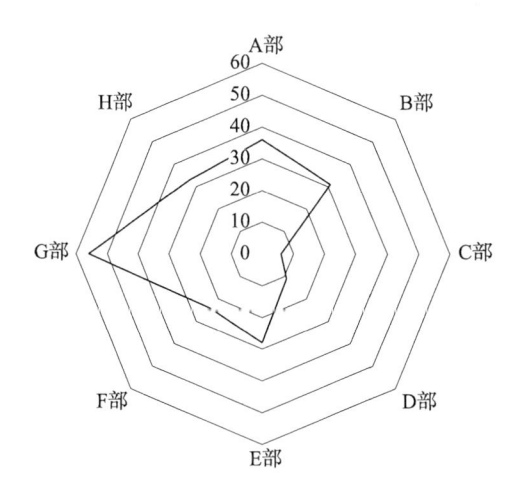

图 2-11 高校和科研单位国内请求人实用新型专利权评价报告技术领域分布
注：图中数字表示各领域专利权评价报告请求量，单位为件。

可以看出，国内不同类型请求人实用新型专利权评价报告涉及的技术领域存在差异。其中创新主体为个人的实用新型专利权评价报告涉及的技术领域集中在"人类生活必需"（A部），而创新主体为企业的实用新型专利权评价报告涉及的技术领域集中在"作业；运输"（B部），其次是涉及"人类生活必需"的A部，再次为涉及"机械工程；照明；加热；武器；爆破"（F部）和"电学"（H部）；而高校和科研单位的实用新型专利权评价报告涉及的技术领域集中在物理学相关的G部。这种领域分布情况再次说明了我国不同类型请求人基于其自身研发实力以及市场价值而在不同领域发力，不过由于高校和科研单位虽然研究方向涉及当前最先进技术领域，但提出实用新型专利权评价报告的占比极少，因此对国内请求人的实用新型专利权评价报告所涉及的整体技术领域的分布影响不大。

3. 国内不同地域技术领域分析

表2-2为国内2010—2020年实用新型专利权评价报告作出量排名前十位的省份技术领域分布。

表2-2　实用新型专利权评价报告作出量排名前十位省份技术领域分布　　单位：件

技术领域	省份									
	广东	浙江	江苏	山东	福建	台湾	上海	河北	北京	湖南
A部	4383	3262	756	552	623	473	429	489	309	313
B部	3025	2410	1069	801	528	440	626	376	253	205
F部	2351	1509	487	290	333	397	277	151	137	174
H部	2889	804	530	85	275	393	185	37	170	122
G部	1345	420	244	133	173	248	204	46	189	74
E部	758	660	283	214	157	46	165	167	133	115
D部	236	371	129	76	48	46	30	9	1	8
C部	159	81	60	45	24	38	55	19	37	32

从表2-2的数据分布可以看出，排名前十位的省份实用新型专利权评价报告涉及的热点技术领域存在一定程度的相似性，但也存在差异。其中浙江、福建、湖南、河北的热点技术领域主要集中在"人类生活必需"（A部）和"作业；运输"（B部）；而广东和台湾的热点技术领域相似度更高，重点集中在"人类生活必需"（A部）、"作业；运输"（B部）以及"电学"（H部），其中台湾的热点技术领域还包括"机械工程；照明；加热；武器；爆破"（F部）。而山东、江苏、上海的热点技术领域分布情况非常相似，均是以"作业；运输"（B部）为重点，其中江苏的热点技术领域还包括"人类生活必需"（A部）、

"电学"(H部)。若热点技术领域构成相似,则说明这些省份在产业分布上存在较高的相似度。综合来看,实用新型专利权评价报告作出量位居前十位的省份主要分布在东南沿海地区以及我国的经济、科技发达的城市。这反映出这些地区的创新、创造能力以及知识产权的活跃度要远高于国内其他省份。

表2-3示出了我国2010—2020年实用新型专利权评价报告作出量前十位城市的重点技术领域分布状况。

表2-3 实用新型专利权评价报告作出量前十位城市的技术领域分布　　单位:件

技术领域	深圳市	佛山市	东莞市	宁波市	上海市	温州市	金华市	广州市	北京市	台州市
A部	1084	922	524	672	429	434	976	561	309	377
B部	893	394	589	445	626	581	478	419	253	339
F部	756	363	234	461	277	305	162	240	137	217
H部	1569	154	493	211	185	301	55	201	170	68
G部	783	46	161	70	204	94	64	176	189	37
E部	184	171	68	122	165	137	140	105	133	85
D部	19	98	40	89	30	67	35	29	1	59
C部	48	31	28	22	55	13	8	22	37	8

在排名前十位的城市中,金华市、佛山市、宁波市在"人类生活必需"(A部)表现最为突出,这与上述城市作为日用品、小家电商品的生产和销售聚集地的状况非常吻合,反映出这些城市在这一领域的知识产权活跃度远高于其他领域;上海市和温州市的热点领域占比相似度非常高,而"作业;运输"(B部)为明显突出的热点领域,也体现出上海市自身对作业与运输领域的关注,以及温州市作为我国的"轻工之城"自身在制造业上表现出的不俗;广州市和台州市的热点领域有一定的相似度,主要也表现在"人类生活必需"(A部)和"作业;运输"(B部)方面。另外,深圳市、东莞市在"电学"(H部)方面表现明显突出,尤其是深圳市在H部的数量上占有绝对优势,这与深圳市作为我国电子信息产业密集型重点城市的产业状况相吻合。

上述城市领域分布总体上体现了我国仍处于"中国制造"的科技发展现状。不过以实用新型专利权评价报告总体作出量排名第一位,且技术构成以H部为主的深圳市为例,其作为先行示范区从外向型经济走向高科技发展的这种产业发展方向调整也为全国各地从"中国制造"走向"中国创造"提供了一定的实践范例。

4. 作出量位居前十位的请求人案件技术领域分析

对实用新型专利权评价报告作出量位居前十位请求人的相关案件作技术领域

分布统计，具体参见表2-4所示。

表2-4 作出量位居前十位的请求人的实用新型专利权评价报告案件技术领域分布

单位：件

技术领域	广东新宝电器股份有限公司	苹果公司	戴森技术有限公司	上银科技股份有限公司	景津环保股份有限公司	上海汽车集团股份有限公司	国家电网公司	泛亚汽车技术中心有限公司	建准电机工业股份有限公司	信音电子（中国）股份有限公司
A部	419	29	103	3	0	0	0	0	0	0
B部	33	14	7	12	100	42	9	32	0	0
F部	34	2	85	114	14	24	2	20	31	0
H部	29	190	14	3	0	12	42	5	29	50
G部	5	247	1	0	1	19	24	7	0	1
E部	4	1	0	0	1	5	4	2	0	0
D部	49	9	0	0	0	0	0	0	0	0
C部	1	5	0	0	4	0	0	0	0	0

通过上述分布可见，实用新型专利权评价报告作出量居前十位的请求人所经营的产业各有特点，例如，广东新宝电器股份有限公司以及戴森技术有限公司技术构成集中在A部，苹果公司则集中在G部以及H部。主要原因就在于，广东新宝电器股份有限公司的主营产品就是厨房家用电器、家居护理电器、婴儿电器等，而戴森技术有限公司是英国一家专门从事家电产品生产和研发的公司，其最广受好评的就是吸尘器以及电吹风，这两家公司的主营业务实际都涉及人类生活必需品类的产品，因此，与其实用新型专利权评价报告所对应的专利领域集中在A部也就不难理解了。而苹果公司作为全球顶尖的科技公司，其专利布局集中在G部以及H部，进而其实用新型专利权评价报告以及所涉及的侵权诉讼也必然主要集中在该技术领域。

另外，对上述企业中的广东新宝电器股份有限公司、苹果公司、戴森技术有限公司、泛亚汽车技术中心有限公司、国家电网公司的实用新型专利权评价报告所对应案件在实用新型授权量中的占比进行分析，能够解释这些企业在实用新型专利布局策略上存在的一些差异。表2-5示出了上述企业2010—2020年在各领域的实用新型授权案件数量和提出实用新型专利权评价报告的数量，而表2-6是在上述数据的基础上计算得到的专利权评价报告数量占比值。

表2-5 典型企业实用新型授权量和专利权评价报告数量对比　　　　单位：件

技术领域	泛亚汽车技术中心有限公司 授权量	泛亚汽车技术中心有限公司 评价报告数量	广东新宝电器股份有限公司 授权量	广东新宝电器股份有限公司 评价报告数量	苹果公司 授权量	苹果公司 评价报告数量	信音电子（中国）股份有限公司 授权量	信音电子（中国）股份有限公司 评价报告数量	戴森技术有限公司 授权量	戴森技术有限公司 评价报告数量	国家电网公司 授权量	国家电网公司 评价报告数量
A部	5	0	1318	419	30	29	0	0	100	103	2840	0
B部	1568	32	100	33	23	14	0	0	5	7	9142	9
C部	2	0	5	1	5	5	0	0	0	0	184	0
D部	0	0	77	49	9	9	0	0	0	0	26	0
E部	138	2	12	4	1	1	0	0	0	0	4348	4
F部	631	20	103	34	5	2	0	0	86	85	2818	2
G部	190	7	25	5	361	247	2	1	0	1	19586	24
H部	98	5	71	29	318	190	229	50	12	14	27755	42

表2-6 典型企业实用新型评价报告对应专利数量在授权量的占比

技术领域	戴森技术有限公司	苹果公司	广东新宝电器股份有限公司	信音电子（中国）股份有限公司	泛亚汽车技术中心有限公司	国家电网公司
A部	103.0%	96.7%	31.8%	—	0	0
B部	140.0%	60.9%	33.0%	—	2.0%	0.1%
C部	—	100.0%	20.0%	—	0	0
D部	—	100.0%	63.6%	—	—	0
E部	—	100.0%	33.3%	—	1.4%	0.1%
F部	98.8%	40.0%	33.0%	—	3.2%	0.1%
G部	—	68.4%	20.0%	50.0%	3.7%	0.1%
H部	116.7%	59.7%	40.8%	21.8%	5.1%	0.2%

注：由于统计数据还包含了对2010年之前授权的专利在2010—2020年提出评价报告的情形，因此出现了超出100%的比值。

从表2-5和表2-6可以看出，国家电网公司实用新型专利的技术领域覆盖面较广，涉及全部八大技术领域，且实用新型专利拥有量也较高，除D部低于广东新宝电器股份有限公司外，其余全部领域的实用新型专利授权量都高于专利权评价报告请求量排名前十位的其他各家之和。然而国家电网公司提出实用新型专利权评价报告的数量占比却非常低，即使在与其主营业务相关的电学领域，其实用新型专利权评价报告的请求率也才达到 0.2%，远远低于戴森技术有限公司的 116.7%。泛亚汽车技术中心有限公司的情况比国家电网公司稍好，但总体情况类似。这种数据表现说明上述两家企业利用实用新型专利制度授权门槛低、授权快的特点，单纯注重在实用新型专利数量上的积累，并未适当利用实用新型专利权评价报告制度来有效对其实用新型专利进行确权以及后续运用。

广东新宝电器股份有限公司、信音电子（中国）股份有限公司在其重点领域作了一定数量的实用新型专利布局，并且适当地通过专利权评价报告评估其部分专利的稳定性及价值，说明该类企业对实用新型专利的保护和运用已经有了一定程度的重视。

苹果公司和戴森技术有限公司作出专利权评价报告的数量在其重点领域几乎与授权数量持平，说明上述企业以专利的稳定性和技术价值为重，对其专利的实施及防御作出了充分的准备，也说明了国外知名企业注重利用我国的实用新型专利制度进行专利布局并进行有效的市场拓展。

5. 重点技术领域趋势分析

笔者选择 IPC 分类号的小类进行技术领域层面的进一步划分，以分析实用新型专利权评价报告在"微创新"层面的热点产业中的应用状况。该部分的分析对象为 2010—2020 年提出实用新型专利权评价报告请求的专利的 IPC 主分类号的专利数量排名位居前十位的小类分类号，共计 9947 件，约占 2010—2020 年提出实用新型专利权评价报告请求总量的 20%。这些小类分类号按照排名依次是：

A47J：厨房用具；咖啡磨；香料磨；饮料制备装置；

B65D：用于物件或物料贮存或运输的容器，例如袋、桶、瓶子、箱盒、罐头、纸板箱、板条箱、圆桶、罐、槽、料仓、运输容器；所用的附件、封口或配件；包装元件；包装件；

H01R：导电连接；一组相互绝缘的电连接元件的结构组合；连接装置；集电器；

F21S：非便携式照明装置或其系统；专门适用于车辆外部的车辆照明设备；

A47G：家庭用具或餐桌用具；

A01K：畜牧业；养鸟业；养蜂业；养鱼业；捕鱼业；饲养或养殖其他类不包含的动物；动物的新品种；

A63B：体育锻炼、体操、游泳、爬山或击剑用的器械；球类；训练器械；

H04M：电话通信；

G06F：电数字数据处理；

A47C：椅子；沙发；床。

主分类号排名前十位的小类的实用新型专利权评价报告作出量分布如表2-7所示。

表2-7 主分类号排名前十位的小类的实用新型专利权评价报告作出量

IPC 小类	专利数量/件	IPC 小类	专利数量/件
A47J	1589	A01K	917
B65D	1252	A63B	818
H01R	1189	H04M	791
F21S	1071	G06F	642
A47G	1043	A47C	635

由表2-7可以看出，作出实用新型专利权评价报告的专利集中在家居日用、自媒体配件、健身、养殖、物流包装等领域，可见2010—2020年实用新型专利中活跃度好、受重视程度较高的领域是这些与民生经济密切相关的领域，这与近年来劳动人民日益增长的物质文化需求相吻合。

不过，实用新型专利权评价报告所涉及的热点技术领域在不同的年份中会受到当年经济环境、市场需求、技术更新、政策变化等因素的影响而有所侧重。表2-8为小类分类号排名前十位所对应案件的趋势。

表2-8 实用新型专利权评价报告请求量排名前十位 IPC
主分类号（小类）的专利权评价报告作出量趋势 单位：件

小类	2010年	2011年	2012年	2013年	2014年	2015年	2016年	2017年	2018年	2019年	2020年
A47J	12	128	114	150	185	190	148	124	74	203	207
B65D	18	66	82	100	110	116	158	126	138	147	143
H01R	15	66	92	109	105	170	144	119	144	110	97
F21S	20	65	79	113	94	123	119	107	127	119	84
A47G	4	53	47	81	102	122	108	82	66	179	138
A01K	7	24	32	53	84	90	97	99	126	131	140
A63B	8	29	34	73	79	104	109	89	103	85	77
H04M	0	12	20	42	29	65	70	119	172	148	88
G06F	11	35	55	65	54	65	75	62	55	72	71
A47C	9	33	36	75	79	73	50	61	50	82	67

根据上述趋势统计可见：从2010年开始A47J、A47G、A47C领域的实用新

型专利权评价报告作出量持续增长，在 2015 年达到高峰后开始下降（A47C 是在 2014 年达到高峰后开始下降），在 2018 年下降至一个谷底，之后在 2019—2020 年又开始反弹并维持在超过前期水平的一个高量状态。这反映出家居生活用品在这些年伴随着人民生活水平的提升而处于消费升级的状态，进而众多中小型私营企业以及个人通过发现商机而迅速选择实用新型专利来对其知识产权进行保护，并产生众多需要确权、维权的情形。

H04M 同样从 2010 年的 0 件实用新型专利权评价报告作出量一度增长到 2018 年的 172 件，但随后在 2019 年下降到 148 件，在 2020 年又下降至 88 件。这种趋势变化也与这期间手机产业以及其配件领域、旅游业的繁荣息息相关。

A01K 实用新型专利权评价报告作出量在 2010—2020 年呈现逐渐增长的趋势，这与我国畜牧业与养殖业行业逐渐工业自动化息息相关，以前在更多依赖人工劳作的状态下，其专利布局极其单薄，而随着行业工业自动化的发展，知识产权也渗透进了这两个行业，进而出现了众多对这两个行业的相关产品进行确权、维权的实际需求。这与中国在这些年各行各业皆快速发展的现状非常匹配。

A63B 也属于一个快速发展的领域。由表 2-8 可以看出，其实用新型专利权评价报告作出量由 2010 年的个位数逐年上涨至 2016 年的 109 件，随后虽有所下降，但也都保持在了 90 件左右。这与国家大力提倡体育强国进而推动体育运动行业不断发展密不可分。

H01R 和 G06F 属于排名前十位的小类中专利权评价报告请求量相对稳定的两个领域，主要原因在于 H01R 和 G06F 这两个领域本身涉及产品的技术发展就相对稳定，并非属于这期间我国快速提升的技术领域。同样还比较稳定地涉及 B65D、F21S。

通过对实用新型专利权评价报告技术领域的多角度分析可见，请求人对实用新型评价报告的运用情况总体与我国近年来民生产业发展、市场需求以及创新主体的创新能力相符，实用新型专利权评价报告制度在"微创新"主体层面得到了一定关注和应用。但是，国内实用新型申请人仍然与国外申请人在技术领域布局以及专利权评价报告的利用深度上还存在一定差距，反映出我国的实用新型专利虽然在数量上取得了绝对的优势，但是在产业结构方面还有待转型、优化和提升，并且在专利质量上还需要不断提高。

第二节　实用新型专利权评价报告的作出状况

《专利法》第三次修改，将实用新型专利检索报告制度改为专利权评价报告制度。由于实用新型专利检索报告制度仅评价权利要求是否具备新颖性、创造性，而专利权评价报告制度则扩宽了评价的内容，不仅包括对新颖性和创造性的分析评价，还包括对授予专利权的其他实质性条件进行分析评价。根据《专利审查指南 2010》❶ 的相关规定，实用新型专利权评价所涉及的内容包括：实用新型是否属于《专利法》第五条或者第二十五条规定的不授予专利权的情形，是否属于《专利法》第二条第三款规定的客体，是否符合《专利法》第二十二条第二款至第四款的规定，是否符合《专利法》第九条、第二十六条第四款和《专利法实施细则》第二十条第二款的规定；实用新型专利文件的修改是否符合《专利法》第三十三条的规定，分案的实用新型专利是否符合《专利法实施细则》第四十三条第一款的规定；实用新型专利的说明书是否按照《专利法》第二十六条第三款的要求充分公开了专利保护的主题。

本节通过考察请求主体对实用新型专利权评价报告的认可情况、实用新型专利权评价报告与确权程序的比较，以及实用新型专利权评价报告在侵权诉讼中的应用，来考察实用新型专利权评价报告的作出状况和制度价值。

一、专利权评价报告的认可情况

《专利审查指南 2010》第五部分第十章第 6 节❷规定："作出专利权评价报告的部门在发现专利权评价报告中存在错误后，可以自行更正。请求人认为专利权评价报告存在需要更正的错误的，可以请求更正。"即启动专利权评价报告更正程序包括两种方式：（1）作出专利权评价报告的部门自行启动；（2）请求人请求启动。提出更正请求的，应当以意见陈述书的形式书面提出，写明需要更正的内容及更正的理由，但不得修改专利文件。更正程序启动后，作出专利权评价报

---

❶ 在 2024 年 1 月 20 日施行的《专利审查指南 2023》第五部分第十章第 3.2 节中，关于实用新型专利权评价所涉及的内容，修改了第（8）项、第（10）项中《专利法实施细则》的条款序号，以及增加了第（12）项关于实用新型是否符合《专利法实施细则》第 11 条的规定。

❷ 同 2024 年 1 月 20 日施行的《专利审查指南 2023》第五部分第十章第 6 节内容。

告的部门应当成立由组长、主核员和参核员组成的三人复核组,对原专利权评价报告进行复核。复核结果经复核组合议作出,合议时采取少数服从多数的原则。作出原专利权评价报告的审查员和审核员不参加复核组。

《专利审查指南2010》第五部分第十章第6节还规定:"专利权评价报告中存在下列错误的,可以进行更正:(1)著录项目信息或文字错误;(2)作出专利权评价报告的程序错误;(3)法律适用明显错误;(4)结论所依据的事实认定明显错误;(5)其他应当更正的错误。"其中,最后一条所涉及的其他应当更正的错误主要包括以下内容:评价所针对的文本或权利要求填写错误;分类或检索信息填写错误;对比文件信息填写错误;专利权评价结论填写错误;专利权评价报告中填写的对比文件与发送给请求人的对比文件不一致或对比文件未发送给请求人;发送给请求人的专利权评价报告缺页。

专利权评价报告复核意见通知书的结论分为以下几种情况:原专利权评价报告无误,不予更正;原专利权评价报告有误,予以全部更正;部分更正;在补充新证据的基础上更正,以重新作出的专利权评价报告替换原评价报告。

在作出实用新型专利权评价报告的过程中,事实认定是审查员和请求人存在争议最多的问题,也是请求人提出更正请求最常见的原因。

笔者对2010—2020年已作出的49392件实用新型专利权评价报告进行统计,统计结果如图2-12所示,其中提出更正请求的案件共计2328件,更正请求率仅为4.71%。这说明总体上,请求主体对于作出的专利权评价报告质量还是比较认可的。

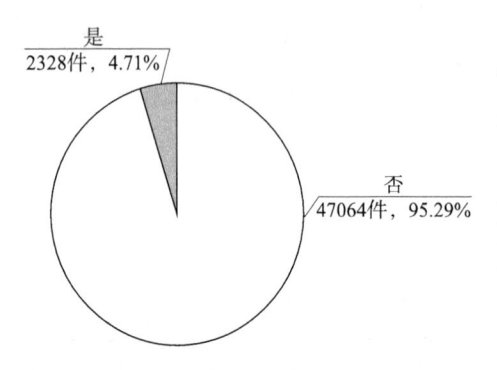

图2-12 实用新型专利权评价报告是否提出更正请求的数量分布

通过对更正程序中请求人的国籍进行统计,上述49392件专利权评价报告中,涉及国内请求人的有48018件,其中提出更正请求的1991件,国内请求人的更正请求率为4.15%;涉及国外请求人的有1374件,其中提出更正请求的337件,国外请求人的更正请求率为24.53%。

同时,笔者对2010—2020年提出实用新型评价报告请求量排名前十位请求人和提出更正请求数量排名前十位请求人的情况进行统计,其中苹果公司和戴森技术有限公司的更正请求率分别为40.64%和33.33%,具体如表2-9所示。

表 2-9 实用新型专利权评价报告请求量 & 更正请求数量排名前十位

前十位评价报告请求人	评价报告请求量/件	前十位更正请求人	更正请求数量/件	更正请求占比
广东新宝电器股份有限公司	574	苹果公司	202	40.64%
苹果公司	497	戴森技术有限公司	70	33.33%
戴森技术有限公司	210	昇印光电（昆山）股份有限公司	17	
上银科技股份有限公司	133	信音电子（中国）股份有限公司	12	23.53%
景津环保股份有限公司	120	广东新宝电器股份有限公司	12	2.09%
上海汽车集团股份有限公司	97	罗立峰	7	
建准电机工业股份有限公司	60	纳恩博（北京）科技有限公司	7	
信音电子（中国）股份有限公司	51	扬博科技股份有限公司	6	
卡西欧计算机株式会社	46	深圳市灸大夫医疗科技有限公司	6	
广东百胜图科技有限公司	42	深圳雾芯科技有限公司	6	

根据统计数据，虽然国内请求人的请求量占比很大，但对于整个实用新型专利权评价报告程序的理解程度和运用程度远低于国外请求人。比如，专利权评价报告请求量排名前十位的公司中，虽然大部分国内公司请求量排名靠前，但在更正请求人排名中，这些公司排名靠后，甚至未入前十位排名。笔者认为，一方面，这体现了国内申请人对专利权评价报告制度并未做到完全的了解，尤其是对专利权评价报告更正程序不甚了解。然而更正程序实质上属于一种对实用新型专利权评价报告的听证程序。在实践中，针对专利权评价报告的更正请求，复核组的三名审查员不仅会依请求人的异议对专利权评价报告涉及的证据、事实、理由、结论进行复核，甚至还会依请求或依职权对涉及的实用新型专利权再次进行检索和评价。这相当于给予请求人再一次评价和更正的机会，利用好这一听证机制实质上不仅有机会与专利行政部门进行沟通，甚至还能够获得一次额外的评估机会。但国内申请人显然并未充分利用该机会。另一方面，提出专利权评价报告请求的主体基本上是比较重视实用新型专利质量的创新主体，也均配置专门人员

或聘请代理机构处理相关事宜。但从更正请求状况来看，相比国外请求人，国内请求人对制度的利用程度仍然不足。

笔者对2010—2020年已作出专利权评价报告复核意见通知书的案件进行抽样分析，共抽取案件133件，对其复核结论逐件进行统计后发现：59件的复核意见通知书结论是原评价报告无误，不予更正，占比44.36%；22件的复核意见通知书结论是原评价报告有误，予以全部更正，占比16.54%；36件的复核意见通知书结论是原评价报告有误，予以部分更正，占比27.07%；16件的复核意见通知书结论是原评价报告有误，在补充新证据的基础上更正，以重新作出的评价报告替换原评价报告，占比12.03%。具体如图2-13所示。

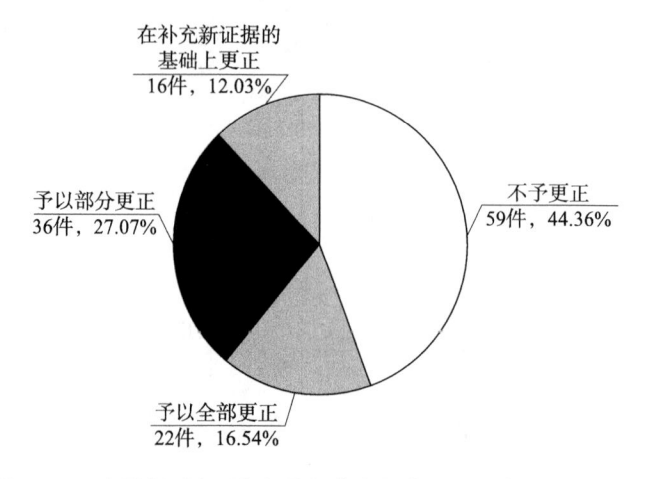

图2-13 实用新型专利权评价报告复核意见通知书结论分布情况

通过对上述抽样数据进行分析，可以看出，在提出更正请求的案件中，有超过一半的专利权评价报告复核意见通知书中对专利权评价报告作出了全部更正、部分更正或者在补充证据基础上进行更正的结论。可以说，专利权评价报告的更正程序为请求人提供了一个针对评价意见进行听证或沟通的途径，在一定程度上弥补了专利权评价报告首次作出过程中不存在听证程序的问题，而且专利权评价报告更正程序的设置对专利权评价报告的制作质量具有一定程度的促进作用。

二、专利权评价报告与确权程序作出结论的比较

考虑到专利权评价报告的法律地位是侵权诉讼中的证据，其作出的目的是评估实用新型专利权的稳定性，而作出专利权评价报告的实用新型专利，有些并未

经历侵权纠纷以及无效环节。为了考察专利权评价报告结果与专利权确权程序以及司法实践中专利权有效性认定的一致性，笔者将上述 49392 件作出专利权评价报告的实用新型专利中还同时存在无效决定以及侵权诉讼的 914 件作为本部分分析的基础。

（一）专利权评价报告结果的分析

经逐件核实，上述 914 件实用新型的专利权评价报告中评述过"三性"条款的共 910 件，未评述过"三性"条款的仅 4 件，结果如图 2-14 所示。

对上述 914 件实用新型的专利评价报告进行分析后发现，在作出否定性评价意见的 415 件专利权评价报告中，有 411 件涉及《专利法》第二十二条第二款和第三款，涉及其他条款的案件共 4 件，分别为《专利法》第九条、《专利法》第二十六条第四款以及《专利法》第二十六条第三款，即新颖性和创造性是影响实用新型专利权稳定性的最主要条款。笔者认为，一方面，虽然《专利法》第三次修改后将除保密审查条款的所有无效条款都纳入了评价报告的范围，但实用新型专利保护客体仅包括针对产品的形状、构造特征而作出的改进，创新高度不高，因此，在申请文件的撰写上比较容易达到清楚、完整的程度；另一方面，2010—2020 年，随着对专利授权质量要求的逐步提高，在实用新型专利申请审查中，除创造性条款，逐步加强了对不符合新颖性、公开不充分等其他实质性条款明显缺陷的审查，因而，上面的数据结果也是比较符合实际的。

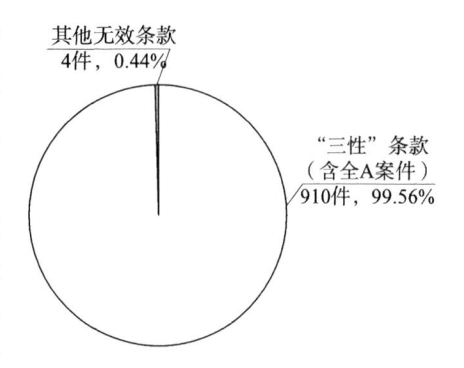

图 2-14 实用新型专利权评价报告评价依据分布

（饼图数据：其他无效条款 4件，0.44%；"三性"条款（含全A案件）910件，99.56%）

实用新型专利权评价报告的初步结论分为三种情况：全部权利要求未发现存在不符合授权条件的缺陷；部分权利要求不符合授权条件；全部权利要求不符合授权条件。

如图 2-15 所示，在对上述 914 件实用新型的专利权评价报告的结论逐件进行统计后发现，去除文件丢失情况，其中 493 件的评价结论是全部权利要求未发现存在不符合授权条件的缺陷，占比 54.60%；219 件的评价结论是部分权利要求不符合授权的条件，占比 24.25%；191 件的评价结论是全部权利要求不符合授权的条件，占比 21.15%。

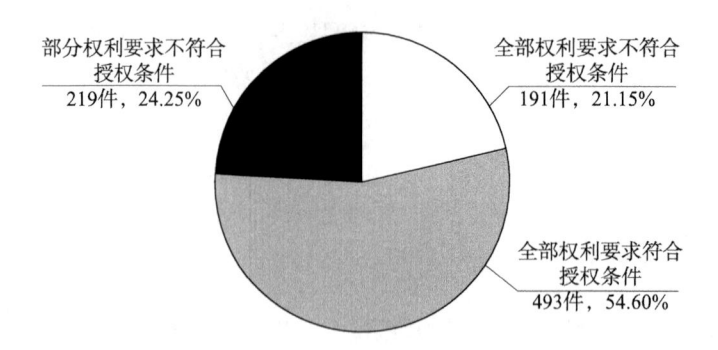

图 2-15 实用新型专利权评价报告的初步结论分布（去除文件丢失）情况

通过对上述数据进行分析，914 件实用新型专利权评价报告中有 45.40% 的案件为全部或部分权利要求不符合授权条件，即这些案件的专利权评价报告结论实际指示了其存在可能导致专利权无效的否定性意见。这一高达 45.40% 的实用新型专利权评价报告否定性意见实际上客观反映了实用新型专利审查初审制的特点，即在实用新型专利的授权阶段不对创造性进行审查，对其他无效条款也仅审查是否存在明显缺陷。因此，实用新型专利权的稳定性与发明专利权相比，有较大的不确定性。而实用新型专利一经授权公告，对公众来说，其权利外观与发明专利权并无差异，这就导致了两种相似的专利权因审查制度不同而存在不同的质量和稳定程度。实用新型专利权评价报告实际上作为对实用新型初审制度的有益补充，能够在一定程度上弥补上述问题，进而使专利权人或公众能够更为全面正确地认识到相关专利权的法律稳定性，并作出相应的判断和选择，节约了有限的行政和司法资源。实用新型专利权评价报告制度在当前的我国实用新型制度框架下具有很强的合理性和必要性。

（二）专利权评价报告结论与确权程序结论比较

专利无效宣告制度是一项确定专利权正当性的确权机制，是为了纠正授权过程中审查的不完备性而建立起来的行政程序。该程序通过消灭不符合授权条件的专利权，实现对公共利益的保护。在实践中，针对一项专利权提出无效宣告请求的情形大致可以分为两种：一是在没有侵权纠纷的情况下，由社会公众，根据自身生产需要而主动提起，比如为了消除进入某一市场领域的专利壁垒；二是由被控侵权人在专利侵权纠纷解决程序中提起，以专利权无效作为手段进行反制。

在被控侵权人发起无效宣告请求的过程中，部分专利权人或利害关系人会使用专利权评价报告制度对专利权的有效性进行评估。专利权评价报告制度与专利无效宣告制度之间存在紧密的联系，两种制度存在一定的相似之处，例如：

（1）目的均是审查实用新型专利权是否存在不符合授权条件的问题，可以评估权利的稳定性；

（2）审查的内容和使用的法条大部分相同；

（3）结论均向社会公开，其公开内容和公开手段相同。

虽然两种制度存在诸多相似之处，但在现行的专利行政程序中，同时保留了专利权评价报告程序以及无效宣告程序，原因在于两者之间仍然存在一定的差异，下面结合具体的数据针对两者之间的不同进行分析。

表2-10展示了2010—2020年同时进行专利权评价报告请求以及无效宣告请求的实用新型专利（去除文件丢失专利）在对比文件使用与结论异同之间的关联性。

表2-10 专利权评价报告与无效宣告请求对比文件与结论异同之间的关联性

单位：次

	结论相同	结论不同	合计
对比文件相同	193	146	339
对比文件不同	271	319	590
合计	464	465	929

笔者通过查阅上述实用新型专利，统计出专利权评价报告879份，被提出无效宣告请求929次。其中无效宣告请求与专利权评价报告结论相同的次数为464次，占无效宣告请求总次数的49.95%；无效宣告请求与专利权评价报告结论不同的次数为465次，占比50.05%；无效宣告请求与专利权评价报告对比文件相同的次数为339次，占比36.49%；无效宣告请求与专利权评价报告对比文件不同的次数为590次，占比63.51%。通过进一步细分，可以看到，结论相同且对比文件相同的次数为193次，占比20.78%；结论相同而对比文件不同的次数为271次，占比29.17%；结论不同而对比文件相同的次数为146次，占比15.72%；结论不同且对比文件不同的次数为319次，占比34.34%。

通过上述统计分析可以看到，在929次无效宣告请求中，与专利权评价报告使用的对比文件相同的案件为339件，数量不足一半，这反映了两种制度在对比文件的选取上，存在较大的差别；同时，在上述339件对比文件相同的案件中，有146件专利权评价报告与无效宣告请求的审查结果不同，即在采用相同的证据的情况下，其中约43%的实用新型专利在专利权评价报告和无效宣告请求审查决定中给出了不同的结论，约57%的实用新型专利的专利权评价报告和无效宣告请求审查决定具有相同的结论。这反映了即使在对比文件相同的情况下，两个不同审查主体在对案情的理解、对比文件的使用与认定等环节存在一定程度的差异。

造成上述情况的原因，笔者认为主要包括：

首先，专利权评价报告采用的是审查员独任制，是由具有相关专业背景的审查员对专利文件进行全面审查，包括进行检索并获得相应的对比文件，在此基础上对专利权是否不具备新颖性和创造性的缺陷予以审查。对对比文件的选择受到审查员主观认知的影响较大，可以说专利权评价报告中对比文件的准确性有赖于审查员的技术认知和检索程度，因此专利权评价报告的准确性容易被审查员的个人能力影响。而在无效宣告程序中，无效宣告请求人可以根据需要进行自主检索，或者聘请第三方专业结构进行检索，从而获得更全面、更有效的现有技术证据。

其次，根据专利权评价报告作出部门的管理规范，专利权评价报告的作出受到时间限制，自请求人请求作出专利权评价报告之日起，作出部门需要在规定时限内完成评价报告制作的全部程序，包括程序审查、内部质检、文书制作等，因而检索通常会因时终止；而在无效宣告程序中，请求人可以依据不同的现有技术证据，不限次数地提出无效宣告请求，直至将全部专利权宣告无效。

最后，专利权评价报告的作出程序中未设置与请求人的交互程序，请求人只能被动接受报告呈现的结论。而无效宣告程序中的对比文件是由无效宣告请求人提供的，无效宣告请求人基于发现的事实、理由和证据对专利权发起挑战，审查过程中无效宣告请求人、专利权人以及审查员三方共同参与，既可以通过面对面的口审程序进行证据质证和意见申辩，也可以通过普通的书面意见陈述等中间文件交换证据和意见；加之只要专利权仍存在维持的权利要求，无效宣告请求人即可无限次提出无效宣告请求，通过不同的证据和理由对存续的专利权进行挑战，因此在无效宣告程序中所提供的对比文件通常更具有针对性和累积性。

综上，专利权评价报告制度与无效宣告制度相比，在证据准确性和结论正确性方面仍有很大的改进空间。然而根据上述数据可知，仍然有464次同时进行专利权评价报告以及无效宣告请求的实用新型专利在上述两类程序中无论证据是否相同都给出了相同的结论，基本达到了一半的水平，这说明实用新型专利权评价报告的整体结论与无效宣告程序的整体结论具有不错的一致性。

（三）专利权评价报告与确权程序的审查周期

对2010—2020年的914件已作出专利权评价报告同时被提出无效宣告请求

的案件进行审查天数的统计分析,具体见图2-16。从图2-16中可以看到,无效宣告请求的审查周期显著地高于专利权评价报告的审查周期。在这11年间,无效宣告请求的审查周期平均为204.68天/件,而专利权评价报告的审查周期平均为38.36天/件,反映出专利权评价报告与无效宣告请求相比,具有程序简单、作出时间短的优势。

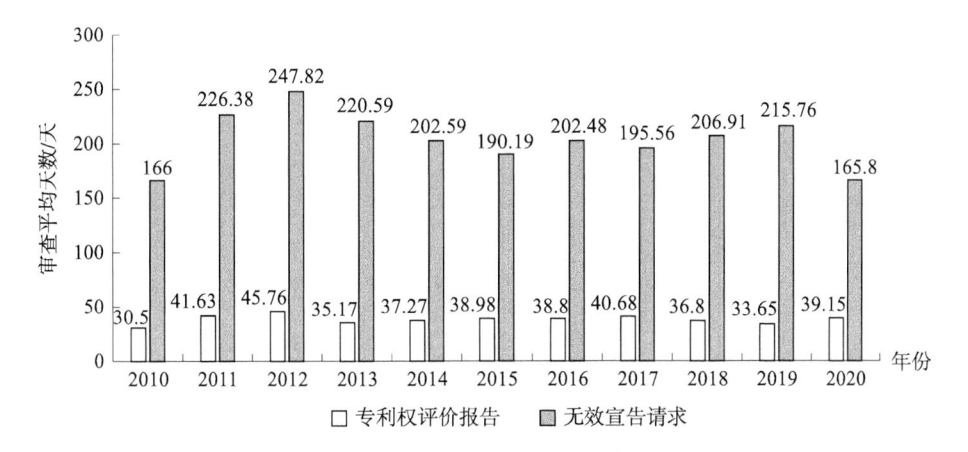

图2-16 专利权评价报告与无效宣告请求审查平均天数对比

图2-17为2010—2020年各年度无效宣告请求的审查周期与无效宣告请求量;图2-18为2010—2020年各年度专利权评价报告的审查周期与专利权评价报告请求量。

图2-17 无效宣告请求审查周期与请求量对比

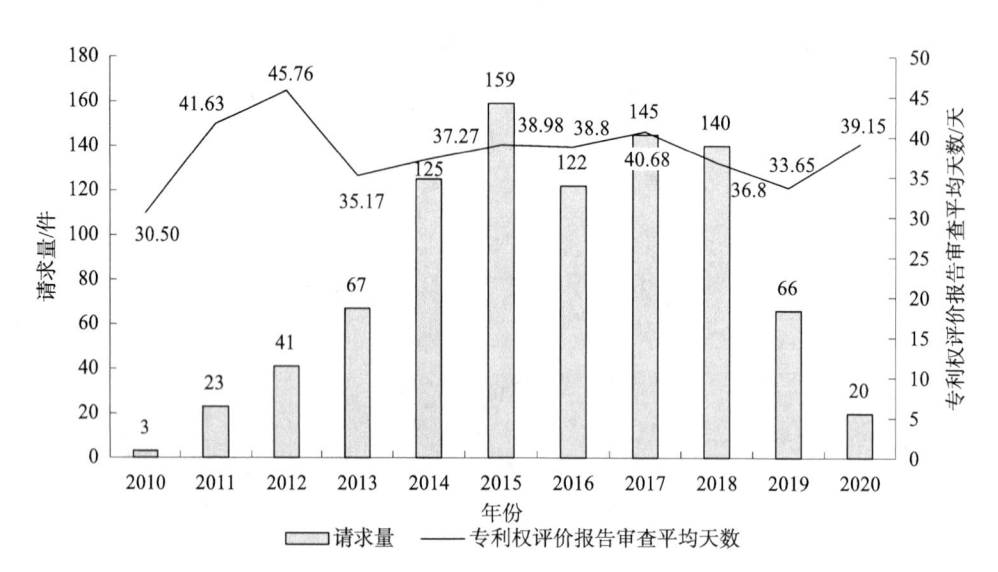

图 2-18 专利权评价报告审查周期与请求量对比

从图 2-17 中可以看到，无效宣告请求的审查周期受请求量的影响较小，两者之间并非正相关，但是审查周期本身存在一定的波动。2010—2012 年审查周期出现了小幅拉长，在 2012 年时审查周期达到峰值，平均为 247.82 天；2012—2015 年随着审查效率提高，审查时长稳步缩短；但是在 2015—2019 年，审查时长再次出现反弹。而在 914 件案件中，单件案件无效宣告请求的审查时长差距较大，审查周期最长的案件为 1404 天，而审查周期最短的案件用时仅为 47 天，两者相差可达 3.72 年。上述数据表明无效宣告请求的审查时长不具有可控性，无法准确预判，分析其主要原因在于当前我国专利确权纠纷解决机制由无效宣告请求审查程序和针对无效宣告请求审查决定的两审行政诉讼程序共同构成，上述程序设计通过行政程序和司法程序的结合能有效保证无效宣告程序的公正性，但也使我国专利无效宣告制度成为事实上的"三审制"甚至"四审制"，其不可避免地延长了无效宣告程序过程。

与无效宣告请求审查程序相比，专利权评价报告的审查时长在 2010—2020 年保持得较为平稳。图 2-18 中显示出从 2011 开始，专利权评价报告的请求量逐步开始提升，在 2014—2018 年维持在较高的水平，中间出现过小幅的振荡，但即使请求量明显增加，专利权评价报告的审查周期依然维持在平均 38 天左右的水平，波动幅度十分轻微，说明了专利权评价报告的审查周期受请求量的影响十分微小。同时，据笔者调查，单件案件的专利权评价报告的审查时长差距与无效宣告请求相比，并不明显，审查周期最长的案件为 135 天，审查周期最短的案件为13天，两者相差122天，约为4个月，与无效宣告请求相比，几乎可以忽略不计。由此可以看出，专利权评价报告制度有助于请求人合理地对专利权评价报告的作出周期进行预判，更有利于请求人对专利后续的使用进行合理的规划和安排。

三、专利权评价报告结论对司法程序的影响

根据我国《专利法》及相关司法解释的规定，实用新型专利的保护力度与发明专利基本相同，也就是说，实用新型专利申请虽然在授权环节的审查强度上不如发明专利申请❶，但获得权利后，在专利权的使用和保护上受到的制约和强化，与发明专利权基本没有差别，尤其是在司法保护中。

2010—2020年，作出过专利权评价报告并涉诉的实用新型专利的数量在不断提高，这主要是因为专利权涉诉案件总量在这期间也存在较大幅度的增长。但对比涉诉量和作出量，如图2-19所示，以2016年为界，2010—2016年虽然实用新型专利权评价报告的作出量在逐年增长，但其中在诉讼中使用的较少；而2016年以后，虽然实用新型专利权评价报告的作出量在逐年下降，但相关案件的涉诉量却有加大增幅。笔者认为，这从一个方面印证了2015年司法解释《最高人民法院关于审理专利纠纷案件适用法律问题的若干规定》（以下简称《专利纠纷规定》）❷ 中原告"<u>应当</u>在起诉时出具由国务院专利行政部门作出的检索报告"修改为原告"<u>可以</u>出具由国务院专利行政部门作出的专利权评价报告"，导致专利权人原本在对实用新型专利提起侵犯专利权诉讼时所必须承担的责任和义务成为一种可选择性的行为，且在请求人只能是权利人和利害关系人的情况下，实用新型专利权评价报告在诉讼中的作用进一步式微。

根据现行的法律及司法解释中的规定，实用新型专利权评价报告在司法程序中主要存在三个应用场景。

首先，实用新型专利权评价报告在《专利法》中规定为审理专利侵权纠纷的证据。

其次，《专利纠纷规定》（2020）中规定：①专利权评价报告的结论认为一项专利权不符合法定授权条件，被控侵权人提出无效宣告请求的，法院可以中止

---

❶ 2024年1月20日后，在实用新型申请的初步审查中加入了对明显创造性的审查。
❷ 司法解释《专利纠纷规定》自2001年7月1日起施行，又于2013年、2015年、2020年作过修正，本书引证不同修正版本的该司法解释时会注明修正年份，未注明修正年份的为泛指。

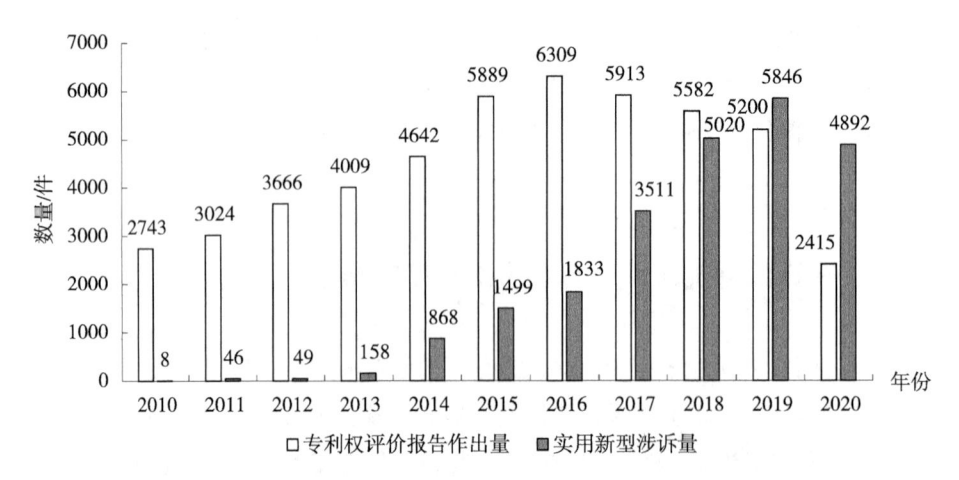

图 2-19　实用新型专利权评价报告作出量与实用新型涉诉量对比

审理；②专利权评价报告的结论是没有发现该专利权不符合法定授权条件的情况，即使被控侵权人提出无效宣告请求的，法院可以不中止审理；③根据案件审理需要，人民法院可以要求原告提交检索报告或者专利权评价报告，原告无正当理由不提交的，人民法院可以裁定中止诉讼或者判令原告承担可能的不利后果。

最后，《最高人民法院关于审查知识产权纠纷行为保全案件适用法律若干问题的规定》中规定："申请人以实用新型或者外观设计专利权为依据申请行为保全的，应当提交由国务院专利行政部门作出的检索报告、专利权评价报告或者专利复审委员会维持该专利权有效的决定。申请人无正当理由拒不提交的，人民法院应当裁定驳回其申请。"

因而，从理论上来说，实用新型专利权评价报告在实用新型专利权的侵权诉讼中作为证据使用，尤其是在程序上的中止诉讼以及行为保全等方面中起到比较重要的作用。

（一）专利权评价报告在侵权诉讼中的使用状况

据统计，2010—2020 年作出专利权评价报告的 49392 件实用新型专利中，涉及诉讼的专利 2667 件，其中涉及侵权诉讼的 1832 件，但根据这些案件的裁判文书提及的内容，这些侵权诉讼中使用过专利权评价报告的案件极少。

为印证上述结论，笔者在裁判文书网上对 2010—2020 年实用新型专利权侵权纠纷案件进行了检索，共涉及 27356 份裁判文书；再通过关键词"专利权评价报告"进行全文检索，得到提及了专利权评价报告的裁判文书共 3531 份，其中一审裁判文书 2684 份，二审裁判文书 833 份，审判监督文书及其他文书 14 份；

考虑到一件实用新型专利可能涉及一审、二审或者再审程序，实际涉及的侵权诉讼案件也基本在 2000 件左右，与笔者统计的作出实用新型专利权评价报告的涉诉专利权的数据基本一致，具体数据分布参见图 2-20。

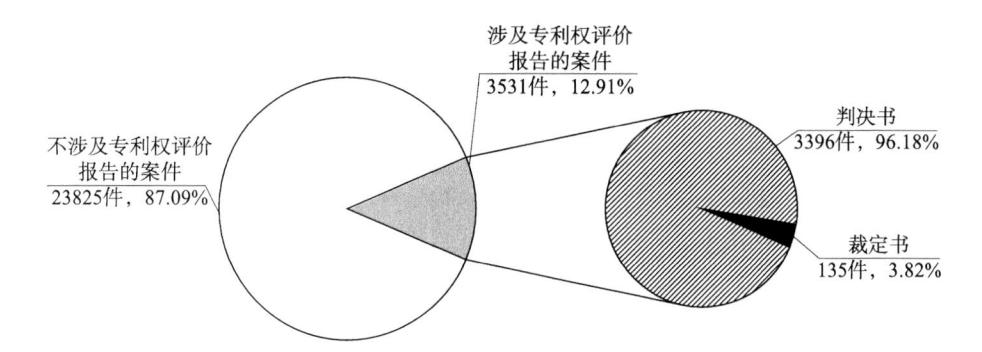

图 2-20 实用新型专利权评价报告与司法程序关联性分布

（二）专利权评价报告结论对诉讼中止的影响

笔者以北大法宝网为数据源，检索到 2020 年 12 月之前涉及专利权权属、侵权纠纷案件中，文书提及"专利权评价报告"的共计 8677 份，进一步限定全文关键词"中止诉讼"的裁判文书，得到涉及专利权评价报告与中止诉讼内容的裁判文书共 551 份；通过逐一分析筛除未实际应用专利权评价报告的案例，得到在案件的审理过程中，专利权评价报告对诉讼程序产生影响的案例共 182 件。

在这 182 件案例的裁判文书中，原告未出具专利权评价报告的案例有 27 件，而原告在诉讼过程中出具了专利权评价报告的案例为 155 件。进一步分析这 155 件案例，其中涉及的专利权评价报告未发现无效事由的案例 129 件，专利权评价报告发现无效事由的案例 26 件。

如表 2-11 所示，在专利权评价报告未发现无效事由的 129 件案例中，有 127 件案例在被告提出中止诉讼的请求时，法院根据专利权评价报告的结论是涉诉权利要求符合授权条件而裁定不中止诉讼；有 2 件案例的审理法院在专利权评价报告的结论为涉案专利具有稳定性的前提下，仍然裁定了中止诉讼，原因是在这两起诉讼过程中，被告均针对涉诉专利提起了无效宣告请求。

表 2-11 专利权评价报告结论对诉讼中止的影响　　　　单位：件

评价报告结论	中止诉讼	未中止诉讼	其他影响
未发现无效事由	2（存在无效宣告请求）	127	0
发现无效事由	6	18	2（驳回起诉）

在专利权评价报告发现无效事由的26件案例中，有6件案例，法院认为由于专利权评价报告的结论显示其法律状态不稳定，应当中止审理，等待被告提出的无效宣告程序的审查结果；有2件案例，法院认为涉案专利权并非处于稳定状态，作出了驳回起诉的裁定；剩下的18件案例未中止诉讼。

从表2-11数据可以得到，尽管存在个别法院依据专利权评价报告的否定性结论认为专利权不稳定，裁定中止诉讼，或者判决被控侵权人无须承担侵权责任，甚至裁定驳回起诉，但大多数情况是：即使专利权评价报告的结论对原告不利，多数法院仍倾向依据无效宣告结果来判断是否中止诉讼。

为了印证前述结论，笔者从前述作出过评价报告的49392件实用新型专利中筛选出被提起过无效和侵权诉讼的914件案例。在这914件案例中，与中止诉讼实质相关的案例共50件，该样本量较前述研究较少，原因在于其中排除了外观设计专利权评价报告及其涉案诉讼。上述50件案例中，存在不中止诉讼裁定的有27件和存在中止诉讼裁定的有22件。

在存在中止诉讼裁定的22件案例中，仅因被告提起无效宣告请求而中止诉讼的案例有9件；因无效宣告决定已作出专利权无效的结论，法院认为权利要求不稳定因而中止诉讼的案例有1件；因专利权评价报告为否定性结论而中止诉讼的案例有1件；判决或裁定书中提了专利权评价报告发现导致涉案专利权无效的事由，但作出中止诉讼的裁定理由并不提及这一事由的案例有2件；在专利权评价报告的结论已证明涉案专利权具有稳定性的前提下，仍然裁定了中止诉讼的案例有6件；因案外人提交无效宣告请求而中止诉讼的案例有3件。

在裁定不予中止诉讼的27件案例中，法院根据专利权评价报告未发现导致涉案专利权无效的事由而裁定不中止诉讼的案例有13件，其中同时提及了因被告于答辩期外提出无效宣告请求而不予中止的案例4件；因涉案专利在确权程序中被维持专利权有效因而裁定不中止诉讼的案例有7件，其中同时提及了因他人提出无效宣告请求而不予中止的案例1件，同时提及了因被告于答辩期外提出无效宣告请求而不予中止的案例1件，同时提及了专利权评价报告未发现导致涉案专利权无效的事由因而不予中止的案例2件；因被告于答辩期外提出无效宣告请求裁定不予中止的案例有5件，其中仅依据被告于答辩期外提出无效宣告请求裁定不予中止的案例2件，同时提及了上诉人仅提交一份国家知识产权局专利复审委员会❶出具

---

❶ 根据国家知识产权局机构改革方案，复审程序和无效宣告程序的审理机构由"专利复审委员会"变更为"国家知识产权局专利局复审和无效审理部"。《专利法》第四次修改时将第四十五条、第四十六条中无效宣告程序的审理机构由"专利复审委员会"变更为"国务院专利行政部门"，《专利审查指南2023》中将无效宣告程序的审理机构明确为"复审和无效审理部"。由于本书统计涉及的时间较长，因此，其名称采用案例判决时的名称。

的《无效宣告请求受理通知书》，未提交能够证明涉案专利存在不稳定性的有力证据，不能证明该案存在中止诉讼的必要而不予中止的案例1件，同时明确表示了专利权评价报告的全负面结论仅具有参考作用而不予中止的案例1件；判决或裁定书中提及了专利权评价报告的全负面结论，但并未考虑该结论即作出不予中止的案例1件。

在裁定不予中止诉讼的27件案例中，还有2件情况较为特殊。其中1件就被告提出因涉案专利处于无效审查中而请求中止本案审理的请求，法院认为就在案证据来看依据不足，对该请求不予采纳；还有1件因原告没有提交涉案专利的专利权评价报告，被告已提出无效宣告请求，涉案专利已进入无效宣告程序，请求法院中止审理，而法院认为涉案专利进入无效宣告程序并不必然导致本案中止审理，且原告是否提交涉案专利权的专利权评价报告也不必然影响该案的处理，因而不予中止。而事实上，这2件案例的专利权评价报告均否定了全部权利要求的创造性。

根据上述案例，总结如表2-12所示。

表2-12 专利权评价报告结论和无效程序结论对中止诉讼的影响　　单位：件

诉讼中止22件		无效程序结论影响情况	
^	^	影响	未影响或不明
专利权评价报告结论影响情况	影响	0	1
^	未影响或不明	1	20

诉讼未中止27件		无效程序结论影响情况	
^	^	影响	未影响或不明
专利权评价报告结论影响情况	影响	0	13
^	未影响或不明	7	7

从表2-12可知，在上述作出专利权评价报告的50件实用新型专利中，仅14件专利的专利权评价报告结论对中止诉讼程序产生了影响，因而可以得到，多数法院在审理实用新型专利侵权纠纷案件时，并未将专利权评价报告的结论作为中止诉讼的条件。

此外，关于侵权诉讼中拒不提交专利权评价报告的不利后果和诉前（中）行为保全提交专利权评价报告的情况，笔者通过北大法宝网进行了检索。对于侵权诉讼中拒不提交专利权评价报告的不利后果，仅有少数案例涉及拒不提交导致驳回起诉的情形；而对于诉讼行为保全，笔者虽然从前述49392件实用新型专利中检索到涉及保全的案件178件，但通过北大法宝网和裁判文书网均未能检索到与专利权评价报告相关的内容。

根据以上数据,笔者认为,首先,从实用新型专利权评价报告作为专利侵权诉讼中的证据属性来看,其当然应当符合证据"三性"的要求。就真实性和合法性来说,自不必多言;而对于关联性来说,虽然涉及专利权评价报告的判决书占比较大,但考虑到专利侵权诉讼的特点,即以考察权利要求的保护范围以及权利要求特征的全面覆盖原则为核心,实用新型专利权评价报告既不能作为侵权事实成立的直接证据,又不能作为专利权有效性和其他抗辩事由使用,因而实用新型专利权评价报告作为实用新型专利权侵权诉讼中的证据属性存疑。

其次,从实用新型专利权评价报告在中止诉讼中所发挥的作用来看,实用新型专利权评价报告在诉讼中起到中止诉讼作用的比例也极低,且在涉及中止条件的司法结论上还存在不确定和不一致的问题。

最后,从实用新型专利权评价报告作为行为保全的要件属性来看,据统计,2010—2020 年作出专利权评价报告的 49392 件实用新型专利中,涉及诉讼行为保全的案件仅 178 件,但专利权评价报告在其中的作用不明。

综上,就目前实用新型专利权评价报告在立法上关于应用场景的规定,以及在司法实践中的应用数据来看,其与司法实践的实际关联性较小。

第三节 实用新型专利权评价报告在经济活动中的使用状况

专利权本质上是一种财产权,具有使用价值、交换价值及附加价值。专利的价值最终体现于使用,体现于因拥有对专利技术的排他性、独占性权利获得在生产领域的超额利润。专利权的价值亦可通过交易来体现,以转让、许可、质押等方式,实现流通变现,体现资产化的过程。

笔者通过对比 2010—2020 年的实用新型专利权评价报告总体使用状况发现,在已作出实用新型专利权评价报告的 49392 件案件中发生许可、转让情形的数量,从 2010 年起分别增长至 2012 年,2015 年后逐年降低,而发生质押情况的案件实际情况是:2010—2011 年增长,之后连续两年下降,从 2014 年开始增长直至 2017 年,然后持续下降。具体见图 2-21。

笔者统计数据后发现,已作出实用新型专利权评价报告的案件中存在许可行为的案件在 2010—2012 年数量均超过 100 件,并于 2012 年达到峰值 151 件,然而自 2013 年开始呈现下跌状态,跌落至 100 件以下,并于 2020 年达到谷底,为 14 件。

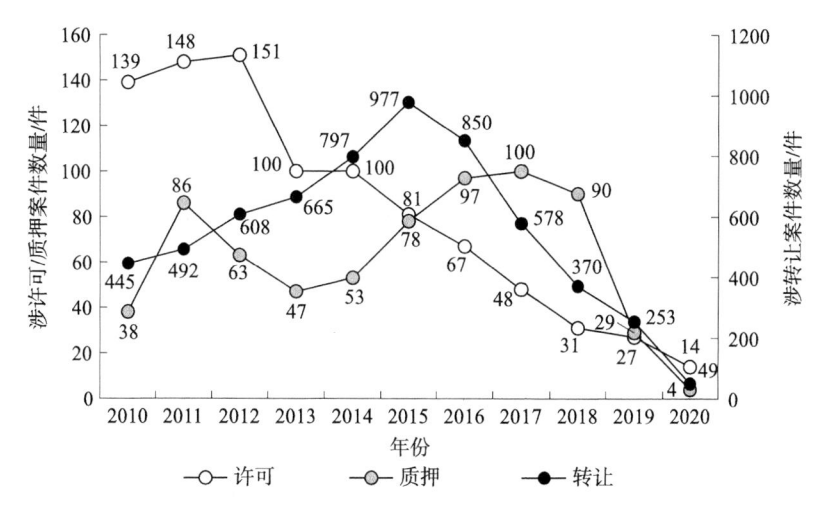

图 2-21 实用新型专利权评价报告总体使用状况

被转让过的实用新型专利中作出过实用新型专利权评价报告的数量由 2010 年的 445 件逐步上升至 2015 年的 977 件，然而自 2016 年开始其数量呈下降趋势，并于 2018 年首次跌落至 400 件以下，其 2020 年的数量为 49 件。

被质押过的实用新型专利中作出过实用新型专利权评价报告的数量由 2010 年的 38 件曲折上升至 2017 年的 100 件，然而自 2018 年开始其数量呈断崖式下降趋势，2018 年的数量为 90 件，2019 年、2020 年的数量分别为 29 件、4 件。

在实用新型专利申请数量、实用新型专利权评价报告作出数量均增长的情况下，已作出专利权评价报告的实用新型专利发生许可、转让、质押行为的数量并没有展示出相匹配的增长趋势。可见，专利权评价报告在经济、金融活动中发挥了相对比较有限的作用，其利用情况有待进一步挖掘。

自 2015 年以来，国家知识产权局每年依法制作年度报告，其中披露了每年实用新型专利权的许可率、转让率等数据。因此，笔者选取 2015—2020 年作出专利权评价报告的相关实用新型专利数据进行分析研究，以期通过总量对比分析得到专利权评价报告在专利权许可、转让方面的应用状况。

2015—2020 年，实用新型专利权许可总数占比有效实用新型量的百分比由 9.3%❶逐步降低至 5.4%❷，其中 2018 年以来，许可总数占比申请量的百分比稳

---

❶ 国家知识产权局规划发展司，国家知识产权局知识产权发展研究中心. 2015 年中国专利调查数据报告 [R/OL]. [2024-07-21] https://www.cnipa.gov.cn/transfer/pub/old/tjxx/yjcg/201607/P020160701584633098492.pdf.

❷ 国家知识产权局战略规划司，国家知识产权局知识产权发展研究中心. 2020 年中国专利调查报告 [R/OL]. [2024-07-21] https://www.cnipa.gov.cn/module/download/down.jsp?i_ID=158969&colID=88.

定在5.5%左右。随着实用新型专利申请量、有效实用新型数量的大幅上升，其许可率却逐步降低，说明实用新型专利数量的上升并未带来更好、更多的实际应用。

一、专利权评价报告在专利权实施许可中的使用状况

（一）实用新型专利权实施许可概述

专利权实施许可（以下简称"专利许可"），是指专利权人许可他人在一定期限、一定区域、以一定方式实施其所拥有的专利技术方案，并向该专利实施人收取一定费用的法律行为。专利许可是实现专利技术方案在市场上的商业化利用、开发和推广的重要途径，有利于将先进的科学技术转化为现实的社会生产力，并向社会提供新的产品和新的价值。

诚然，专利许可是通过包含专利权人在内的两方或多方达成合意，从而使得专利权人以外的主体能够行使专利权的部分权能，其过程并不受专利行政管理部门的约束，许可效力也与是否登记无关。但因专利权的无体性，为了更好地保障当事人的权益，通过许可合同备案，可以在一定程度上督促合同当事方积极履行和监督合同义务，也在一定程度上为相关纠纷的化解提供了一定的支持。国家知识产权局早在2011年就颁布了《专利实施许可合同备案办法》，至今也已运行十余年。该办法中对于备案登记的形式要件和实体要件作了较为详细的规定，尤其是对权利状态的规定。对于社会公众来说，这在一定程度上也体现了国家在专利许可中对专利权稳定性有一定的担保。

（二）实用新型专利权评价报告在专利许可中的应用状况

如图2-22所示，2010—2020年，实用新型专利许可中存在专利权评价报告的数量除前三年有略微增加，总体上呈逐年下降趋势。根据可查的数据[1]，国家知识产权局备案的专利实施许可合同（登记起止时间为2017年1月1日至2021年12月31日），共计13495份，涉及专利40212件，其中发明、实用新型、外

---

[1] 2017—2021年专利实施许可统计数据［R/OL］.［2024-07-21］https：//www.cnipa.gov.cn/module/download/downfile.jsp? classid=0&showname=2.2017%E2%80%942021%E5%B9%B4%E4%B8%93%E5%88%A9%E5%AE%9E%E6%96%BD%E8%AE%B8%E5%8F%AF%E7%BB%9F%E8%AE%A1%E6%95%B0%E6%8D%AE.pdf&filename=02cf12cdade54e198a6d71b6972cab27.pdf.

观设计专利分别占比为 51.3%、37.1%、11.6%，平均每份专利实施许可合同涉及 3 件专利。可以得到，2017—2021 年，存在许可备案记录的实用新型专利 5000 余件❶，而同一时期作出过专利权评价报告的仅 100 余件。可以说，虽然在专利许可合同备案登记的要件中，权利状态是主要考察的对象，但对权利的稳定性的考察也仅停留在形式层面。

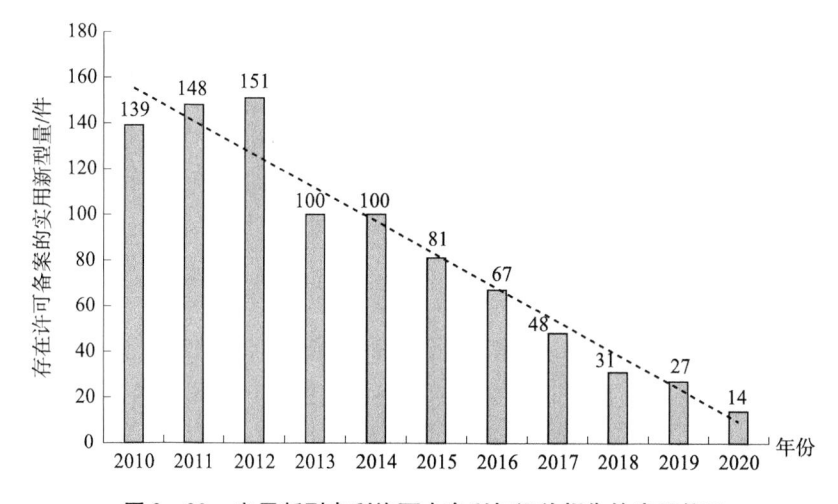

图 2-22 实用新型专利许可中专利权评价报告的应用状况

将申请人类型划分为企业、高校、科研单位以及个人。如图 2-23 所示，针对不同申请人类型分别进行分析可知：申请人为企业的有效实用新型的许可率由 2015 年的 9.7% 逐步下降至 2020 年的 5.5%；申请人为高校的有效实用新型的许可率在 2015 年为 1.9%，2016 年上升为 3.0% 随后逐步下降至 2018 年的 1.1%，2019 年回升至 1.8%，2020 年达到历年最高值 3.1%；申请人为科研单位的有效实用新型的许可率在 2017 年达到峰值 6.7%，2018—2019 年的许可率稳定在 1.5%，其余年份的许可率在 5% 左右；申请人为个人的有效实用新型的许可率由 2015 年的 10.3% 逐步下降至 2019 年的 5.2%，在 2020 年则发生了大幅下跌。

2015—2020 年作出专利权评价报告的实用新型专利的许可主体主要为企业和个人，由图 2-24 可知，其中企业许可 119 件，个人许可 148 件，高校和科研单位只在 2017 年发生 1 件许可。其中对于企业和个人，2015 年和 2016 年个人进行专利许可的实用新型总量为企业的近 2 倍；而 2017—2018 年 2 年内，个人许

---

❶ 此处数据与前述 2015—2020 年实用新型专利权许可总数占比有效实用新型量的百分比的数据存在较大差异，原因在于两处数据分别来源于中国专利调查报告和《2017—2021 年专利实施许可统计数据》，两份报告的统计方式不同，其中，中国专利调查报告的数据为依据问卷调查得到的抽样数据，而《2017—2021 年专利实施许可统计数据》的数据为依据许可合同备案部门的数据记录。

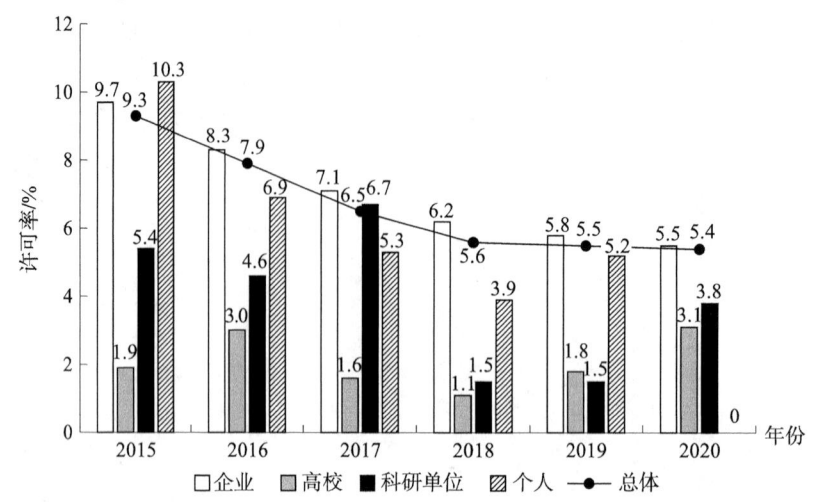

图 2-23 不同类型申请人有效实用新型专利许可率分布

可急剧下降，而企业许可相对平稳，且这 2 年企业许可的数量超过了个人许可；随后在 2019—2020 年，企业许可保持了一个稳定状态，而个人许可在 2019 年保持与 2018 年持平的低量后，在 2020 年发生了大幅下跌。上述许可数据整体的变化很可能是因为 2015 年之后我国产业结构发生了一定的调整，同时企业和个人创新关注点发生变化。

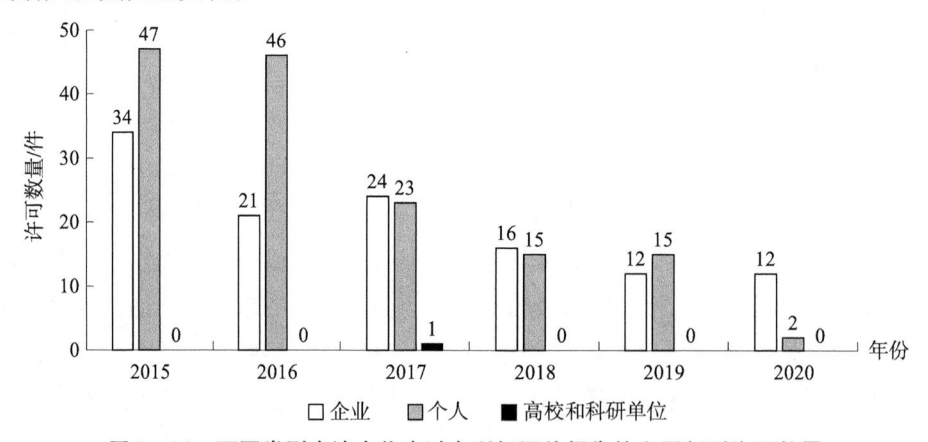

图 2-24 不同类型申请人作出过专利权评价报告的实用新型许可数量

2015—2020 年，在 268 件具有专利权评价报告的许可中，142 件为个人许可给企业，占 53.0%；96 件为企业许可给具有竞争关系的同行业企业，占 35.8%；21 件（7.8%）为企业许可给了具有特定联系的企业，例如集团内的各个子公司等；还有 6 件为个人许可给个人，1 件为科研单位许可给企业。具体数据参见表 2-13。

表 2-13 2015—2020 年已作出专利权评价报告的实用新型专利许可的具体数量

单位：件

年度	许可数量	已作出专利权评价报告的实用新型数量	个人许可给企业的数量	双方为具有竞争关系的同行业企业的数量	双方为有特定联系的企业的数量	企业许可给个人的数量	科研单位许可给企业的数量	个人许可给个人的数量
2015	81	5889	46	23	10	1	0	1
2016	67	6309	45	18	3	0	0	1
2017	48	5913	22	22	2	0	1	1
2018	31	5582	14	10	6	0	0	1
2019	27	5200	13	11	0	1	0	2
2020	14	2415	2	12	0	0	0	0

表 2-13 给出了 2015—2020 年不同类型许可的情况，具体为：2015 年，作出专利权评价报告的实用新型中申请人类型为企业的许可数量为 34 件，其中 23 件许可给了具有竞争关系的同行业企业，10 件许可给了具有特定联系的企业，例如集团内的不同子公司等，1 件许可给了个人；申请人为个人的许可数量为 47 件，其中 46 件许可给了企业，1 件许可给了个人。2016 年，申请人类型为企业的许可数量为 21 件，其中 18 件许可给了具有竞争关系的同行业企业，3 件许可给了具有特定联系的企业，例如集团内的不同子公司等；申请人为个人的许可数量为 46 件，其中 45 件许可给了企业，1 件许可给了个人。2017 年，申请人类型为企业的许可数量为 24 件，其中 22 件许可给了具有竞争关系的同行业企业，2 件许可给了具有特定联系的企业，例如集团内的不同子公司等；申请人为个人的许可数量为 23 件，其中 22 件许可给了企业，1 件许可给了个人；申请人为科研单位的许可数量为 1 件，许可给了企业。2018 年，申请人类型为企业的许可数量为 16 件，其中 10 件许可给了具有竞争关系的同行业企业，6 件许可给了具有特定联系的企业，例如集团内的不同子公司等；申请人为个人的许可数量为 15 件，其中 14 件许可给了企业，1 件许可给了个人。2019 年，申请人类型为企业的许可数量为 12 件，其中 11 件许可给了具有竞争关系的同行业企业，1 件许可给了个人；申请人为个人的许可数量为 15 件，其中 13 件许可给了企业，2 件许可给了个人。2020 年，申请人类型为企业的许可数量为 12 件，其中 12 件均许可给了具有竞争关系的同行业企业；申请人为个人的许可数量为 2 件，其中 2 件均许可给了企业。

进一步分析申请人类型为企业的案件，并细化分为内资企业、港澳台资企业以及外资企业，并对其许可率进行比较。如图 2-25 所示，2015—2020 年，有效实用新型专利中内资企业、港澳台资企业以及外资企业的许可率虽然整体呈下降趋势，但从内部来看，由内资企业许可率逐步被港澳台资企业和外资企业赶超。

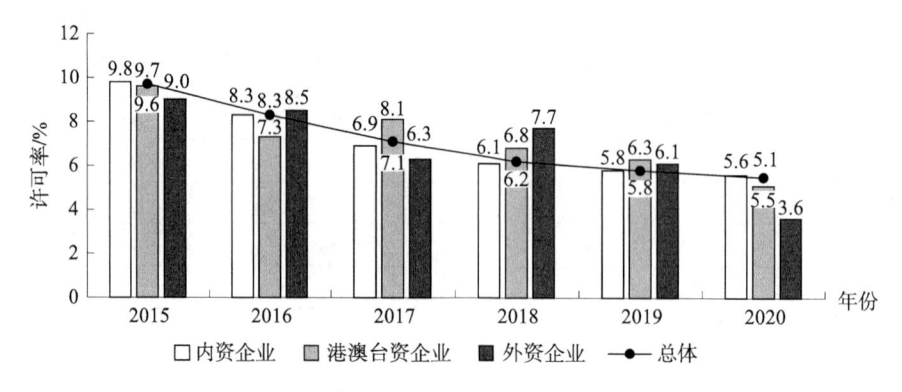

图 2-25　不同类型企业有效实用新型专利许可率分布

2015—2020 年，在 119 件作出过专利权评价报告的申请人类型为企业的实用新型许可中，内资企业的许可数量为 107 件，占 89.9%；港澳台资企业的许可数量为 8 件；外资企业的许可数量为 4 件，具体数据参见图 2-26。相比于有效实用新型中港澳台资企业、外资企业的许可率的上升，作出过专利权评价报告的港澳台投资企业、外资企业的实用新型许可数量并没有与之相适配的增长，说明随着实用新型专利质量的提高，外资企业较好地重视并应用了实用新型制度，但并未重视及应用实用新型专利权评价报告制度，导致专利权评价报告在外资企业许可中的应用仍为凤毛麟角。

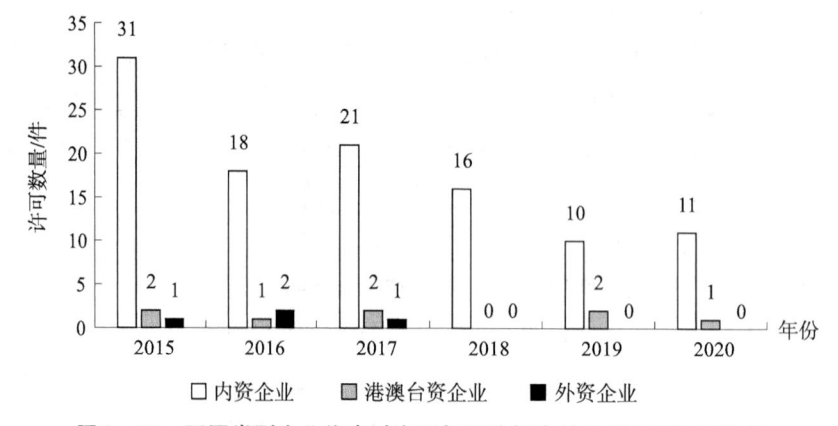

图 2-26　不同类型企业作出过专利权评价报告的实用新型许可数量

对比 2015—2020 年实用新型专利权评价报告的请求日期与其专利权许可生效日的先后关系时发现，具体数据参见图 2-27，既具有专利权评价报告又实施过许可的实用新型专利中多数的许可生效日要早于专利权评价报告请求日，少数的许可生效日晚于专利权评价报告请求日，也就是说大量的许可并未在其专利权被有效确权后才发生。这说明许可双方并未有效利用专利权评价报告制度来规避因专利权不稳定可能带给被许可方的损失，而实用新型专利权评价报告制度也并未在专利许可中起到尽可能多的正向作用。笔者认为其中的部分原因在于被许可人在许可合同生效前不具备实用新型专利权评价报告的请求资格，是否可以在实用新型专利许可前引入专利权评价报告制度，以使许可双方对专利的权利稳定性有一个全面的认识，尽可能保护许可双方的利益，使得专利成果的转化更为稳定和有效。

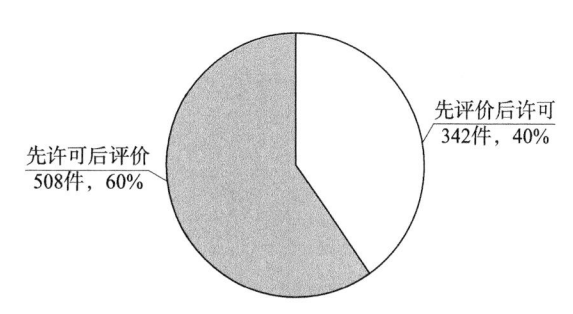

图 2-27 实用新型专利权评价报告请求日与许可生效日的先后关系

2015—2020 年，在 850 件已作出实用新型专利权评价报告的许可中，共计 559 件为独占许可，89 件为排他许可，202 件为普通许可，其中多数独占许可与排他许可的许可生效日期早于专利权评价报告请求日，多数普通许可的许可生效日期是晚于专利权评价报告请求日的，具体数据参见图 2-28。笔者认为，普通许可相较于独占许可、排他许可更好地应用了专利权评价报告制度，这可能与独占许可与排他许可多数是发生在具有特定联系的企业，例如集团内的不同子公司之间，导致独占许可和排他许可前无须利用专利权评价报告来确定其权利稳定性有关。

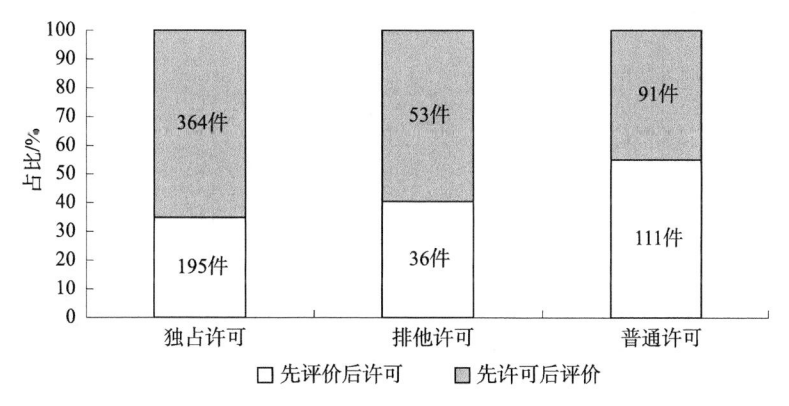

图 2-28 不同许可类型实用新型专利权评价请求日与许可生效日先后关系分布

二、专利权评价报告在专利权转让中的使用状况

（一）实用新型专利权转让概述

长期以来，专利权一直被认为是一种对世权和绝对权，虽然其无形性导致其不能像物权一样，可以通过占有这一事实来表观权利外观，但仍不影响专利权的权利人具有使用和处分权能。因而，专利权转让是专利权人将其拥有的专利权的所有权能让渡于其他主体的处分行为。转让过程中体现出的权利属性和法律行为要件，也是专利权最接近物权的时刻。实用新型专利权作为专利权的一个类型同样可以被处分。

诚然，专利权转让是通过包含专利权人在内的两方或多方达成合意，但我国专利权的转让类似于不动产转让，需要登记方能产生权属变动效果，即需要专利权转让合同当事方持专利权转让合同在专利局进行登记，并变更著录项目。此外，类似于著作权，专利权也具有一定的人格权能，该权能具有的人身属性不可转移，因此，专利权的转让仅是将其具有财产属性的权能进行转移。

（二）实用新型专利权评价报告在专利权转让中的应用状况

从 2010—2020 年涉及专利权评价报告的实用新型专利来看，其中涉及专利权转让的数量整体大于专利权许可和质押的数量，这也体现了专利权的资产属性。从逐年数据可见，如图 2-29 所示，2010—2015 年，涉及专利权评价报告的实用新型专利权转让数量在逐年递增，而在 2015 年以后，这一数量却在逐年急剧减少。

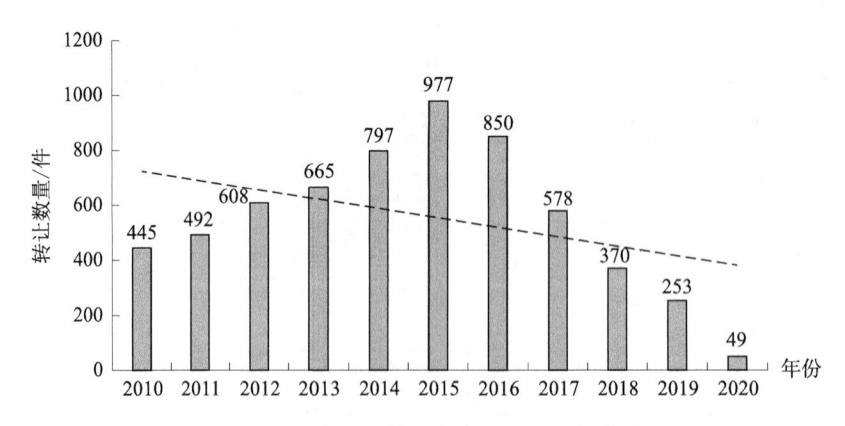

图 2-29 实用新型专利权转让中专利权评价报告的应用状况

其中，2015—2017 年，实用新型专利权转让总数占有效实用新型专利数量的百分比稳定保持在 5.2% 左右，2018 年跌落至 2.8% 后稳步回升，2020 年达到 4.0% 的占比。将申请人类型划分为企业、高校、科研单位以及个人，针对不同申请人类型分别进行详细分析，2015—2017 年，申请人为企业的有效实用新型的转让率稳定在 5.6% 左右，申请人为高校的转让率稳定在 1.6% 左右，申请人为科研单位的转让率稳定在 2.9%—3.4%，申请人为个人的转让率稳定在 3.9%—4.7%，各类型申请人的转让率上下增值较为稳定，始终是申请人为企业类型的转让率相对较高，科研单位的转让率相对较低，这可能与高校在 2017 年前更倾向于发明专利的申请及应用有关。2018 年，申请人类型为企业、高校、科研单位、个人的转让率分别跌落至 3.0%、0.9%、0.9%、2.9%，企业以及科研单位的转让率的暴跌导致当年整体转让率的下跌。2019—2020 年，各类型申请人的转让率有所回升，尤其是高校及科研单位的转让率有较大程度的上涨，说明随着实用新型授权质量的提升，高校及科研单位开始重视实用新型的申请以及转化应用。详细数据参见图 2-30。

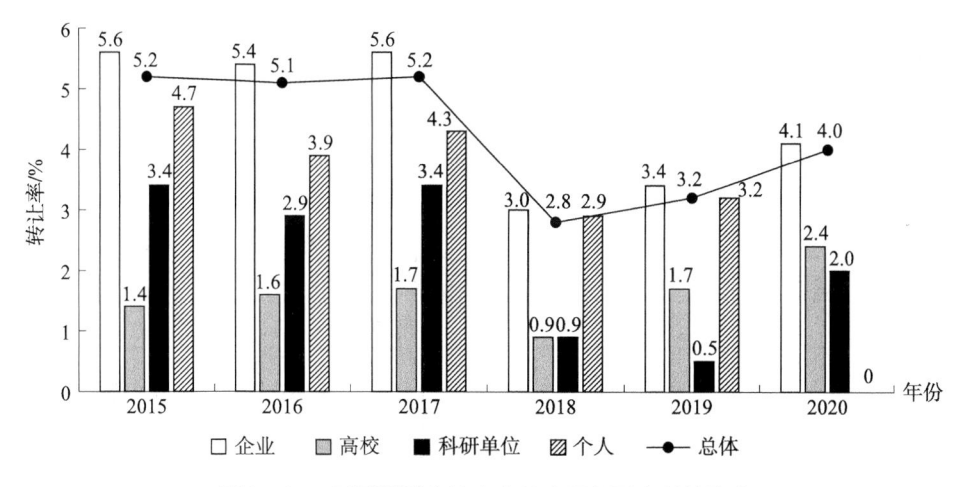

图 2-30 不同类型申请人有效实用新型专利转让率

笔者初步估计上述以 3 年为一周期的转化率变化整体可能是受到了世界范围内经济衰退的影响，但是基于研究时间的限制，对此情况不作展开分析。然而考虑《专利纠纷规定》（2015）中将原告"应当在起诉时出具由国务院专利行政部门作出的检索报告"修改为原告"可以出具由国务院专利行政部门作出的专利权评价报告"这一情况，笔者认为 2015—2017 年的 3 年中作出专利评价报告的实用新型专利的整体转让率明显高于 2018—2020 年这 3 年的转让率，其根源可能依然在于上述修改。因为上述修改直接将专利权人在对实用新型专利提起侵犯专利权诉讼时所必须承担的责任和义务修改为一种可选择性的行为，进而造成在专利权转让过程中，转让双方对专利权评价报告需求的下降，且司法解释的调整和修改与其应用并非同步，因此，上述带有专利权评价报告的专利转让率的实际数据下降也是在上述规定生效的2年后才得以明显地体现出来。

将申请人类型为企业的案件细化分为内资企业、港澳台资企业以及外资企业，并对其有效实用新型专利转让率进行比较，参见图2-31。2015—2017年，内资企业有效实用新型专利的转让率稳定在5.5%左右，港澳台资企业的转让率除2016年降低至4.1%外，均稳定在5.5%左右，与内资企业持平；外资企业转让率由6.5%逐步降低至4.5%，外资企业由转让率最高跌落至转让率最低。2018—2020年的3年中，各类型企业的整体转让率相较于2015—2017年的3年皆呈现下跌趋势，其中内资企业2018年的转让率为3.1%，并于2019年短暂回升至3.5%后，于2020年跌落至2.8%；港澳台资企业2018—2020年转让率分别为2.0%、1.6%、2.7%，均值维持在2.0%左右，外资企业2018—2020年转让率分别为2.2%、2.8%、3.0%，虽然趋势为小幅上升，但相较于2015—2017年的大于4.0%的转化率仍然要低1/3以上的比例。

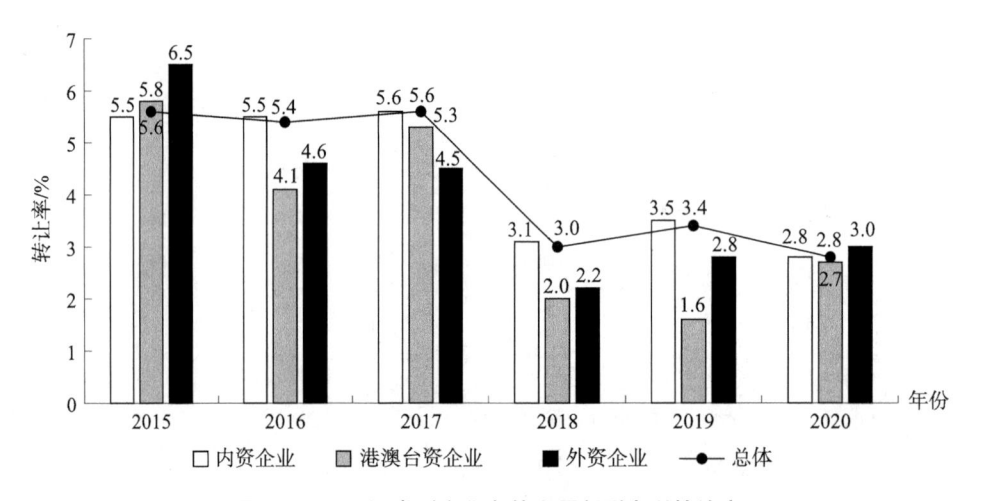

图2-31　不同类型企业有效实用新型专利转让率

2015—2020年，在3077件具有专利权评价报告的专利转让中，转让数量由2015年的977件下跌至2020年的49件，专利权评价报告在实用新型专利权转让中的应用逐渐式微。在国家知识产权局通过多种措施大力引导企业通过知识产权许可、转让、质押等形式，实现知识产权经济价值的情况下，已作出专利权评价报告的实用新型许可、转让的数量却大幅降低，说明专利权评价报告的价值及应用场景并未被社会所了解及接受。尤其是高校、机关团体、科研单位作为申请人主体的已作出专利权评价报告的实用新型中，2015—2020 年转让的数量仅为 16 件，具体数据参见图 2-32。对比高校以及科研单位有效实用新型专利的转让率逐步上升，已作出专利权评价报告的案件转让数量极少，这就说明应大力推进专利权评价报告在高校以及科研单位中的宣传以及应用，以匹配其对于实用新型专利的转化、应用需求。

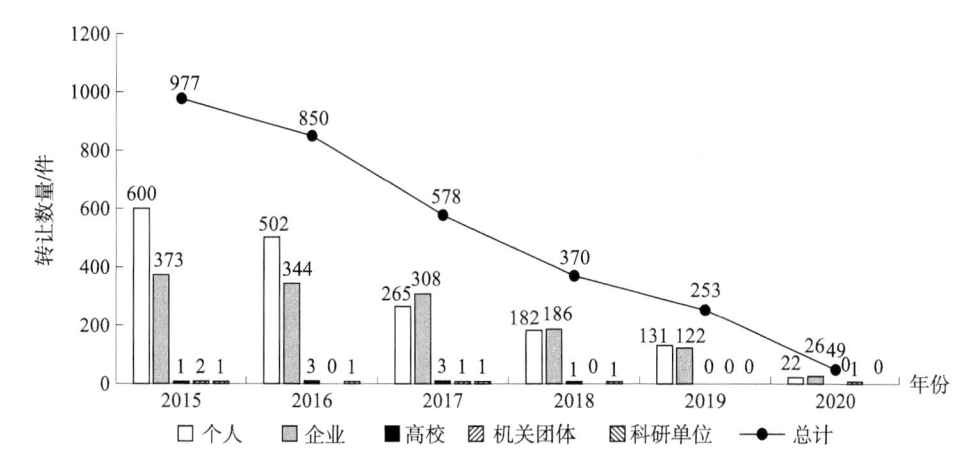

图 2-32　不同类型申请人具有专利权评价报告的实用新型转让数量

2015—2020 年，在 1359 件已作出专利权评价报告的申请人类型为企业的实用新型转让中，内资企业的转让数量为 1303 件，占 95.9%；港澳台资企业的转让数量为 28 件；外资企业的转让数量为 27 件；具体数据参见图 2-33。一方面，已作出专利权评价报告的申请人类型为企业的实用新型转让中，内资企业占绝大多数，但 2018—2020 年内资企业的转让量急速下跌，与内资企业有效实用新型专利的转让率稳定在 3% 左右的情况不相匹配、吻合。另一方面，相比于有效实

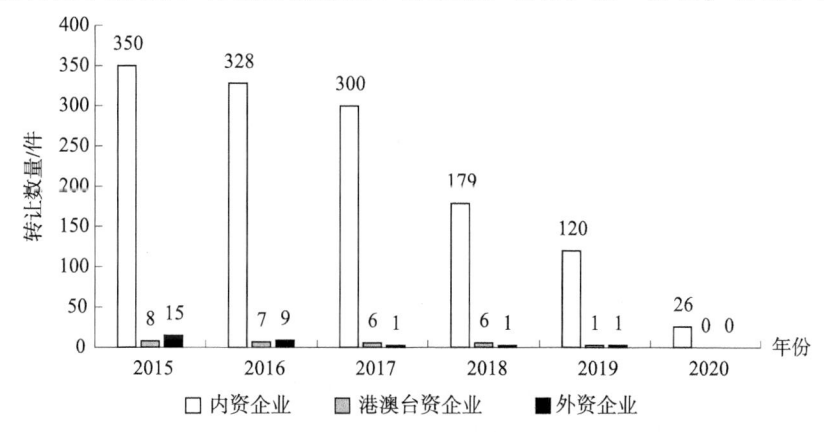

图 2-33　不同类型企业已作出专利权评价报告的实用新型转让数量

用新型中港澳台资企业、外资企业的转让率在 2018 年后有所上升的情况，已作出专利权评价报告的港澳台资企业、外资企业的实用新型转让数量并没有与之相适配的增长，反而越来越低。这就说明企业作为申请人时，其转让过程中较少考虑专利权评价报告的存在以及作用。

三、专利权评价报告在专利权质押中的使用状况

（一）实用新型专利权质押概述

实用新型专利权为标的的专利质权即实用新型专利质权。针对实用新型提出专利申请并因此而获得的专利权谓之实用新型专利权。专利权质押在性质上属于担保物权，担保物权本质上是通过对一定标的物交换价值的控制而确保当事人之间的债权债务关系能够得到确实的实现。专利权质押是债务人以其拥有的专利的财产权向债权人出质，债务人在约定期限内无法履行债务或约定的情形发生时债权人能够就该专利权优先受偿的担保物权，所以毋庸置疑的是，它的性质属于担保体系中权利质押这一法律事实。

《中华人民共和国民法典》（以下简称《民法典》）第四百四十四条第一款规定：以注册商标专用权、专利权、著作权等知识产权中的财产权出质的，质权自办理出质登记时设立。即对于专利权作为权利质权的标的物，我国采用登记设立，这与动产质押和除知识产权的其他权利质权设立采用的交付设立是不同的。专利权中的财产权是出质的标的，属于无形的权利。专利权具有较高经济价值，但其价值需要参考多项指标才能评估，并且受到技术更迭换代或专利权效力变动等多种因素影响，所以专利的价值较难评估并处于变动状态。尤其是对于实用新型专利，因其在授权阶段不进行实质审查，权利稳定性存在极大的不确定性，因此在实用新型专利权质押过程中，对实用新型专利权稳定性的评估就显得格外重要。

（二）我国专利权质押融资运行模式

自 1995 年开始，原《中华人民共和国担保法》明确了专利权能够作为出质物担保贷款的偿还，2008 年我国开始首批专利权质押试点工作，直到今日，我国专利质押融资已在各地开花结果，整体的发展趋势乐观良好。在专利权质押实践中，一些地区根据本地产业特点和商业环境，产生了不同的专利权质押融资模式。

1. 北京模式

"北京模式"的运作方式以银行为主导，采用"银行+企业专利权质押"的市场化专利权直接质押模式，银行在其中扮演主要角色，政府的功能仅是为符合专利质押条件的企业提供贴息支持。政府通过制定相关政策法规、构建"金融机构—中介机构—担保机构"之间的协作机制等方式，推动知识产权质押融资活动开展。政府设立专项资金，为企业知识产权融资提供利息补贴，对金融机构与担保机构进行风险补偿，并为中介服务机构提供费用补贴。参与知识产权质押融资的中介机构以市场为导向开展相关业务，通过市场化的风险分散与管控机制来降低风险。

这一模式的好处在于：企业可以利用政府的贴息支持降低自身的融资成本，且多主体参与的市场主导的运作模式更有利于规范化发展。但在此模式下，参与方包括融资企业、政府、银行、第三方评估机构（包括律所），以及担保机构，各方都需对交易中可能出现的相关风险负责，为了规避自身的风险，对专利权价值的反复审查和评估在所难免，而繁复的审查与严苛的条件抬高了企业获得融资的难度，也降低了其获得专利权质押融资的效率。尤其是对于实用新型专利权，由于其在授权程序中不进行实质审查，因此权利稳定性不高，担保机构、第三方评估机构甚至银行均需要对专利权的稳定性进行评估，且评估过程受到各方地位和其他商业因素影响，导致评估结果难免有所偏差，进而严重影响融资效率和规模。

2. 上海模式

上海模式采用间接融资的方式，由上海浦东生产力促进中心、融资企业、银行三方主体共同构成"银行+政府基金担保+专利反担保"模式，与北京模式相比参与主体较少。上海模式下，专利权质押融资过程中需要政府的深度参与，由政府为企业与银行之间构建联系。上海模式的第三方担保机构为上海浦东生产力促进中心，它是由政府出资建立的担保机构，其性质不是私立的商业机构，不以营利为目的。上海模式最明显的特点是政府承担较大的风险，上海模式带来的好处是政府为金融机构分担了风险，能够提高金融机构向科技型中小企业提供融资的积极性，进而推动企业专利权质押融资的发展进程，促进科技创新的发展。但这也给政府带来了潜在的债务危机风险，如果进行专利权质押融资的企业无法清偿其债务或者专利权本身存在较严重的价值贬损，政府作为担保人就必须向银行清偿，如此一来，地方政府的潜在债务风险被扩大，不利于地方政府财政安全。尤其是对于实用新型专利权，政府承担的债务风险更高。

3. 武汉模式

武汉模式采用"银行+担保企业+反担保"模式，在此模式下，企业可以依据政府相关政策，采取直接质押或间接质押的方式向银行等金融机构申请专利质押融资贷款。在此过程中，政府扮演中立的角色：专利局负责提供和维护专利质押融资平台数据，向金融机构推介优质专利资源，并搭建专利中介服务联盟平台，吸引评估、咨询、担保机构入驻，为各方提供专利展示与流通服务。除此之外，专利局与财政局共同承担财政补助。武汉模式还引入专业的第三方担保公司——武汉科技担保公司参与到交易过程中，在一定程度上能够解决"间接贷款"模式下缺乏专业型担保机构的问题。

武汉模式中，政府通过信息化平台完善了专利交易体系中的投资贷款服务，使专利权质押在融资平台上交易更加便捷。在此模式中，银行等金融机构能够对专利质押评估状况随时核查，可以要求融资企业在风险增大时追加担保或提前还款，一定程度上保障了银行的交易安全。

通过比较上述三种模式，笔者发现，虽然各个模式均提供了风险补偿机制，但仍无法真正消除银行等商业机构在进行专利权质押融资时的交易顾虑与信任缺失问题。贴息支持等补偿形式并不等同于为债务担保，在融资企业无法偿还贷款时，银行无法将质押标的变现得到全额的贷款补偿，自然对与融资企业进行专利质押融资交易充满顾虑。虽然政府的参与，一定程度上降低了信用风险，促进了质押融资过程的顺畅，但也存在干预市场和承担债务风险的问题。由此可见，问题的核心在于如何保障专利权价值的变现能力。

从上面三种模式中也可以看出，无论直接融资还是间接融资，对于专利权的价值评估是必不可少的，而三种模式的专利权评估的实施主体均不相同，有的出自政府，有的出自律师事务所，还有的出自商业咨询结构。虽然引入第三方评估对于降低风险有着正向的作用，但每个第三方评估机构侧重点不同，评估主体运作模式不同，评估专业性、实力也是参差不齐的，估值结果的可靠性也会降低。即使专利已经经过了非常专业的评估机构的评估，专利也会在有效期内因为市场的波动和技术的更新等问题，出现价值迅速贬损的情况。此外，虽然专利权价值评估是专利权评估的核心，但只有稳定的专利权才是根本，不稳定的专利权会导致建立在其上的一切价值变为空中楼阁。

（三）实用新型专利权评价报告在专利权质押中的应用状况

早在1996年，国家知识产权局就推出了《专利权质押合同登记管理暂行办法》，进过20余年的发展，目前专利权质押融资规模也从一开始数十亿元增加到现在的数千亿元。笔者考察了2010—2020年进行过质押的实用新型专利，其中作出过专利权评价报告的有685件，如图2-34所示。可以看到，尽管实用新型专利的稳定性存疑，但在专利权质押中通过专利权评价报告进行稳定性评估的数量仍然微乎其微。此外，2011年、2015—2018年这些年在专利权质押中使用专利权评价报告的数量较多。

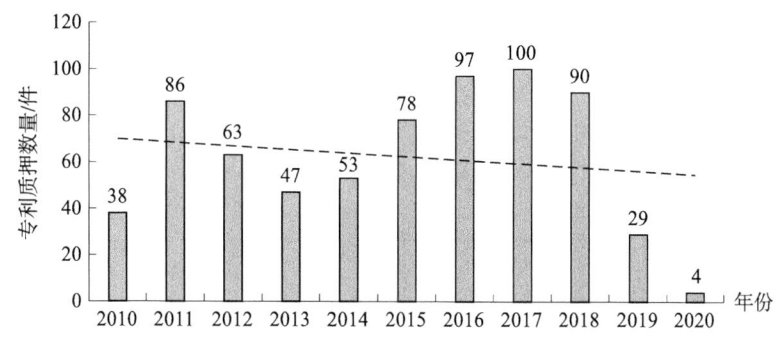

图2-34 实用新型专利权质押中专利权评价报告的应用状况

笔者认为，产生该变化的部分原因在于，2010年国家知识产权局颁布施行了《专利权质押登记办法》，对于专利权质押登记的程序和要求都更加规范和严格；2015年国家知识产权局发布了政策性文件《关于进一步推动知识产权金融服务工作的意见》，并在此后开始逐步扩大专利权质押融资试点范围。这些法规和政策性文件对于促进实用新型专利权评价报告在实用新型专利权质押融资中的应用，起到了较大的推动作用。

在实用新型专利权质押案件中，绝大部分出质人还是企业，参见图2-35。从专利权评价报告请求人地域分布可以看到，在实用新型专利权设立质押过程中，请求作出专利权评价报告最多的省份为山东、广东、浙江、福建、上海、河北、江苏、湖北、北京、河南等，这些区域也是较早开展专利权质押融资试点的省份，参见图2-36。从技术领域分

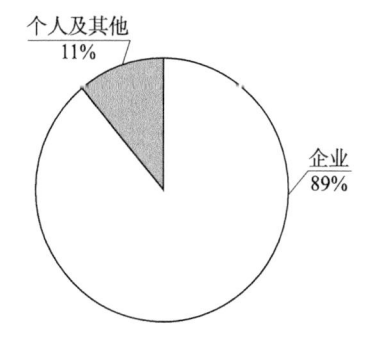

图2-35 专利期质押主体类型

布来看，作业、运输、生活用品等技术领域质押数量中申请专利权评价报告的数量较多，参见图2-37；笔者进一步同时考虑技术领域和请求人地域两个维度，来分析质押中专利权评价报告的使用状况，如表2-14所示。

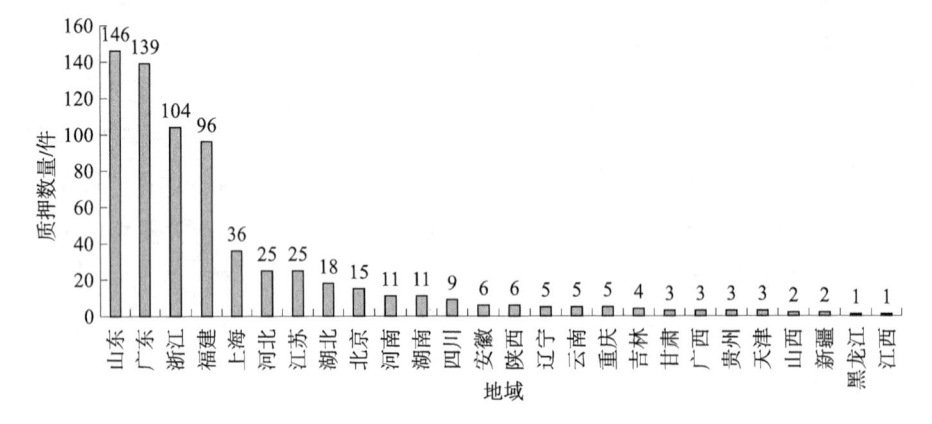

图2-36 请求作出专利权评价报告的实用新型质押数量请求人地域分布

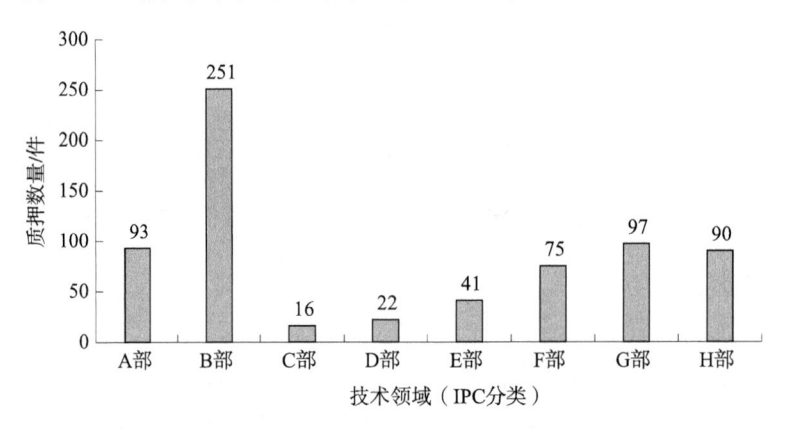

图2-37 已作出专利权评价报告的实用新型质押数量技术领域分布

表2-14 已作出专利权评价报告的实用新型质押数量请求人地域-技术领域分布

单位：件

地域	技术领域（IPC分类）							
	A部	B部	C部	D部	E部	F部	G部	H部
山东	7	60	2	15	8	9	39	6
广东	13	49	1	0	7	21	22	26
浙江	28	36	4	4	9	7	7	9
福建	11	37	2	1	2	8	12	23
上海	2	16	1	0	0	3	4	10
河北	12	10	0	0	2	0	0	1

续表

地域	技术领域（IPC分类）							
	A部	B部	C部	D部	E部	F部	G部	H部
江苏	2	7	1	2	2	5	2	4
湖北	0	13	2	0	0	1	1	1
北京	4	4	1	0	0	2	3	1
河南	1	5	0	0	1	2	2	0
湖南	3	3	1	0	1	1	0	2
四川	1	3	0	0	3	1	1	0
安徽	2	3	0	0	0	1	0	0
陕西	1	1	0	0	0	1	1	2
辽宁	1	0	0	0	0	0	2	2
云南	0	0	0	0	2	3	0	0
重庆	1	1	0	0	0	3	0	0
吉林	0	0	0	0	0	4	0	0
甘肃	1	0	0	0	0	0	0	2
广西	1	0	1	0	1	0	0	0
贵州	1	0	0	0	1	0	0	1
天津	1	1	0	0	1	0	0	0
山西	0	1	0	0	0	1	0	0
新疆	0	0	0	0	1	1	0	0
黑龙江	0	0	0	0	0	0	1	0
江西	0	0	0	0	0	1	0	0

可以看到，在实用新型专利权质押案件最多的十个省份中，其各自的请求案件的技术领域分布也各具特点。如果说进行专利权质押反映了专利权资产化、货币化的活跃程度，请求专利权评价报告反映了对专利权的重视程度，那么上面的数据从一个侧面反映了这些区域特色产业的发展状况和专利运用状况。比如说，山东的机械加工、运输产业发展较为突出，且产业规模和质量也在国内领先，这可以从质押状况技术领域分布中得到体现；相比较而言，广东、浙江、福建等沿海省份，电子通信产业较为发达，因而在此领域专利权质押融资的比重也较高，通过专利权评价报告体现出的对专利质量的重视也较明显。

四、专利权评价报告在电子商务中的使用状况

互联网技术的进步催生了电子商务行业。2003年淘宝网的成立拉开了电商

平台迅速发展的序幕。在接下来的20余年中,各大电商平台顺势而起,逐渐出现在人们的视野中。这一颠覆性的消费方式转变越来越受到人们的欢迎,但随之而来的是由科技进步引发的网络环境下的专利侵权纠纷。这不仅使专利权人的合法利益无法得到有效的保障,不符合我国保护和鼓励专利发展的精神,同时也令电商平台经营者饱受诉累,随时可能构成专利间接侵权。

为了适应新业态的发展,2018年,我国颁布了《中华人民共和国电子商务法》(以下简称《电子商务法》),并在第四十二条至第四十四条规定了,在电子商务平台知识产权纠纷中,知识产权权利人有权通知平台采用删除、屏蔽、断开链接、终止交易和服务等必要措施,其中"通知"要求包括构成侵权的初步证据,即所谓的"通知—删除"规则在电商平台上的应用。自此,针对该规则的讨论就成了专利侵权领域的热点之一。讨论的一个方面就是关于"通知"的要件,这关系到在该规则的适用中,如何平衡权利人的义务和电商平台的义务。在"通知—删除"规则中,通知的法律效果实现,并不取决于通知人(专利权人)的意见,而是法律的直接规定。也就是说,专利权人的通知可能因不符合法律规定而无效,电商平台经营者面对无效的通知自然可以不采取必要措施,且不用承担相应的侵权责任。

"通知—删除"规则最早规定在《信息网络传播权保护条例》中,《信息网络传播权保护条例》第十四条规定了权利人的通知内容应包括侵权作品的名称、网络地址等基本信息,以及构成侵权的初步证明材料。2018年颁布的《电子商务法》,以及2021年1月1日生效的《民法典》,均规定了通知应当包括"构成侵权的初步证据"。但在实践中,如何界定"初步证据"的证明力和审查义务,始终是司法实务中争议的热点之一。

根据笔者的调研,实际上,早在2012年,淘宝网就在其平台知识产权规则中规定了"在专利权人提出卖家侵权时,在要求其提交专利权证书的同时,还要求提供专利权评价报告;收到专利权人通知后,由卖家在合理时间内先行进行反通知;卖家提供在先销售记录或其他资料(如实用新型专利证书),对专利性提出挑战的,不再认可该投诉的专利证书"。国家知识产权局专利局专利文献部在有关专利权评价报告的公益讲座中,也多次提及在早期"双十一"平台促销过程中,专利权评价报告在小商品领域遏制侵权和恶意投诉均有重要的作用。

在后来的阿里巴巴中国站知识产权规则中,也将专利权评价报告证明专利权不具备"三性"作为专利权申诉指导中的不侵权要件之一。

针对平台经济发展的要求,2019年中共中央办公厅、国务院办公厅印发

《关于强化知识产权保护的意见》，其中第十条提出推动电商平台建立有效运用专利权评价报告快速处置实用新型和外观设计专利侵权投诉制度；2020年发布的《最高人民法院关于审理涉电子商务平台知识产权民事案件的指导意见》第五条第二款规定了电子商务平台在涉及实用新型专利权侵权纠纷中，"通知"的初步证据中可以要求提交实用新型专利权评价报告。

　　随着市场经济形式的丰富，专利权评价报告在商业活动中显现出越来越重要的作用。

第三章 我国实用新型专利权评价报告制度运行中的问题

自 2009 年 10 月 1 日起施行第三次修改后的《专利法》以来，实用新型专利权评价报告制度已经运行了近 15 年。除了前述宏观数据所呈现出来的整体请求、报告结论等情况，专利权评价报告基于其设立初衷、法律地位在实际应用中所发挥的作用如何，在运行中还存在哪些问题，尤其是与专利权评价报告相关的法律法规、司法解释等的变迁对其实际应用所产生的影响，均未被系统性地进行梳理、分析和研究。本章将聚焦以上几个方面对当前专利权评价报告制度运行中存在的问题进行探究。

第一节 实用新型专利权评价报告对司法诉讼、行政执法的影响

专利权评价报告作为专利行政部门出具的关于实用新型专利是否具有可专利性的一份文书，虽然不具备行政效力，但在涉及专利权的侵权纠纷中能为当事人提供一定的法律风险预期，比如防止专利权人滥用诉权或随意行权、在诉讼及行政处理程序中为法官或行政部门提供有价值的信息，以及提高专利侵权案件的审理效率等，具体指的是作为证据用于法院或行政部门确定是否需要中止侵权纠纷程序。也就是说，专利权评价报告的主要作用在于为法院或行政部门在专利权侵权纠纷案件审理中的程序性事项作判断时提供参考。然而专利权评价报告在司法诉讼、行政执法中的运行情况究竟如何？譬如，专利权评价报告作为证据的参考程度有多大；专利权评价报告除了用于中止裁定，还能在哪些裁定、判决或处理中发挥作用；专利权评价报告除了用作程序性事项的参考，是否还涉及实体性事项；专利权评价报告在避免恶意诉讼方面发挥的作用如何；专利权评价报告在司

法诉讼与行政执法中的一致性又如何，等等。本节将以北大法宝法律检索系统中的司法案例为数据源，逐个对上述提问进行司法行政案例裁判文书的检索和统计分析（案例详见附录），以实证研究方式披露以上运行情况。

一、专利权评价报告对侵权诉讼立案条件的影响

在我国现行的专利审查制度中，实用新型仅经过初步审查，权利稳定性差。为此，《专利法》第六十六条第二款规定："专利侵权纠纷涉及实用新型专利或者外观设计专利的，人民法院或者管理专利工作的部门可以要求专利权人或者利害关系人出具由国务院专利行政部门对相关实用新型或者外观设计进行检索、分析和评价后作出的专利权评价报告，作为审理、处理专利侵权纠纷的证据；专利权人、利害关系人或者被控侵权人也可以主动出具专利权评价报告。"

现行司法解释《专利纠纷规定》（2020）第四条第一款规定："对申请日在2009年10月1日前（不含该日）的实用新型专利提起侵犯专利权诉讼，原告可以出具由国务院专利行政部门作出的检索报告；对申请日在2009年10月1日以后的实用新型或者外观设计专利提起侵犯专利权诉讼，原告可以出具由国务院专利行政部门作出的专利权评价报告。根据案件审理需要，人民法院可以要求原告提交检索报告或者专利权评价报告。原告无正当理由不提交的，人民法院可以裁定中止诉讼或者判令原告承担可能的不利后果。"

从上述现行规定中可以看出，在实用新型专利权侵权诉讼中，专利权评价报告的提交不是必需的，为了案件审理的需要，人民法院可以主动要求原告提交专利权评价报告。而若原告无正当理由不提交时，人民法院可以裁定中止诉讼或者判令原告承担可能的不利后果。

在实用新型专利权侵权诉讼中"是否必须提交专利权评价报告"这一点上，《专利纠纷规定》（法释〔2001〕21号）第八条曾规定："提起侵犯实用新型专利权诉讼的原告，应当在起诉时出具由国务院专利行政部门作出的检索报告。"

可见，最初的司法解释对于在实用新型专利权侵权诉讼中专利权评价报告的前身"检索报告"所作的提交要求措辞为"应当"，而不是"可以"，前后出现了提交要求由紧到松的变化。对于最初的该司法解释中"应当"的理解，《最高人民法院关于对出具检索报告是否为提起实用新型专利侵权诉讼的条件的请示的答复》（下称"〔2001〕民三函字第2号答复"）指出："检索报告，只是作为实用新型专利权有效性的初步证据，并非出具检索报告是原告提起实用新型侵

权诉讼的条件。该司法解释所称'应当',意在强调从严执行这项制度,以防过于宽松而使之失去意义。"

"必须"与"应当"都是义务性法律规范的规范词,但二者有明显区别,"必须"是无条件的义务规范,是强义务,"应当"侧重于立法者的主观认识,是一种原则性的规定或要求,是允许例外和特殊情况存在的有条件的义务规范,即弱义务。同时,"必须"的规范指向是客观现实的、是排他性的,"应当"是立法者的主观认识和愿望,是对社会的理想指向,其规范的指向是引导性的,是立法者要求的价值标准。再者,两者引起的法律后果不同,"必须"要求一律强制执行,一旦违反,必遭制裁,而"应当"表明在符合相关条件的情况下,允许有例外。只是在法律规范中,其条件部分未能充分表述,有待于参照其他的规范,因而,一般来说没有相对应的法律后果。从义务性法律规范的规范词角度来看,笔者认为最初的司法解释中"应当"这一用词考究且严谨,不管是作为立法者主观意愿的表达,还是作为相对应法律后果的要求,其始终是协调一致的。但由于"应当"一词本身所固有的"义务性"意味,还是使得受众对专利权评价报告是否必须提交存在争议。最高人民法院对此在2015年修正《专利纠纷规定》时作出调整❶,将"应当"改为"可以",更为直白地表明了专利权评价报告的提交并非义务性要求,以回归司法解释的本意,即倡导而非强制原告提交检索报告。

"应当"或"可以"的义务性要求必然伴随着对所要承担"后果"的探讨。在实用新型专利权侵权诉讼中"拒不提交承担可能的不利后果"这一点上,"不利后果"的措辞首次出现在《专利纠纷规定》(2015)第八条中,该规定同《专利纠纷规定》(2020)第四条。

虽然最初的《专利纠纷规定》未提及"不利后果",但在〔2001〕民三函字第2号答复中,除了对出具检索报告是否为原告提起实用新型专利侵权诉讼的条件进行明确,还一并明确了:"该司法解释是根据《专利法》第五十七条第二款的规定作出的,主要针对在专利侵权诉讼中因被告提出宣告专利权无效导致中止诉讼问题而采取的措施。……但对于原告坚持不出具检索报告,且被告在答辩期间内提出宣告该项实用新型专利权无效的请求,如无其他可以不中止诉讼的情形,人民法院应当中止诉讼"。可以看出,虽然最高人民法院对于"是否必须提

---

❶ 司法解释存在滞后。2013年该司法解释曾作出一版修正,未涉及与"检索报告"有关修改,其第八条提及的仍是"检索报告",而2008年修改《专利法》时已将"检索报告"修改为"专利权评价报告","专利权评价报告"是2015年再次修正该司法解释时才被写入的。

交专利权评价报告"所主观期望的是"应当"这一弱义务要求，一般来说没有相对应的法律后果，但若出现了拒不提交情形时，其主观还是期望原告承担可能的不利后果，具体为法院裁定"中止诉讼"。这一主观愿望随后也被明确体现在《专利纠纷规定》（2015）第八条。然而，需要注意的是，在该条规定中，"裁定中止诉讼"与"判令原告承担可能的不利后果"是并列出现的，这意味着，除了"裁定中止诉讼"这一不利后果，原告还可能承担其他的不利后果。

以下将分别对"是否必须提交专利权评价报告"和"拒不提交承担可能的不利后果"两个方面以案例统计分析的形式进行实证研究。[1]

（一）是否必须提交专利权评价报告

通过对涉及"是否必须提交专利权评价报告"的司法案例进行分类分析，笔者发现，在专利权侵权诉讼中，诉讼当事人要求专利权人提交专利权评价报告所依据的理由各不相同，但有少部分出现在同一时间段内相同理由聚类的特点。前者反映出诉讼当事人对专利权评价报告所能发挥的作用以及是否应当在侵权诉讼中提交专利权评价报告，缺乏统一认识；后者反映出随着时间推移、对法律法规认识不断深化，当事人认识会呈现一定共性，同时还会受到相似案情已判决案件结论的影响。笔者还发现，在"是否必须提交专利权评价报告"这一点上，不同法院间的判决或裁定并不完全一致，甚至有的虽然结论一致，但所依据的理由各不相同，反映出法院对于专利权评价报告所能发挥的作用以及是否应当在侵权诉讼中提交专利权评价报告的认识存在不确定性。

当事人在裁判文书中诉称专利权人应当或必须提交专利权评价报告的理由，分别包括：专利缺乏稳定性或者专利权效力处于不稳定状态或者专利权利状态稳定性需要进一步查实（案例1、案例5、案例11、案例18、案例27、案例32），对涉案专利的专利有效性有争议或不予认可、对涉案专利的可专利性无法确认或不能判定（案例2、案例4、案例9、案例16、案例17），原告应提交专利权评价

---

[1] 以北大法宝法律检索系统中的司法案例为数据源，通过标题设定为"实用新型"或不设定标题，全文设置"专利权评价报告"与"不利后果"同段，或全文设置"专利权评价报告"与"必须提供"或"必须提交"同句进行检索，再通过阅读裁判文书进一步获得的信息，补充检索了不设定标题，全文设置"专利权评价报告"与"驳回起诉"或"必要条件"同段，以及不设定标题，全文设置"检索报告"与"驳回起诉"同段等，共检索到司法案例百余篇。通过逐件分析筛除专利权评价报告未实际应用在侵权诉讼立案条件中的案例同时去重并分类，得到在案件审理过程中实际体现专利权评价报告影响侵权诉讼立案条件的案例共44件，详见附录案例清单案例1—案例44。检索一般被限定在涉及实用新型专利申请的案例，但当案例不足以更全面地说明问题时，检索范围也将进一步扩大至涉及外观设计专利申请的案例。本章中司法案例的检索截止时间为2023年8月31日。

报告作为证据以证明其专利的有效性（案例 7、案例 8），质疑原告是否因未提交专利权评价报告而不享有涉案专利权（案例 7、案例 15），未提交专利权评价报告使得涉案专利不具备专利性，不应被授权（案例 12），未要求原告提交专利权评价报告就直接推定涉案专利权利稳定并以此判定侵权，导致事实不清；在提供了证据证明该专利权极不稳定的情况下，法院未要求原告提交专利权评价报告，属于程序违法（案例 3），专利权评价报告是起诉必备的前置条件，即不提交专利权评价报告不符合起诉要件（案例 6），原告提交专利权评价报告应属于法定义务（案例 20），原告起诉不具备权利基础，原告未提交专利权评价报告违法（案例 12）。

在上述当事人所诉称的应当或必须提交专利权评价报告的理由中，有一部分还伴随着对原告未提交专利权评价报告可能承担的不利后果的诉称。这些不利后果分别包括：未在合理期限内提交或拒不提交专利权评价报告的应当不予立案或驳回起诉（案例 6、案例 34），未提交专利权评价报告应当承担相应的不利后果，即驳回诉讼请求（案例 30），未提交专利权评价报告原告应承担举证不能的不利后果（案例 5、案例 7、案例 8、案例 10、案例 21），未提交专利权评价报告原告应承担中止诉讼的不利后果（案例 20、案例 31、案例 32）。

从当事人角度看，其对于是否应当提交专利权评价报告理由上的认识，具有多样性，有的聚焦于专利权评价报告用于确定专利权的稳定性，有的聚焦于专利权评价报告决定专利权的有效性，有的认为提交专利权评价报告是起诉要件，有的认为提交专利权评价报告是法定义务，还有的认为不提交专利权评价报告，就没有诉讼的权利基础。还有个别早期案例，出现明显认识偏差，如认为未提交专利权评价报告使得涉案专利不应被授权或者不享有专利权。对于明确表示出的未提交专利权评价报告可能承担的不利后果的认识，相对集中，主要分布在拒不提交就不予立案或驳回起诉或驳回诉讼请求，或者未提交专利权评价报告应中止诉讼，或者未提交专利权评价报告应承担举证不能的后果。这是因为，许多案例当事人仅是围绕着上述理由认为专利权评价报告应当提交，并未在诉称中明确表示出来可能承担的不利后果是什么。实际上，司法解释中除明确过无正当理由不提交的，法院可以裁定中止诉讼之外，并没有清晰地表示出，可能承担的不利后果是什么。因此在《专利纠纷规定》（2015）实施后，当事人除明确提出应裁定中止诉讼的不利后果外，还对不提交专利权评价报告所承担的不利后果进行了一定探索，提出了不予立案或驳回起诉，以及举证不能。对于举证不能的后果，笔者认为主要因为《专利法》（2008）中将专利权评价报告作为审理、处理专利侵权纠纷的证据。同时，上述出现明显认识偏差的案例，也集中出现在2013年之后以及2015年前后，笔者认为这应该是专利权评价报告运行多年后才逐渐被当事人在司法实践中运用，《专利纠纷规定》（2013）中对提交"检索报告"的要求仍为"应当"，以及当事人对《专利纠纷规定》（2015）的修订变化还未作及时领会的结果。

从法院角度看，不同法院对"是否必须提交专利权评价报告"的裁判，也有较大差异。有的法院，主要集中在山东省青岛市和济南市中级人民法院、山东省高级人民法院及广西壮族自治区柳州市中级人民法院、广西壮族自治区高级人民法院，会主动要求原告提交专利权评价报告，因而裁判拒不提交专利权评价报告应承担不利后果的案例也基本上是出自这几家法院。湖南省长沙市中级人民法院、福建省厦门市中级人民法院及福建省高级人民法院也偶有主动要求原告提交专利权评价报告或者在被告诉称原告应当提交专利权评价报告时作出裁判拒不提交专利权评价报告应承担不利后果的案例。除了以上法院，其他法院在"是否必须提交专利权评价报告"的处理上，普遍比较保守，尽管依据理由各有不同，但最终呈现出的态度是：不必提交专利权评价报告。

笔者对各法院裁判的不必提交专利权评价报告的理由进行分类整理，逐一列举如下。

第一类，裁判文书中依据《专利纠纷规定》中可以由专利权人提交或者人民法院要求专利权人提交的相关规定，裁判专利权评价报告非立案条件或起诉要件（案例1、案例4、案例6、案例12、案例14）或者直接裁判专利权评价报告不是必须提交的（案例8、案例9）。其中，有的裁判文书还对上述规定依据进行相应的法理延展说明，如指出"专利权评价报告只是作为实用新型专利权有效性的初步证据""在侵权诉讼中，专利权评价报告只能作为人民法院判断专利权稳定性的参考，作为是否中止侵权诉讼的参考依据"（案例6、案例12、案例14）。还有裁判文书中依据2008年第三次修改的《专利法》第六十一条第二款对于专利权评价报告只是作为审理、处理专利侵权纠纷的证据的相关规定，裁判专利权评价报告非立案条件或起诉要件（案例18）。

第二类，裁判文书中体现为：专利权评价报告并非诉讼权利基础，也并非专利权人主张专利权的必要条件（案例3、案例5、案例13、案例15）。案例3中，因涉案专利已被国家知识产权局专利复审委员会作出的《无效宣告请求审查决定书》宣告全部无效，故二审法院认为专利权人缺乏提起该案专利侵权诉讼的权利基础，其起诉的前提条件已不存在，故其无权依据涉案专利权向被告提起诉讼，主张相关权利。可见，无效决定能够用来确定诉讼权利基础，确定专利权人是否有权主张权利。在无效决定显示全部权利被宣告无效时，法院可以不用再对专利权评价报告是否应当提交进行裁判。案例 5 中，法院通过涉案专利在法定的 10 年权利保护期限内未被宣告无效，从生活常识出发，推定其具有相当高的稳定性，因此在双方当事人都没有对专利权稳定性进一步举证的情况下，认为不应否定原告起诉权利基础。可见，在没有无效决定时，法院还可以通过专利权的高稳定性推定专利权有效。

第三类，裁判文书中体现为：法院是根据案件"审理需要"，要求原告提交检索报告或者专利权评价报告。具体地，这种"审理需要"在裁判文书中体现为：鉴于被告并未对涉案专利的效力进行质疑或提起行政无效宣告程序，法院据此未要求专利权人出具专利权评价报告（案例 2），被告并未提供证据证明涉案专利权可能失效或被宣告无效的，因而法院认为原告提供专利权评价报告的必要性不是很明显（案例 8、案例 9、案例 17），被告对涉案专利的稳定性有质疑，但并未提交任何证据证明涉案专利权处于不稳定状态，仅仅是因实用新型专利在授权过程中未经实质审查而请求法院责令对方提交，法院认为未责令专利权人提交专利权评价报告并无不当（案例 10、案例 18、案例 19）。案例 17 和案例 19 中，法院在认为专利权人不必提交专利权评价报告的基础上，还基于被告并未提供证据证明涉案专利权不稳定或可能被宣告无效，推定专利权有效或者径行进行了侵权判决。还有的裁判文书直接对因专利权人未提交专利权评价报告而质疑涉案专利权有效性，或提交了专利权评价报告证据表明全部权利要求不符合授予专利条件的当事人提出了建议：如认为涉案专利应当无效，应当向专利复审委员会请求宣告涉案无效（案例 4、案例 17）。以上案例可以看出专利权评价报告在侵权诉讼中作为审理证据的地位，即专利权人并没有义务提交该证据，尤其是专利权评价报告的结论对专利权人不利时，其更没有动机向法院提交，而这时专利权评价报告用来证明专利权不稳定的举证责任就落在了另一方诉讼当事人的头上。只有当另一方诉讼当事人提供了其他证明专利权不稳定或可能被宣告无效的证据时，法院才有可能认为此时有审理需要，令专利权人提交专利权评价报告。如果另一方诉讼当事人都未对涉案专利的效力进行质疑或提起行政无效宣告程序，法院则更认为没有提交专利权评价报告的必要。

第四类，裁判文书中体现为：专利权评价报告并非审理必要条件。最高人民法院于 2021 年 12 月在判决书中不仅明确了专利权评价报告并非案件立案条件，也明确了专利权评价报告并非案件审理的必要条件，同时还对《专利纠纷规定》

中"原告无正当理由不提交的,人民法院可以裁定中止诉讼或者判令原告承担可能的不利后果"明确了限制条件:只有在人民法院要求专利权人提交而专利权人无正当理由不提交的情况下,专利权人才承担可能的不利后果。广州知识产权法院于2016年在判决书中也指出:专利权人未提交专利权评价报告并不影响法院对案件的依法审理。

(二)拒不提交承担可能的不利后果

前述已提及当事人对未提交专利权评价报告可能承担的不利后果的主张,主要集中在拒不提交就不予立案或驳回起诉或驳回诉讼请求,或者未提交专利权评价报告应中止诉讼,或者未提交专利权评价报告应承担举证不能的后果。而不同法院在要求出具专利权评价报告主动性上的差异,也一定程度上导致了在"拒不提交承担可能的不利后果"裁判上的迥异。其中多件裁判涉及"拒不提交承担可能的不利后果"的案例为典型知识产权案例,足以反映出司法实践中"拒不提交承担可能的不利后果"这一问题的难点和热度。

通过查阅法院审理和裁判过程,进一步对案例清单中裁判涉及"拒不提交承担可能的不利后果"的司法案例进行分类分析如下:

第一类,承担不利后果的。法院裁判未在合理期限内提交或拒不提交专利权评价报告的应当不予立案或驳回起诉(案例22—案例27、案例29),法院裁判未提交专利权评价报告应当承担相应的不利后果,即驳回诉讼请求(案例28、案例30、案例41),法院裁判未提交专利权评价报告原告应承担中止诉讼的不利后果(案例22、案例31、案例33),由拒不提交专利权评价报告的应当不予立案或驳回起诉,举轻明重,在专利权评价报告明确证实涉案专利不符合专利权授予条件的较"重"情形下,判令原告承担驳回起诉这一不利后果(案例24)。

第二类,未承担不利后果的。法院裁判原告未能根据法院的要求提交专利权评价报告,但能够证明涉案专利权仍然合法有效的,不应以原告拒不提交专利权评价报告为由裁定驳回起诉(案例21)。

从法院的角度看,尽管当事人诉称有"拒不提交应承担举证不能"的不利后果,但笔者并未检索到因拒不提交专利权评价报告而被裁判应承担"举证不能"这一不利后果的。法院对当事人提出的"举证不能"不利后果的回应如下:法院认为"原告提交了涉案专利权利证书,已完成了享有相关权利的基本举证义务。涉案专利权稳定性属进一步的证明内容,原告作为权利人自有举证优势,但被告也并非全无举证能力。被告若对原告的权利基础进行质疑,也可提供相反证据。证明或否定涉案专利权稳定性的责任并非全部归于专利权人单方。"《最高人民法院关于民事诉讼证据的若干规定》第二条规定：当事人对自己提出的诉讼请求所依据的事实或者反驳对方诉讼请求所依据的事实有责任提供证据加以证明；没有证据或者证据不足以证明当事人的事实主张的，由负有举证责任的当事人承担不利后果。……上述司法解释并未规定专利权人未能提交专利检索报告的即应承担败诉的不利后果（案例5）。法院对此未给予回应（案例7）。法院对此的回应可认为是提交专利权评价报告不是必需的（案例8、案例10）。

接下来详尽呈现一件"拒不提交承担可能的不利后果"典型案例。案例23系李某与赵某侵害"拖拉机用油箱"实用新型专利纠纷上诉案，为2016年度山东法院知识产权司法保护十大案件之三，由山东省高级人民法院于2016年12月作出判决。李某系"拖拉机用油箱"实用新型专利权人，认为赵某擅自制造、销售被诉侵权拖拉机用油箱的行为侵害了其专利权，请求法院判令赵某停止侵权并赔偿经济损失。法院经审理认为李某无正当理由不提交涉案专利权评价报告，涉案专利权缺乏效力稳定性的证据，导致李某提起该案诉讼所依据的事实具有不确定性，其起诉不符合《中华人民共和国民事诉讼法》（以下简称《民事诉讼法》）第一百一十九条❶规定的要件，遂裁定驳回了李某的起诉。该案系对无正当理由拒不提交实用新型专利权评价报告，法院依法裁定驳回起诉的典型案例。在我国现行专利审查制度中，实用新型专利不经过实质审查，其效力存在较大不确定性。法院根据案件审理需要，可以要求原告提交专利权评价报告，并根据原告是否提交专利权评价报告及报告对于专利权效力的分析结论等情况确定案件如何处理。该案裁判，对《专利纠纷规定》（2015）第八条第一款规定的原告可能承担的不利后果进行了有益的探索，防止了权利滥用，对此类案件的正确审理具有一定指导意义。

但该案也引发了不少反对声音，有的认为早在〔2001〕民三函字第2号答复中就曾指出"检索报告，只是作为实用新型专利权有效性的初步证据，并非出具检索报告是原告提起实用新型专利侵权诉讼的条件"，该指导在专利权评价报告上仍然适用，而法院以未提交专利权评价报告为由驳回起诉，则是将是否提交专利权评价报告作为了立案条件。还有的认为根据《民事诉讼法》中关于诉讼立案条件的规定，并不存在提交类似于专利权评价报告等证据的要求，专利侵权纠纷相关司法解释也未规定该类诉讼必须提交专利权评价报告。

当然也有观点支持将专利权评价报告作为立案条件，除了该案对于防止权利

---

❶ 本书中案例分析时提及的法律版本及法条序号以判决时间为准。

滥用方面的指导意义，还因为在《专利纠纷规定》（2020）第四条❶中毕竟明确了侵权诉讼中，拒绝提交专利权评价报告的后果是人民法院可以裁定中止诉讼或判令原告承担可能的不利后果，而怎样才算是不利后果呢？除了驳回起诉，好像也没有其他恰当的不同于中止诉讼的不利后果。最高人民法院对该司法解释条文修改的解读❷中也明确了这一点，但同时也指出❸："如果当事人就涉案专利提起无效宣告请求，人民法院可以裁定中止诉讼"，"如果当事人在合理期间内不对涉案专利提起无效宣告请求，人民法院可以裁定驳回起诉，由原告承担不利后果"。笔者认为同样都是原告无正当理由不提交，但原告承担的不利后果要根据对方当事人是否在合理期间内对涉案专利提起无效宣告请求而进行区分，并不利于倡导专利权人主动承担对专利权有效性的证明义务，而是变相地把举证责任推给了被告和公众。

在该案例之后，山东省青岛市和济南市中级人民法院以及山东省高级人民法院、湖南省长沙市中级人民法院，均依照此判决作出类似裁判（案例22、案例25—案例27、案例29）。而笔者将检索范围适度拓展到外观设计专利时，还检索到案例35，该案是由浙江省宁波市中级人民法院于2016年10月作出的裁定，与案例23作出裁定的时间基本相同。在该案中，法院向原告释明其应当提交涉案专利的检索报告或专利权评价报告，原告表示其未向国家知识产权局提交专利检索的申请，据此法院以原告未能提交专利权评价报告而驳回起诉。然而该案中裁定驳回起诉的理由，与案例23裁定驳回起诉的理由略有不同，浙江省宁波市中级人民法院认为"本案的原告未能举证证明其享有的涉案专利权合法、稳定，原告尚不符合起诉条件，其主体不适格"。而案例23中，山东省高级人民法院认为"提起本案诉讼所依据的事实具有不确定性，其起诉不符合民事诉讼法第一百一

---

❶ 同《专利纠纷规定》（2015）第八条。

❷ 宋晓明，吴蓉. 《关于修改〈关于审理专利纠纷案件适用法律问题的若干规定〉的决定》的理解与适用[J]. 人民司法，2015（5）：29-30.

❸ 原文如下：对于原告经法院要求提交报告而无正当理由不提交的法律后果，征求意见和调研过程中存在两种意见，一是驳回起诉，二是中止诉讼。第一种意见可以更有力地督促原告提交报告，限制专利权滥诉；第二种意见可以在限制专利权滥诉的同时兼顾当事人的诉权保障。经反复讨论研究，我们最终将两种意见予以综合。笔者认为，在实践中，对于原告而言，中止诉讼不利于其实现通过诉讼保护专利权的目的，故其应有动机提交检索报告或者专利权评价报告。当无正当理由不提交检索报告或者专利权评价报告，很有可能是报告对其专利权作出否定性评价，在这种情况下，人民法院应当向当事人释明其可以就涉案专利向专利复审委员会提起无效宣告请求。如果当事人就涉案专利提起无效宣告请求，人民法院可以裁定中止诉讼，等待专利确权程序对专利权效力的认定，有利于纠纷的最终解决。**如果当事人在合理期间内不对涉案专利提起无效宣告请求，人民法院可以裁定驳回起诉，由原告承担不利后果**。对此，《决定》第2条作出规定："根据案件审理需要，人民法院可以要求原告提交检索报告或者专利权评价报告。原告无正当理由不提交的，人民法院可以裁定中止诉讼或者判令原告承担可能的不利后果。"

十九条规定的要件"。同样都是因未提交专利权评价报告无法证明涉案专利权的稳定性,但法院认为其对起诉条件的影响却不同,一个是影响诉讼事实使得其不确定,一个是影响诉讼主体使得其不适格。"诉讼事实不确定"言下之意为原告所主张的权利事实不清楚,而"诉讼主体不适格"言下之意为原告并不是有权主张涉案权利的人。显然,"诉讼主体不适格"是将提交专利权评价报告作为立案条件。对案例23中"提起本案诉讼所依据的事实具有不确定性,其起诉不符合民事诉讼法第一百一十九条规定的要件"的驳回起诉理由,笔者认为:该判决并未直接否定最高人民法院关于"检索报告并非原告提起实用新型专利侵权诉讼的条件"规定,而是类似于案例34中的经法院释明后,原告的起诉状中仍未明确具体权利要求,均将驳回起诉的理由归口于诉讼所依据的事实具有不确定性。而"诉讼所依据的事实具有不确定性"应与"不具备诉讼权利基础"进行区分,前述案例曾有当事人认为"原告起诉本案不具备权利基础,原告未提交专利权评价报告违法",而法院裁判一般认为:专利权评价报告本身并不是权利人提起诉讼的必要条件,也不是专利权获得保护的必要条件。也就是说,不能以未提交专利权评价报告来否定诉讼的权利基础。当存在无效决定时,可以用无效决定来确定诉讼权利基础,确定专利权人是否有权主张权利。当没有无效决定时,法院还可以通过专利权的高稳定性推定专利权有效。涉案专利如多年未被宣告无效以及双方未提交否定专利权稳定性的证据时,可认为专利权具有高稳定性。但如若专利权评价报告显示专利权不具有稳定性时,目前的主流观点❶是,仍不能用来否定诉讼权利基础。总之,笔者认为该案例对专利权评价报告用于证明专利权稳定性方面也具有指导意义,即由于原告未提交专利权评价报告用于证明专利权效力的稳定性,因此原告提起本案诉讼所依据的事实具有不确定性。进一步地,是否可依照"由于原告未提交专利权评价报告用于证明专利权效力的稳定性,因此原告提起本案诉讼所依据的事实具有不确定性"的指导,认为当专利权评价报告结论显示专利权不具有稳定性时,原告提起诉讼所依据的事实也具有不确定性?笔者的上述认识在接下来的案例中有了答案。

案例24系张某、无锡万里实业集团有限公司等侵害实用新型专利权纠纷一审案,由吉林省长春市中级人民法院于2022年5月作出判决。该案系吉林省长春市中级人民法院发布的知识产权保护十大典型案例(2020—2022年)之四,案情为:张某为"一种带有分离器的真空保持式集便系统"实用新型专利的现

---

❶ 见后续章节,有个别案例,基于专利权评价报告示出的专利权不稳定结论而裁定驳回起诉或裁判不侵权。

权利人，其认为二被告未经其许可，实施其专利技术，诉至法院。经法院要求，原告提交了案涉专利权评价报告，但报告评价意见为：全部权利要求不符合授予专利权条件。法院另查明，张某提起诉讼前，经案外人申请，案涉专利已被启动无效宣告程序，但因其他案外人相继提起的两起民事诉讼，案涉专利被其他法院冻结，无效宣告程序一直处于中止状态。吉林省长春市中级人民法院审理认为，实用新型专利在授权时未经过实质审查，其效力的稳定性较弱。经法院要求，原告提交了专利权评价报告，但报告结论是案涉专利全部权利要求均因缺乏创造性而不符合授予专利权条件。这足以说明案涉专利权现并非处于稳定状态，原告提起该案诉讼所依据的事实具有不确定性，其起诉不符合《民事诉讼法》第一百二十二条规定的要件，应当予以驳回，待其取得案涉专利效力稳定的证据后，可另行起诉。该案的典型意义在于：为稳固权利基础，在实用新型专利侵权诉讼中，法院一般都会要求权利人提交专利权评价报告，且专利权评价报告为否定意见时，或动员原告主动撤回起诉，或动员被告启动无效宣告行政审查程序，并中止民事案件审理。该案没有机械司法，固守中止审理的常规处理方式，而是参照相关司法解释精神，能动探索新的处理方式：在明确交代可在权利效力稳定后另行起诉的前提下，裁定驳回起诉。判决裁定说理充分，处理结果合理平衡了双方诉讼权利，并兼顾了司法效率。裁定送达后，双方均未上诉，取得了较好的法律效果和社会效果。该案的处理，是能动司法的一次成功探索，其处理思路，对类似案件的审理具有参考价值。

通过查看该裁定书中的具体说理，笔者认为该案确为在案例23的基础上进行的又一步探索。吉林省长春市中级人民法院在裁定书中指出：第一，在该案审理过程中，经该院要求，原告提交了国家知识产权局作出的专利权评价报告，该报告明确载明涉案专利全部权利要求均因缺乏创造性而不符合授予专利权条件。这足以说明涉案专利权现并非处于稳定状态，原告提起该案诉讼所依据的事实具有不确定性，其起诉不符合《民事诉讼法》第一百二十二条规定的要件，应当予以驳回，待其取得涉案专利效力稳定的证据后，可另行起诉；第二，如果原告无正当理由拒不提交专利权评价报告，即在涉诉专利权是否符合专利权授予实质条件的结果尚不明确的情况下，法院可以判令原告承担包括驳回起诉等不利后果。举轻明重，在专利权评价报告明确证实涉案专利不符合专利权授予条件的较"重"情形下，判令原告承担驳回起诉这一不利后果，也符合上述司法解释精神；第三，涉案专利已被启动无效宣告请求审查程序，虽然等待该程序的审查决定有利于该案纠纷的终局解决，但该审查程序一直处于中止状态，审查决定何时作出现仍不可知，继续等待下去不但严重影响司法效率，也势必导致被告行为侵权与否长期处于不确定状态，这必然延长和加重该案诉讼对被告生产经营以及商誉的影响。可见，吉林省长春市中级人民法院"举轻明重"的思路恰当回应了笔者提出的"由于原告未提交专利权评价报告用于证明专利权效力的稳定性，因此原告提起本案诉讼所依据的事实具有不确定性，是否也可以认为当专利权评价报告显示专利权不具有稳定性时，原告提起诉讼所依据的事实也具有不确定性"这一认识。

然而案例23的裁判在接下来的案例中出现了反转。案例21系珠海金晟照明科技有限公司与灵川县市政建设管理所等侵害外观设计专利权纠纷再审案，由最高人民法院于2020年12月作出判决。该案一审法院为广西壮族自治区柳州市中级人民法院，二审法院为广西壮族自治区高级人民法院，均于2019年作出判决。该案的裁判要旨为：最高人民法院再审时指出，由于珠海金晟照明科技有限公司向二审法院提交第41697号无效决定，用于证明涉案专利权有效，尽管原告未能根据法院的要求提交专利权评价报告，但能够证明涉案专利权仍然合法有效的，不应以原告拒不提交专利权评价报告为由裁定驳回起诉。该裁判要旨还被收录在《最高人民法院知识产权案件年度报告（2020）摘要》中。最高人民法院再审裁判意见具体还包括：首先，专利权评价报告本质上是专利侵权纠纷民事案件中的一类证据，其内容主要包括相关现有技术、现有设计等对比文件，以及有关实用新型专利、外观设计专利是否符合《专利法》及其实施细则规定的授予专利权条件的评价和说明。实用新型专利、外观设计专利在授权前并未经过实质审查，专利权效力的稳定性不及发明专利。根据国家知识产权局检索、分析和评价后出具的专利权评价报告，当事人能够在无效行政程序之外，对现有技术、现有设计的状况以及专利权效力的稳定性，形成相对更加准确、合理的预期，从而更加理性、谨慎、有针对性地进行专利侵权民事诉讼活动。专利权评价报告也可以作为法院判断专利权效力是否稳定的参考。法院可以综合考虑外观设计专利权的保护范围、与现有设计的差异程度、创新高度、专利权效力是否稳定等因素，以及被告构成侵权的可能性、应否承担民事责任，国家知识产权局是否就涉案专利作出无效行政决定等因素，决定是否要求专利权人或者利害关系人出具专利权评价报告。其次，经法院提出明确要求，原告无正当理由拒不向国家知识产权局请求出具专利权评价报告，或者拒不向法院提交的，法院可以结合在案证据以及当事人的主张，在与专利权评价报告有关的现有设计状况、惯常设计、设计空间、创新高度等方面，依法作出对原告不利的认定或者推定。最后，专利权评价报告是"审理、处理专利侵权纠纷的证据"，不属于原告在提起侵犯外观设计专利权民事诉讼时必须提交的证据。对于涉案专利权是否存在应当被宣告无效的情形，专利权评价报告仅具有参考作用，不能替代专利无效行政决定及相关行政判决的认定。因此，原告虽未能根据法院的要求提交专利权评价报告，但另行提交了国家知识产权局针对涉案专利作出的无效行政决定，能够证明涉案专利权仍然合法有效的，不应以原告拒不提交专利权评价报告为由，裁定驳回其起诉。

尽管该案系外观设计专利权纠纷案件，但仍对实用新型专利权纠纷案件有很强指导性。仅从该案的裁判要旨来看，该案是在案例23指导的拒不提交专利权评价报告则裁定原告承担驳回起诉的不利后果之基础上，明确增加是否存在维持专利权有效的无效决定这一判断条件，使得对驳回起诉这一不利后果的裁定考量更加明晰。然而该案的具体裁判意见中还对法院决定是否要求专利权人或者利害关系人出具专利权评价报告进行指导，指出要综合考虑外观设计专利权的保护范围、与现有设计的差异程度、创新高度、专利权效力是否稳定等因素，以及被告构成侵权的可能性、应否承担民事责任，国家知识产权局是否就涉案专利作出无效行政决定等因素。可见，法院在决定是否要求专利权人或者利害关系人出具专利权评价报告时，仍然具有较大的自由裁量空间，法院是否以及如何落实最高人民法院"综合考虑"的裁判意见，还需要后续更多的案例实践来阐释明晰。除上述情况外，判决意见还指出"经人民法院提出明确要求，原告无正当理由拒不向国家知识产权局请求出具专利权评价报告，或者拒不向人民法院提交的，人民法院可以结合在案证据以及当事人的主张，在与专利权评价报告有关的现有设计状况、惯常设计、设计空间、创新高度等方面，依法作出对原告不利的认定或者推定。"可见，上述意见明确了拒不提交专利权评价报告原告可能承担的不利后果，仅是在与专利权评价报告有关的现有设计状况、惯常设计、设计空间、创新高度等方面，且不利于原告的是对上述相关事实的认定或推定。该不利认定或推定显然很难包括"原告提起本案诉讼所依据的事实具有不确定性"。笔者不能确定，上述内容是最高人民法院对拒不提交专利权评价报告可作出驳回起诉这一不利后果的否定，还是对可能承担的不利后果的拓展。也就是说，假设该案不存在维持专利权有效的无效决定，是否还能参照案例23的指导作出驳回起诉的裁定，不能确定。如果是前者，即最高人民法院否定了拒不提交专利权评价报告可作出驳回起诉这一不利后果的裁定，那么案例24的结论也有待商榷。笔者认为，如拒不提交专利权评价报告可能承担的其他不利后果仅仅局限于与专利权评价报告有关方面事实的不利认定或推定，将很难与司法解释明文规定的"中止诉讼"这一不利后果所并列，因为上述对事实的不利认定或推定也可能导致最终判令原告的不利后果为"中止诉讼",当然也可能为"酌情裁定侵权赔偿数额"或"不构成侵权",或者根本不会导致任何不利后果。另外,该不利认定或推定仅停留在事实本身,不能完全关联到最终具象的对原告判令的不利后果,而非具象的不利后果并不能有效改善专利权人对提交专利权评价报告这一义务责任的认知,相反还可能造成抑制和弱化。

同时,在笔者将检索范围适度拓展到外观设计专利时,还检索到案例36,该案系浙江睿丰智能科技有限公司、浙江百翔科技股份有限公司侵害外观设计专利权纠纷一审案,是由浙江省绍兴市中级人民法院于2023年5月作出裁定。该案法院认为:原告无正当理由未就涉案授权外观设计专利提交专利权评价报告,亦未能出示相关材料,证明其已积极向行政主管部门提出申请,显属怠于举证。基于涉案授权外观设计专利缺乏效力稳定性的证据,存在效力不稳定的情形,原告提起诉讼所依据的事实具有不确定性,依法应驳回起诉。可见,该案的裁定并未受到案例21中最高人民法院具体裁判意见的影响。这也说明"拒不提交专利权评价报告导致原告提起诉讼所依据的事实具有不确定性,应驳回起诉"的裁定意见在较长时间内得到了较多法院的支持。

另外,案例24尽管典型,但其并不是首例因专利权评价报告显示全部专利权不符合授予专利权条件,进而驳回起诉的案件,案例44、案例102比其更早。案例44系青岛科尼乐机械设备有限公司与青岛迪凯机械设备有限公司侵害实用新型专利权纠纷,由山东省青岛市中级人民法院于2018年12月作出裁定。法院认为:由于国家知识产权局出具的ZL20122037××××.5《实用新型专利权评价报告》认为涉案专利全部权利要求1—3不具备《专利法》第二十二条第二款规定的新颖性,且涉案专利现处于无效宣告审查程序中,其权利尚不稳定,因此,原告的起诉不符合法律规定的要件,依法应予驳回。案例102系梁山立华机电设备有限公司、山东水泊焊割设备制造有限公司侵害实用新型专利权纠纷二审案,由山东省高级人民法院于2019年10月作出裁定。法院认为:该案中,梁山立华机电设备有限公司与山东水泊焊割设备制造有限公司先后提供了两份专利权评价报告,一份认定涉案专利权利要求1—6不符合授予专利权条件,另一份认定涉案专利全部权利要求1—8未发现存在不符合授予专利权条件的缺陷。虽然山东水泊焊割设备制造有限公司提供了专利复审委员会维持涉案专利有效的决定书,但梁山立华机电设备有限公司已对该决定书提起行政诉讼并已经立案,专利复审委员会的决定书尚未生效。综合考虑上述事实,该院认为,涉案实用新型专利权现并非处于稳定状态,此种情形下,根据《专利法》第四十七条"宣告无效的专利权视为自始即不存在。宣告专利权无效的决定，对在宣告专利权无效前人民法院作出并已执行的专利侵权的判决、调解书，已经履行或者强制执行的专利侵权纠纷处理决定，以及已经履行的专利实施许可合同和专利权转让合同，不具有追溯力。但是因专利权人的恶意给他人造成的损失，应当给予赔偿"的规定，如果嗣后涉案专利权被宣告无效，法院此前作出裁决并执行可能会损害梁山立华机电设备有限公司的相关权益。故为维护双方当事人的合法权益，从公平角度出发，该院参照《最高人民法院关于审理侵犯专利权纠纷案件应用法律若干问题的解释（二）》第二条的规定，裁定驳回山东水泊焊割设备制造有限公司的起诉，如果涉案无效宣告请求审查决定书被生效而行政判决维持有效的，山东水泊焊割设备制造有限公司公司可以另行提起诉讼。

而对于专利权评价报告的前身检索报告，其在应当提交以及拒不提交是否要承担不利后果方面，笔者也在司法案例库中进行补充检索，发现案例37比案例44、案例102作出相似裁定的时间更早。案例37系祁某诉山东银座商城股份有限公司等侵害实用新型专利权纠纷一审案，涉案专利为"厨房用米面储存器"（ZL200620011552.3），是由山东省济南市中级人民法院于2014年9月作出的裁定，在该案审理过程中，被告特百惠济南分公司向该院提交了国家知识产权局专利检索咨询中心对于涉案专利的检索报告，报告的检索结论是涉案专利全部权利要求不具有实质性特点和技术进步。山东省济南市中级人民法院认为：鉴于上述检索报告的检索结论是涉案专利全部权利要求不具有实质性特点和技术进步，原告的起诉不符合《民事诉讼法》第一百一十九条的规定，裁定驳回原告祁某的起诉。

结合上述三个案例以及之前的裁定不难看出，检索报告或者专利权评价报告的参考意见在山东省法院所作的裁判意见中被考虑的权重很大，特别是案例102，在专利复审委员会作出了维持涉案专利有效的决定书且已对该决定书提起行政诉讼时，法院仍依据两份专利权评价报告的结论不一致（经核实是该专利权评价报告有更正导致的前后结论不一致）认为专利权不稳定，如果嗣后涉案专利权被宣告无效，法院此前作出裁决并执行可能会损害被控侵权人相关权益而裁定驳回起诉。❶

---

❶《最高人民法院关于对江苏省高级人民法院〈关于当宣告专利权无效或者维持专利权的决定已被提起行政诉讼时相关的专利侵权案件是否应当中止审理问题的请示〉的批复》（〔2002〕民三他字第8号）中曾指出："人民法院在审理侵犯专利权民事案件过程中，当事人不服专利复审委员会有关宣告专利权无效或者维持专利权的决定，在法定期间内依法向人民法院提起行政诉讼的，该侵犯专利权民事案件可以不中止诉讼。但是，**根据现有证据材料，受理该侵犯专利权民事案件的人民法院认为继续审理与相关专利行政案件的判决结果可能发生冲突的，经当事人书面申请，也可以中止诉讼。**"此案也可以被认为是对"继续审理与相关专利行政案件的判决结果可能发生冲突"的一种适用。

案例 37 中，其检索报告是由国家知识产权局专利检索咨询中心❶作出的，即便如此，法院依然倾向于采纳检索报告中的结论来考察专利权稳定性。除了案例 37，法院对拒不提交检索报告的裁定基本都是"检索报告并非提起实用新型专利侵权诉讼的条件，不属于专利权人必须承担的举证义务"（案例 38—案例 40）。

  再者，除了驳回起诉这一不利后果，法院裁判原告未提交专利权评价报告应当承担相应的不利后果，还包括驳回诉讼请求或上诉请求。然而实际上，驳回诉讼请求或上诉请求一般与未提交专利权评价报告之间并无直接的因果关系，也就是说，基本上没有仅仅因原告未提交专利权评价报告而驳回诉讼请求的，多数驳回诉讼请求或上诉请求所带来的直接后果为裁判侵权不成立。案例 28 中，法院确实在裁判意见中提及原告无正当理由不提交专利权评价报告应依法承担相应的不利后果，但实际上，真正导致驳回诉讼请求的理由是原告未提交被诉侵权产品实物，公证保全的被告展会型录中的图片也无法完整、清晰地呈现被诉侵权产品的技术方案，导致被诉侵权产品技术方案无法与涉案实用新型专利权利要求 1 记载的技术特征进行比对，原告主张被告侵权的证据不足。案例 30 中，原告并未主动向法院提供涉案专利的专利权评价报告，该原告向国家知识产权局申请作出的专利权评价报告是由被告向法院提供，且该专利权评价报告对涉案专利的专利权稳定性有着不利的评价。法院确实也在裁判意见中提及原告没有对此提出足够的证据或理由予以推翻，应当承担由此导致的不利后果。但实际上，真正导致驳回上诉请求的理由是被告补充提供的现有技术抗辩的证据，经比对被证实被诉侵权产品实施的是现有技术，不构成侵权。此时"原告无正当理由不提交专利权评价报告应依法承担不利后果"更像是法院对侵权事实不成立的一种内心确认。案例 41 中，法院认为涉案专利与被诉侵权产品相比所具有的区别设计系涉案外观设计区别于现有设计的主要设计特征，而被诉侵权产品并无上述设计，因此被诉侵权产品与涉案专利在区别于现有设计的设计特征上并不相同，被诉侵权产品与涉案外观设计专利不相同且不相近似，被诉侵权产品未落入涉案外观设计专利权的保护范围。而原告主张涉案专利与被诉侵权产品相比的区别设计均并非涉案专利的设计要点。法院同时认为该院要求原告提交涉案外观设计专利的专利权评价报告，但至今原告无正当理由未能提交，因而可以判令原告承担可能的不利后

---

❶ 专利局、专利审查协作北京中心、专利检索咨询中心等国家知识产权局下属或直属单位均作为实用新型专利检索报告/评价报告的制作单位，代表国家知识产权局出具过《实用新型专利检索报告》。同时，专利检索咨询中心还单独对外制作公众检索报告、授权专利检索报告、查新检索报告等，而这些类型的检索报告属于一种信息咨询性质的报告，不同于由国家知识产权局出具的《实用新型专利检索报告》。该案中出现的检索报告就属于专利检索咨询中心作出的公众检索报告。

果。此时原告所承担的不利后果为法院对原告的上述主张不予采信。在该案中，依然是法院对案件的侵权事实认定在先，不采信原告主张仅仅是对涉案侵权事实认定的一种内心确认。总的来说，法院因原告未提交专利权评价报告而裁判原告承担驳回诉讼请求或上诉请求等不利后果的以上案例，更符合案例 24 中最高人民法院在具体裁判意见中指出的原告应承担对其不利的推定或认定。

与"拒不提交专利权评价报告而驳回起诉"到"专利权评价报告显示全部专利权不符合授予专利权条件而驳回起诉"类似，举轻明重，相较于"拒不提交专利权评价报告法院可作出对原告不利的推定或认定进而驳回诉讼请求或上诉请求"，在专利权评价报告明确证实涉案专利不符合专利权授予条件的较"重"情形下，法院作出对原告不利的推定或认定进而判令原告承担驳回诉讼请求或上诉请求这一不利后果，也应该是符合法理的。案例 43 系安徽朗汀园林绿化工程服务有限公司与孙某侵害实用新型专利权纠纷案，是由最高人民法院于 2020 年 12 月作出判决的经典案例。在该案中，法院也不仅仅是因专利权评价报告显示涉案新型专利申请专利权效力不稳定而推定专利权人据以主张权利保护的实用新型专利有极大可能属于不应获得授权的技术方案，不属于专利法保护的"合法权益"，不应对其予以保护，法院作出此推定还依据了当事人就同一技术方案同日申请的发明专利申请因不具备新颖性或者基于相同技术领域的一篇对比文件被认定不具备创造性而未获授权且其法律状态已经确定这一事实。也就是说，同日发明专利申请不予授权专利权与新型专利权评价报告显示专利权效力不稳定之间相互佐证，使得法院有信心推定该实用新型专利权有极大可能属于不应获权的技术方案。

二、专利权评价报告对侵权诉讼中止的影响

为何要将专利权评价报告引入侵权诉讼的中止程序，首先要了解侵权诉讼中的中止程序。在我国，对于专利侵权纠纷和专利有效性争议处理实行的是侵权无效判定的"双轨制"，即专利侵权纠纷与专利无效纠纷虽然关系密切，却由不同的机关管辖。因此在处理专利侵权纠纷时一旦当事双方就涉案专利的有效性发生争议，就需要引入专利无效宣告程序对专利有效性进行判断，继而才能对专利侵权纠纷作出裁判。我国现行专利法框架下，采取的是"中止诉讼"方式来完成侵权纠纷程序与无效宣告程序的衔接。1985 年《最高人民法院关于开展专利审判工作的几个问题的通知》中规定："在专利侵权的诉讼过程中，遇有被告反诉专利权无效时，受理专利侵权诉讼的人民法院，应当告知被告按照专利法第四十

八条和第四十九条的规定办理。在此期间，受理专利侵权诉讼的法院，可根据民事诉讼法（试行）第一百一十八条第四项的规定中止诉讼，待专利权有效或无效的问题解决后，再恢复专利侵权诉讼"，初步创设了中止诉讼这一衔接专利侵权诉讼与专利有效性判定程序的机制。当时，绝大多数法院为了避免法院判定的侵权与专利复审委员会宣告专利无效的决定产生矛盾，在处理当事人专利无效反诉时，均一概而论地选择中止诉讼，从而导致被控侵权人利用中止诉讼故意拖延诉讼扩大侵权损害的情况层出迭见。

为遏制上述诉讼拖延问题，"中止诉讼"制度几经补充完善，其完善的角度包括从类型、期限以及举证等各个维度对被诉侵权人提起无效抗辩作出限制。具体地，第一，从无效抗辩针对的专利权稳定性上进行限制，法院根据无效抗辩针对的专利权稳定性的强弱决定是否中止诉讼，即原则上针对实用新型和外观设计专利权提起无效抗辩的应当中止诉讼，针对发明专利权或者经过国务院专利行政部门审查维持有效的实用新型和外观设计专利权提起无效抗辩可以不中止诉讼。这是因为实用新型和外观设计相比发明专利，未通过实质审查，在未经无效宣告程序审查之前稳定性较弱。[1] 第二，从提起无效抗辩的时间上进行限制，根据被控侵权人提起无效抗辩的时间是否在答辩期内作出区分，在答辩期内的法院应当中止诉讼，在答辩期外的法院可以不中止。[2] 第三，从举证上进行限制，根据被

---

[1] 《专利纠纷规定》（2020）第七条规定："人民法院受理的侵犯发明专利权纠纷案件或者经国务院专利行政部门审查维持专利权的侵犯实用新型、外观设计专利纠纷案件，被告在答辩期间内请求宣告该项专利权无效的，人民法院可以不中止诉讼。"该条基本与《专利纠纷规定》（法释〔2001〕21号）及其2013年修正版本、2015年修正版本的第十一条相同，2020年修正时将"专利复审委员会"修改为"国务院专利行政部门"。

《最高人民法院关于审理专利纠纷案件若干问题的解答》（法发〔1992〕3号）中"关于专利侵权诉讼因侵权人请求宣告专利权无效而中止审理的问题"："为了有效地依法保护专利权人的合法权益，避免侵权损害的扩大，特规定如下：……（二）人民法院受理的发明专利侵权案件或者经专利复审委员会审查维持专利权的实用新型专利侵权案件，被告在答辩期间请求宣告该项专利无效的，人民法院可以不中止诉讼。"

[2] 《专利纠纷规定》（2020）第四条第二款规定："侵犯实用新型、外观设计专利权纠纷案件的被告请求中止诉讼的，应当在答辩期内对原告的专利权提出宣告无效的请求。"第六条规定："人民法院受理的侵犯实用新型、外观设计专利权纠纷案件，被告在答辩期间届满后请求宣告该项专利权无效的，人民法院不应当中止诉讼，但经审查认为有必要中止诉讼的除外。"该条与《专利纠纷规定》（法释〔2001〕21号）及其2013年修正版本、2015年修正版本的第八条第二款及第十条相同。

《最高人民法院关于审理专利纠纷案件若干问题的解答》（法发〔1992〕3号）中"关于专利侵权诉讼因侵权人请求宣告专利权无效而中止审理的问题"："为了有效地依法保护专利权人的合法权益，避免侵权损害的扩大，特规定如下：（一）人民法院受理实用新型或外观设计专利侵权案件后，在向被告送达起诉状副本时，应当通知被告如欲请求宣告该项专利权无效，须在答辩期间内向专利复审委员会提出。被告在答辩期间内请求宣告该项专利无效的，人民法院应当中止诉讼。……被告在答辩期间内未请求宣告该项专利权无效，而在其后的审理过程中提出无效宣告请求的，人民法院可以不中止诉讼。"

诉侵权人提起无效抗辩时是否有充分的证据确定是否中止诉讼，被诉侵权人提供的证据或者依据的理由明显不充分的，法院可以不中止。❶ 第四，设立"现有技术和现有设计抗辩"，限缩无效抗辩的范围。即处理侵权纠纷时，被控侵权人可以通过证明其实施的技术、设计属于现有的技术、设计，从而避免对涉案专利有效性的争议，以此节省诉讼成本。❷ 第五，设立"驳回起诉"制度，对于在侵权诉讼期间被宣告无效的专利，法院可以其效力不稳定裁定驳回基于该无效权利的侵权诉讼，如果之后通过专利无效行政诉讼将该无效决定撤销，则可另行起诉。❸

基于时间轴追溯法律渊源可以看出，在我国尚未建立专利权评价报告（检索报告）制度之前，中止诉讼制度经历了1985年4月至1992年12月的"无条件中止"及1992年12月至检索报告制度设立的"有条件中止"两个阶段。

随着2000年第二次修改的《专利法》第五十七条第二款设立实用新型检索报告制度，并规定"涉及实用新型专利的，人民法院或者管理专利工作的部门可以要求专利权人出具由国务院专利行政部门作出的检索报告"之后，《专利纠纷规定》（法释〔2001〕21号）第八条先是规定"提起侵犯实用新型专利权诉讼的原告，应当在起诉时出具由国务院专利行政部门作出的检索报告"，〔2001〕民三函字第2号答复又对上述《专利纠纷规定》第八条作出解释"该司法解释

---

❶ 见《专利纠纷规定》（2020）第五条规定："人民法院受理的侵犯实用新型、外观设计专利权纠纷案件，被告在答辩期间内请求宣告该项专利权无效的，人民法院应当中止诉讼，但具备下列情形之一的，可以不中止诉讼：（一）原告出具的检索报告或者专利权评价报告未发现导致实用新型或者外观设计专利权无效的事由的；（二）被告提供的证据足以证明其使用的技术已经公知的；（三）**被告请求宣告该项专利权无效所提供的证据或者依据的理由明显不充分的**；（四）人民法院认为不应当中止诉讼的其他情形"。该条基本与《专利纠纷规定》（法释〔2001〕21号）及其2013年修正版本、2015年修正版本的第九条相同。2015年修正时，将"原告出具的检索报告未发现导致实用新型专利丧失新颖性、创造性的技术文献的"修改为"原告出具的检索报告或者专利权评价报告未发现导致实用新型或者外观设计专利权无效的事由的"。

❷ 见《专利纠纷规定》（2020）第五条规定："人民法院受理的侵犯实用新型、外观设计专利权纠纷案件，被告在答辩期间内请求宣告该项专利权无效的，人民法院应当中止诉讼，但具备下列情形之一的，可以不中止诉讼：（一）原告出具的检索报告或者专利权评价报告未发现导致实用新型或者外观设计专利权无效的事由的；（**二）被告提供的证据足以证明其使用的技术已经公知的**；（三）被告请求宣告该项专利权无效所提供的证据或者依据的理由明显不充分的；（四）人民法院认为不应当中止诉讼的其他情形。"该条基本与《专利纠纷规定》（法释〔2001〕21号）及其2013年修正版本、2015年修正版本的第九条相同。2015年修正时，将"原告出具的检索报告未发现导致实用新型专利丧失新颖性、创造性的技术文献的"修改为"原告出具的检索报告或者专利权评价报告未发现导致实用新型或者外观设计专利权无效的事由的"。

❸ 见《最高人民法院关于审理侵犯专利权纠纷案件应用法律若干问题的解释（二）》（2020）第二条规定："权利人在专利侵权诉讼中主张的权利要求被国务院专利行政部门宣告无效的，审理侵犯专利权纠纷案件的人民法院可以裁定驳回权利人基于该无效权利要求的起诉。有证据证明宣告上述权利要求无效的决定被生效的行政判决撤销的，权利人可以另行起诉。"该条基本与该司法解释最初版本（法释〔2016〕1号）的第二条相同。2020年修正时将"专利复审委员会"修改为"国务院专利行政部门"。

是根据《专利法》第五十七条第二款的规定作出的,主要针对在专利侵权诉讼中因被告提出宣告专利权无效导致中止诉讼问题而采取的措施。因此,检索报告,只是作为实用新型专利权有效性的初步证据,并非出具检索报告是原告提起实用新型专利侵权诉讼的条件","但对于原告坚持不出具检索报告,且被告在答辩期间内提出宣告该项实用新型专利权无效的请求,如无其他可以不中止诉讼的情形,人民法院应当中止诉讼"。加之《专利纠纷规定》(法释〔2001〕21号)第九条同时明确了人民法院受理的侵犯实用新型、外观设计专利权纠纷案件,被告在答辩期间内请求宣告该项专利权无效的,在原告出具的检索报告未发现导致实用新型专利丧失新颖性、创造性的技术文献的情形下,可以不中止诉讼。可见,实用新型检索报告在司法诉讼中所起的作用,在其设立初期即已被明确,就是针对在专利侵权诉讼中因被告提出宣告专利权无效导致中止诉讼问题而采取的措施。

2008年,《专利法》第三次修改时对实用新型检索报告制度进行完善,建立了专利权评价报告制度,虽然在专利法层面明确了专利权评价报告的法律地位,即"人民法院或者管理专利工作的部门审理、处理专利侵权纠纷的证据",但其在司法诉讼中所起的作用,依然还是针对在专利侵权诉讼中因被告提出宣告专利权无效导致中止诉讼问题而采取的措施。这一点可以从《专利审查指南2023》第五部分第十章的规定中看出,该部分指出"专利权评价报告是人民法院或者管理专利工作的部门审理、处理专利侵权纠纷的证据,主要用于人民法院或者管理专利工作的部门确定是否需要中止相关程序",也可以从《专利纠纷规定》第九条❶自2001年出台后几经修正但实质内容并未发生变化中看出。

可见,检索报告及专利权评价报告制度的设置是对法院根据无效抗辩针对的专利稳定性的强弱决定是否中止诉讼的进一步细化,即微调了针对实用新型和外观设计专利权提起无效抗辩的应当中止诉讼的一般原则,除对经过国务院专利行政部门审查维持有效的实用新型和外观设计专利权提起无效抗辩可以不中止诉讼外,还可以根据检索报告或专利权评价报告提供的专利权稳定性的积极正面结论而不中止诉讼。这是专利权评价报告与侵权诉讼的中止程序之间的重要关系之一。

---

❶ 《专利纠纷规定》第九条在2015年修正时,将"原告出具的检索报告未发现导致实用新型专利丧失新颖性、创造性的技术文献的"修改为"原告出具的检索报告或者专利权评价报告未发现导致实用新型或者外观设计专利权无效的事由的",2020年修正时将该第九条修改为第五条。

再者,〔2001〕民三函字第 2 号答复中的"但对于原告坚持不出具检索报告,且被告在答辩期间内提出宣告该项实用新型专利权无效的请求,如无其他可以不中止诉讼的情形,人民法院应当中止诉讼"的指导思想也被明确写入了《专利纠纷规定》(2015)第八条第一款中,即"原告无正当理由不提交的,人民法院可以裁定中止诉讼或者判令原告承担可能的不利后果"。这是专利权评价报告与侵权诉讼的中止程序之间的重要关系之二。

以下将从上述两个重要关系角度,以案例统计分析的形式❶对专利权评价报告在侵权诉讼中止中的影响进行实证研究。

(一)无正当理由不提交专利权评价报告而中止诉讼

以下着重考察未提交专利权评价报告时是否被裁定中止诉讼的情况。

当事人在裁判文书中诉称因专利权人无正当理由不提交专利权评价报告而中止诉讼的理由,主要包括:未提交专利权评价报告导致专利权效力处于不稳定状态,且已(在答辩期内)启动无效宣告请求审查程序,法院应当中止诉讼(案例 31、案例 32);原告提交专利权评价报告应属于法定义务,法庭明确要求原告提交,但原告未履行该义务,法院应当中止诉讼(案例 20)。可见,当事人认为专利权人无正当理由不提交专利权评价报告应承担中止诉讼这一不利后果的出发点并不相同,一种是认为未提交专利权评价报告导致专利权效力不稳定,另一种是认为专利权评价报告的提交属于法定义务。

从法院角度看,不同法院对"无正当理由不提交专利权评价报告是否应作出中止诉讼"的裁判,基本符合预期。

第一类是裁定应中止诉讼的,具体为:为防止实用新型专利权人滥用专利权,法院可以视情况向原告释明要求其提交专利权评价报告,以证实其实用新型专利权的稳定性,如果原告在合理期间内仍拒不提交且缺乏合理理由的,法院可以裁定中止诉讼,或直接裁定驳回起诉(案例 22)。未提交专利权评价报告导致无从判断涉案专利的稳定性,而无效宣告请求的审理结果将直接影响该案的审

---

❶ 以北大法宝法律检索系统中的司法案例为数据源,针对专利权评价报告与侵权诉讼的中止程序之间的重要关系之一,通过标题设定为"实用新型"或不设定标题,全文设置"专利权评价报告"与"中止"同段,共检索到司法案例百余篇,通过逐件分析筛除专利权评价报告未实际应用在侵权诉讼中止中的案例同时去重并分类,得到在案件审理过程中实际体现专利权评价报告对侵权诉讼中止影响的案例。针对专利权评价报告与侵权诉讼的中止程序之间的重要关系之二,主要选取的是前述章节中已检索到的实际涉及不利后果为中止诉讼的案例。同时,为了进一步验证分析结论,还对**宏观数据分析所用的数据样本逐一**进行了与中止诉讼有关的案例分析,作为对照检验。

理，在无效决定作出之前，法院应当中止诉讼（案例31）。涉案专利依法被请求宣告无效，原告未提供涉案专利的检索报告或者专利权评价报告，该案符合中止审理的情形（案例33）。基本上，法院裁定中止诉讼均是由于未提交专利权评价报告无法证明专利权的稳定性。

第二类是裁定不予中止诉讼的，具体为：国家知识产权局专利复审委员会作出维持专利权有效的无效宣告请求审查决定，因此专利权有效且处于稳定状态，不存在中止诉讼的情形（案例32、案例79）；未提交专利权评价报告，并未开庭审理，直至作出维持该案专利有效的审查决定后，才进行第二次开庭审理，被告再次向专利复审委员会提交无效宣告请求，但此时该案答辩期已届满，且专利复审委员会对该无效宣告请求作出了维持本案专利有效的决定，故法院不予中止并无不当（案例20）；被告虽然系在该案答辩期内向国家知识产权局提出宣告案涉专利权无效的请求，但根据司法解释条文中规定所赋予法院的自由裁量权，该院认为该案无须中止诉讼（案例52）。案例52中，主被告均未提及专利权评价报告，法院也未要求原告出具专利权评价报告。基本上，以上因未提交专利权评价报告而裁定不予中止诉讼的案例情形分别落入了《专利纠纷规定》（2020）第七条、第六条以及第五条第（四）项❶所规定情形之内。

（二）根据专利权评价报告的专利权稳定性结论决定是否中止诉讼

以下重点考察专利权评价报告未发现导致实用新型专利权无效事由时法院是否裁定不中止诉讼的情况，同时一并考察若专利权评价报告发现导致实用新型专利权无效事由时，即专利权评价报告作为证据或参考显示专利权并不稳定时，法院对案件的裁判情况。需要说明的是，案例被分类为"专利权评价报告未发现导致实用新型专利权无效事由"和"专利权评价报告发现导致实用新型专利权无效事由"，需基于诉讼案例中的诉讼权利基础，如当事人放弃主张权利要求1，明确表示要求保护权利要求2，那么专利权评价报告结论显示权利要求1不具备

---

❶ 《专利纠纷规定》（2020）第五条规定："人民法院受理的侵犯实用新型、外观设计专利权纠纷案件，被告在答辩期间内请求宣告该项专利权无效的，人民法院应当中止诉讼，但具备下列情形之一的，可以不中止诉讼：（一）原告出具的检索报告或者专利权评价报告未发现导致实用新型或者外观设计专利权无效的事由的；（二）被告提供的证据足以证明其使用的技术已经公知的；（三）被告请求宣告该项专利权无效所提供的证据或者依据的理由明显不充分的；（四）**人民法院认为不应当中止诉讼的其他情形**"。第六条规定："人民法院受理的侵犯实用新型、外观设计专利权纠纷案件，被告在答辩期间届满后请求宣告该项专利权无效的，人民法院不应当中止诉讼，但经审查认为有必要中止诉讼的除外。"第七条规定："人民法院受理的侵犯发明专利权纠纷案件或者经国务院专利行政部门审查维持专利权的侵犯实用新型、外观设计专利权纠纷案件，被告在答辩期间内请求宣告该项专利权无效的，人民法院可以不中止诉讼。"

授权条件，权利要求 2 具备授权条件的，则认为该案例属于"专利权评价报告未发现导致实用新型专利权无效事由"。同时只要诉讼权利基础中的一项权利要求未发现导致实用新型专利权无效事由，就认为该案例属于"专利权评价报告未发现导致实用新型专利权无效事由"，如当事人明确表示主张权利要求 1—5，那么专利权评价报告显示权利要求 1—3 不具备授权条件，权利要求 4—5 具备授权条件的，则也认为该案例属于"专利权评价报告未发现导致实用新型专利权无效事由"。

1. 专利权评价报告未发现导致实用新型专利权无效的事由

绝大多数案例在专利权评价报告未发现导致实用新型专利权无效事由时，法院均裁定不中止诉讼，但也有个别案例在专利权评价报告的结论已证明涉案专利具有稳定性的前提下，法院裁定中止诉讼（案例 69、案例 88、案例 89）。案例 69 中，法院认为原告在该案中明确要求保护的涉案专利权利要求为权利要求 1—10，而国家知识产权局就涉案专利作出的实用新型专利权评价报告初步结论为权利要求 1—6、权利要求 8—10 不符合授予专利权条件，且被告已对涉案专利权提出无效宣告请求，故涉案专利的专利权效力尚处于不稳定状态，该案有必要中止诉讼。然而笔者查证发现，专利权评价报告中认为权利要求 7 具备创造性，在法院裁定中止 4 个月后涉案专利被国家知识产权局专利复审委员会宣告维持专利权部分有效，具体为维持权利要求 7 有效。法院在专利权评价报告能够证明权利要求 7 具有稳定性时，仍然以绝大多数权利要求被证明不稳定而裁定了中止诉讼。案例 88 中，法院认为原告虽出具了涉案专利的专利权评价报告，但该院仍认为有必要中止诉讼，以待国家知识产权局对涉案专利的无效审查结果。笔者查证发现，涉案专利专利权评价报告结论为全部权利要求 1—10 未发现存在不符合授予专利权条件的缺陷，在法院裁定中止的 6 个月后涉案专利被国家知识产权局专利复审委员会宣告专利权全部无效。笔者认为有较大可能是法院一并考察了被告提起无效宣告请求时的理由，认为该案被宣告无效的可能性较大。案例 89 中，一审时，被告建晟公司以请求宣告涉案专利无效为由，提出中止审理请求，原告肖某并未收到专利复审委员会的无效宣告请求书，但在原告肖某向原审法院递交了专利权评价报告的情况下，原审法院同意了建晟公司的中止请求。肖某上诉称原审法院中止审理属于程序错误，二审法院认为《专利纠纷规定》第八条第二款和第九条❶规定并未要求当事人所提起的无效宣告请求应当为国家知识产权局专利复审委员会所受理并取得《无效宣告请求受理通知书》等材料，法院方可中

---

❶ 所引用的司法解释为 2013 年修正版本，其第九条同《专利纠纷规定》（2020）第五条第（一）项。

止诉讼，因此建晟公司在答辩期间内向国家知识产权局专利复审委员会提出的无效宣告请求虽未被受理，但原审法院依照该司法解释规定中止该案诉讼于法有据。笔者查证发现涉案专利专利权评价报告结论为全部外观设计未发现存在不符合授权专利权条件的缺陷，该案法院为何没参考专利权评价报告对专利权稳定性的积极正面结论并依照《专利纠纷规定》（2013）第九条第（一）项的情形作出不予中止的裁定，反而对该案作出中止的裁定，其考量并不明朗。

在专利权评价报告未发现导致实用新型专利权无效事由且法院裁定不中止诉讼的案例中，仅有1/3的案例是法院主要依据《专利纠纷规定》（2020）第五条第（一）项的情形裁定不予中止的（案例45、案例48、案例51、案例53、案例60—案例62、案例67、案例68、案例73、案例75、案例76、案例80、案例86、案例91、案例92、案例95、案例96）。在这些案例中，有6件案例法院仅依据专利权评价报告明确涉案专利的权利要求未发现存在不符合授予专利权条件的缺陷而裁定不予中止（案例51、案例76、案例80、案例86、案例96），其中包括一件径行侵权裁判（案例76）。而对于其他案例，法院在提及专利权评价报告明确涉案专利的权利要求未发现存在不符合授予专利权条件的缺陷时，还一并心证了无其他应当中止的事由。如有一部分是法院同时提及该涉案专利权至今合法有效，或涉案专利权尚未被宣告无效，或没有证据显示涉案专利已经被专利复审委员会宣告无效，或没有证据表明所主张的专利权无效，或提交的证据不能作为涉案专利可能涉及宣告无效的充分理由，故依法不予中止诉讼（案例45、案例48、案例53、案例62、案例67、案例68、案例91）；有一部分是法院同时提及因没有提交证据或没有充分证据证明涉案专利处于不稳定状态，故不予中止（案例60、案例61、案例73、案例75）；还有一部分是法院同时提及该案不存在其他应当中止的情形（案例92）。这些案例言下之意更像是，除了专利权评价报告对于专利权稳定性的证明，法院一般还会考虑被告提交的用于证明专利权不稳定的其他证据，如有证据表明专利权不稳定导致其被宣告无效的可能性极大，即便专利权评价报告显示专利权稳定，法院也可能倾向于中止诉讼。

在专利权评价报告未发现导致实用新型专利权无效事由且法院裁定不中止诉讼的案例中，剩下2/3的案例是法院不仅仅是依据《专利纠纷规定》（2020）第五条第（一）项情形而裁定不予中止。在这些案例中，有的是将第五条第（一）项的情形并列提及，有的只是顺带提及，还有的是明确不将其作为主要理由。总的来说，第五条第（一）项的情形在不予中止的理由中位阶较低（案例46、案例47、案例49、案例50、案例54—案例59、案例64—案例66、案例70—案例

72、案例81—案例84、案例87、案例90、案例101），法院在裁定时更倾向于依据其他不予中止的理由。具体地，这些案例还涉及以下不中止诉讼的理由：被告在答辩期间届满后请求宣告该项专利权无效的（案例49、案例50、案例54—案例58、案例64—案例66、案例71、案例72、案例82—案例84、案例87、案例90、案例96）；涉案专利权经专利复审委员会审查维持有效的（案例46、案例47、案例65、案例70、案例81、案例87）；实用新型及其同日发明专利侵权纠纷，原告主张的专利权不仅包括实用新型专利，还包括发明专利，而对发明专利申请宣告无效并不是导致诉讼程序中止的必要要件的（案例101）；存在第五条第（三）项情形的（案例59）；案外人提起无效宣告请求的（案例65）。

还有一些案例（案例74），一审、二审法院裁定不中止诉讼的理由分别是"其提供的证据不足以影响涉案专利权的稳定性，本案不属于应当中止审理的情形""涉案专利权已经国家知识产权局专利复审委员会审查，结论为在权利要求7—23的基础上继续维持该专利有效，在被告未能举证证明涉案专利权利要求7、权利要求13存在不稳定因素的情形下，对被告提出的中止审理的申请，不予支持"，而实际上，该案存在专利权评价报告，且专利权评价报告的结论为权利要求10、权利要求11、权利要求18、权利要求19未发现存在不符合授予专利权条件的缺陷，即专利权评价报告认为权利要求7、权利要求13不符合授予专利权条件，该结论与无效决定的结论相悖，也就是说，还是有证据证明涉案专利权利要求7、权利要求13存在不稳定因素的情形。然而在一审、二审的审理过程中，专利权评价报告并未被要求提交或主动提交，尤其是二审审理时已获知涉案专利被主张的权利要求被维持有效时，专利权评价报告更没有动机被要求提交。总的来说，尽管专利权评价报告在侵权诉讼中的核心意义在于佐证专利权的稳定性进而决定是否要中止诉讼，但该作用在司法实践中还是经常被忽视，后续章节还将提到一些专利权评价报告与无效决定结论不一致直接出现在审理过程中的案例，专利权评价报告结论被无视的情况则更加明显。

但在上述案例中还出现了一组案例，其体现出法院在裁判是否中止诉讼中优先考虑了专利权评价报告的结论。这组案例涉案的专利均为源德盛塑胶电子公司的一种一体式自拍装置（案例45、案例47—案例50、案例53—案例58），除了案例45为浙江省宁波市中级人民法院审理的一审判决，其他案例均为广西壮族自治区高级人民法院于2019年3月审理的二审判决，且在二审审理过程中不同的上诉人均提交了同样的新证据用来请求中止审理：①北京知识产权法院2019年1月10日作出的（2019）京73行初397号案件受理通知书；②国家知识产权局专利复审委员会针对上述案件出具的行政答辩状。经查，该行政诉讼是针对专利复审委员会第 38035 号决定提出的，而该决定是对案外人庄某提出的无效宣告请求而作出的，该无效决定的结论为在权利要求 2—13 的基础上维持专利权有效。也就是说，这些案例的上诉人均基于他人提出的无效宣告请求及对该决定不服的行政诉讼请求的事实，认为涉案专利权不稳定，请求中止审理。广西壮族自治区高级人民法院对相同的证据同时作出的最终判决结论一致，但理由并不完全一致。其中有 2 件涉及的是提供的新证据不能作为涉案专利可能涉及宣告无效的充分理由，其余的涉及的是提交的证据不足以证明该案有必要中止诉讼，但这些判决中最终均有依据专利权评价报告中权利要求 2—13 具备新颖性和创造性的结论，由此认定所主张的权利要求 2 处于合法有效的稳定状态，进而不予中止诉讼。这些案例的特殊之处在于，首先，被上诉人并未提供专利复审委员会已于 2018 年 11 月作出的第 38035 号决定作为证据，该决定的情况在多数案例中并未被提及，只有案例 47 出现了"上诉人在庭审中自认国家知识产权局专利复审委员会经审查维持了第 ZL20142052×××.0 号实用新型专利的有效性"的情况，因而广西壮族自治区高级人民法院无法优先以该无效决定维持所主张权利要求 2 有效的结论而裁定不予中止诉讼，而是将不予中止的理由依赖于专利权评价报告这一证据上，这一定程度上反映出当事人在证据出示方面的意识缺失。其次经查，涉案专利曾荣获第二十届中国专利奖，截止到目前被请求宣告无效了 26 次之多、相关行政诉讼 6 次之多而均未被宣告无效。笔者思忖，该批案例优先考虑专利权评价报告结论而非无效决定结论进而作出中止裁定，主要原因应该为庭审中缺少专利复审委员会经审查维持专利权有效的决定这一证据。当然也不确定法院是否有考虑到涉案专利的无效决定属于争议焦点，此时难以依据某个维持专利权有效的决定而认为专利权处于稳定状态。

案例 95、案例 96 与上述一体式自拍装置系列案例类似，在一审审理时主要依据专利权评价报告的正面结论而作出不予中止的裁定，只不过在二审审理时，案例 95 的当事人主动提交了宣告专利权全部无效的决定书，案例 96 的法院主动获取了专利复审委员会作出的宣告专利权全部无效的决定书。且案例 95、案例 96 的二审法院均以该宣告专利权全部无效的结论驳回起诉，对已就或将就该无效决定提起行政诉讼的处理为如果有证据证明专利复审委员会的上述无效宣告请求审查决定被生效行政裁判撤销的，可以根据新的证据重新起诉。

2. 专利权评价报告发现导致实用新型专利权无效的事由

既然司法解释《专利纠纷规定》规定了在专利权评价报告未发现导致实用

新型专利权无效事由时，法院可以不中止诉讼，这就意味着专利权评价报告可以用来证实专利权的稳定性。理论上来说，当专利权的稳定性被证实为较高时，即便是没有经过实质审查就授权的实用新型专利，法院在其基础上作出民事侵权裁判的结果与专利无效宣告程序的确权结论不一致的可能性较小，法院需要承担的错判的司法风险也较小，此时由于侵权诉讼程序未被中止而获得了较高的诉讼审理效率，上述妥协兼顾的做法保障了专利权人与被控侵权人之间合法权益的最大化。反之，当专利权的稳定性被证实为较低时，说明法院在其基础上作出民事侵权裁判的结果与专利无效宣告程序的确权结论不一致的可能性较大，法院需要承担的错判的司法风险也较大，此时不中止诉讼而是径行侵权判决，容易使得被控侵权人受到不公正的审判，引发较大的社会矛盾。因此，尽管司法解释并未给出指引，就专利权评价报告发现导致实用新型专利权无效事由时，法院基于该稳定性证据是否应中止诉讼，但还是有部分法院会依据专利权评价报告示出的专利权不稳定情况而裁定中止诉讼（案例97—案例99）。其理由一般为：实用新型专利权评价报告显示全部权利要求不符合授予专利的条件，因而该实用新型专利权不稳定，必须以国家知识产权局专利复审委员会对涉案专利的审查结果为依据，因而裁定中止诉讼。

也有不少法院明显持相反态度，即专利权评价报告的意见可以被忽略，或者在某些情况下可以被忽略。案例78中，法院认为原告经国家知识产权局授予实用新型专利权，并在专利有效期内按时缴纳了年费。虽然实用新型专利权评价报告初步结论显示为权利要求1不符合授予专利权条件，但不影响涉案专利的效力，该专利权应受法律保护。案例77中，法院明确表示专利权评价报告仅为法院考量实用新型效力稳定性的参考，对专利权效力的稳定性并无直接影响，即使该专利权评价报告对专利权作出否定性评价，法院亦可根据案件具体情况进行审理，而不必然中止诉讼。专利权评价报告的意见在某些情况下可以被忽略，一般指的是在专利权评价报告的结论与无效宣告审查决定结论相冲突时，专利权评价报告的结论可以被忽略。案例94中，实用新型专利权评价报告结论为全部权利要求不具备《专利法》第二十二条第三款规定的创造性，而法院认为鉴于专利复审委员会已作出无效宣告审查决定，维持涉案专利权有效，该案已无中止审理必要，同时对于被告以向专利复审委员会再次对涉案专利提出无效宣告申请且已被受理为由请求中止该案诉讼，法院仍是以此前已对涉案专利作出的维持专利权有效的无效宣告审查决定裁定该案并无中止审理必要。案例93中，法院认为专利权评价报告只是作为供法院判断某项专利权是否稳定、有效的初步参考，在专利法意义上决定一项专利权有效与否的法律文书，应当是国家知识产权局专利复审委员会作出的无效宣告请求审查决定书，虽然实用新型专利权评价报告得出的结论为全部权利要求不符合授予专利权条件，但是，国家知识产权局专利复审委员会就涉案专利权提起的无效宣告请求所作的无效宣告请求审查决定书，决定维持涉案专利权有效。鉴于此事实，且涉案专利权已缴纳最近一年度的年费，因此涉案专利权目前处于稳定、有效状态，依法应当受到保护。案例100中，实用新型专利权评价报告证明"权利要求不符合授予专利权条件"，而原告提交的无效宣告请求审查决定书却能证明"专利权有效"，法院认为在原告提交证据涉及权利要求1是否应受法律保护发生冲突时，基于该案专利权未被宣告无效，对该案专利权利要求1予以保护。案例85系振博公司与徒狮公司侵害实用新型专利权纠纷上诉案，由最高人民法院于2021年11月作出判决，该案也是《最高院知产庭案例速递（2022年第4期）》❶中的评析案例。其"裁判观点"为：首先，"涉案专利是否具备创造性"属于专利确权审查范畴，不属于最高人民法院的审理范围；其次，专利权评价报告仅是证明专利权法律效力的初步证据，虽然国家知识产权局出具了实用新型专利权评价报告，但针对徒狮公司之后就涉案专利权先后两次提出的无效宣告请求，国家知识产权局均维持涉案专利权有效。因此最高人民法院驳回"据实用新型专利权评价报告结论主张涉案专利不具备创造性，原审判决没有事实和法律依据，本案应中止审理"的上诉，维持原判。另外"观韬点评"如下："实用新型和外观设计的专利权评价报告不是行政决定，不具有法律效力，仅是一种证据形式或证明文件。当人民法院或者管理专利工作的部门审理、处理专利侵权纠纷时，人民法院或者管理专利工作的部门据此可以确定是否需要中止相关程序。由于本案被诉侵权方提出两次无效宣告请求，但国家知识产权局均维持涉案专利有效，进而可以忽略该专利权评价报告用于中止的效力。"❷当专利案件在无效宣告请求后仍维持有效，专利权评价报告的作用可以忽略。

值得一提的是案例77，法院在作出"即使该专利权评价报告对专利权作出否定性评价，人民法院亦可根据案件具体情况进行审理，而不必然中止诉讼"的认定之后，还进一步指出被告"在明知上述否定性专利权评价报告的情形下，未

---

❶ 观韬中茂律师事务所. 观韬知产观察：最高院知产庭案例速递（2022年第4期）[EB/OL]. (2022-02-23) [2024-07-19]. https://mp.weixin.qq.com/s/58Ba1MMz2sO9_VAttVSDKQ.

❷ 观韬中茂律师事务所. 观韬知产观察：最高院知产庭案例速递（2022年第4期）[EB/OL]. (2022-02-23) [2024-07-19]. https://mp.weixin.qq.com/s/58Ba1MMz2sO9_VAttVSDKQ.

及时采取相应举措,而是迟至2020年9月14日才提起第二次无效宣告请求,故本案不具有等待无效宣告审查决定的合理性和必要性。"可见,专利权评价报告的否定性结论不仅在无效宣告审查结论出现时不值一提,甚至被告提起无效宣告请求的响应速度不及时进而得到专利权被宣告无效的可能性较小的推演,也比专利权评价报告中的事实性结论推定更被法院看重。

(三)不同数据样本的分析对照情况及小结

第二章宏观数据分析中所用数据样本为2010—2020年作出过实用新型专利权评价报告的案例,其中同时被提起过无效宣告请求和侵权诉讼共有914件。由于"中止诉讼"是侵权纠纷程序与无效宣告程序的衔接,上述914件案例是极佳的用来考察专利权评价报告2010—2020年在侵权诉讼中发挥中止诉讼作用的数据样本。该914件案例中确定与中止诉讼实质相关的案例共50件。

基于前述对该50件案例的分析可以看出相似的司法实践现状,即便是司法解释给予了明确规定"当专利权评价报告未发现导致涉案专利权无效的事由时可以不中止诉讼",在裁定不中止诉讼时,法院还是会更加强调其他不中止诉讼的理由,譬如被告是在答辩期外提交的无效宣告请求或者涉案专利经受过专利无效审查且国家知识产权局维持专利权有效,单独适用该司法解释规定而裁定不中止诉讼的案件占比不及一半,而在适用其他不中止诉讼的司法解释规定时,还有一件案例的涉案法院明确表示专利权评价报告的全负面结论仅具有参考作用,不会因此而中止诉讼。

虽然该数据样本中与中止诉讼实质相关的案例共50件,但在涉及"专利权评价报告对侵权诉讼中止的影响"时,得到的整体概况与本章北大法宝网实证案例集分析出的整体概况基本一致。总的来说,利用专利权评价报告来决定是否中止诉讼本应是司法解释赋予专利权评价报告在侵权诉讼中的作用,而专利权评价报告在中止诉讼中发挥作用的比例(50/914)并不高,也远远不及2010—2020年实用新型专利权评价报告作出的体量。即使在相对这么少量发挥作用的判例中,还存在有对司法解释存而不用或执行标准不清晰、不明朗及不一致的情况。

三、专利权评价报告对专利权稳定性和有效性的影响

从最高人民法院相关司法解释来看,〔2001〕民三函字第2号答复中指出"检索报告,只是作为实用新型专利权有效性的初步证据",随后又在《最高人

民法院关于对当事人能否选择从属权利要求确定专利权保护范围的请示的答复》（〔2007〕民三他字第10号）中涉及"提供检索报告证明该实用新型专利权具备法律稳定性的初步证据"。前后两份司法解释对于专利权评价报告作为证据对专利权产生怎样的影响和作用，其措辞并不相同。

对于实用新型专利来说，有效性和稳定性是有差别的两个概念。笔者认为专利权有效性是指专利权法律效力的实然状态，即经过授权或确权程序后[1]权利是有效或是无效。专利权的稳定性是指专利权法律效力的应然状态，这种应然状态是指是否应在授权程序中被授予专利权，也有学者[2]认为这种应然状态是指专利权能否经得住无效宣告程序的审查，即确权程序的审查，如果能够经得住无效宣告程序审查，那么专利权是稳定的，否则，便是不稳定的。专利权有效性涉及了授权、确权两个阶段，因而专利有效的状态会发生动态变化。而专利权的稳定性也应有狭义和广义之分，当狭义的聚焦于专利权评价报告的设置目的及作出程序时，专利权的稳定性指的应该是该专利是否应在授权程序中被授予专利权，这是由于在我国现行的专利审查制度中，实用新型专利在授权时未经过实质审查，其效力的稳定性较弱。而至于实用新型专利是否能在确权程序中经得住审查而被确认为有效，目前还没有相应的行政程序用来评估或确认该广义的稳定性，因为即使对于经过实质审查的稳定性较高的发明而言，授权阶段与确权阶段结论也会出现不一致的情况。

明确专利权评价报告与专利权有效性、专利权稳定性之间关系的认识，将有助于进一步发挥专利权评价报告在司法实践中的作用，本节将对司法实践中法院对于这一关系的认识展开实证分析。[3] 用于实证分析的案例被分为未提交专利权评价报告和已提交专利权评价报告两类，已提交专利权评价报告的又进一步被分为专利权评价报告为否定性意见和肯定性意见两类。

（一）未提交专利权评价报告

在未提交专利权评价报告的裁判文书中，不同法院对专利权评价报告与专利

---

[1] 专利确权通常是指专门行政机关或司法机关对专利有效性的判断，在学界，专利确权的概念有广义与狭义之分。从广义的角度，专利确权分为专利授权、专利复审和专利无效三类专利行政程序，以及针对专利复审和专利无效提起的诉讼程序。从狭义的角度，专利确权专指专利授权后由专门机关对专利的有效性进行的行政权以及行政确权的后续司法审查。上文处采用狭义的专利确权说。

[2] 刘谦. 我国专利权评价报告制度研究 [D]. 北京：中国政法大学，2014.

[3] 实证分析所用的案例除了选取前述章节中涉及稳定性和有效性裁判的，还在北大法宝法律检索系统的司法案例中，通过把标题设定为"实用新型"或不设定标题，全文设置"专利权评价报告"与"不稳定"或"稳定性"同段，补充检索了部分案例。

权稳定性或专利权有效性之间关系的认识，主要来自各法院裁判的不必提交专利权评价报告的理由。

裁判文书中体现出专利权评价报告对专利权稳定性的影响分类呈现如下（案例1、案例3、案例5、案例6、案例10、案例12、案例14、案例19、案例32）：

（1）涉案专利已作出无效决定的。因国家知识产权局已作出维持涉案专利权有效的无效宣告请求审查决定，该审查决定足以作为确定该案专利稳定性的根据，故法院不支持被告因原告未提交专利权评价报告即认为专利缺乏稳定性的主张（案例1、案例32）。因涉案专利已被国家知识产权局专利复审委员会作出的《无效宣告请求审查决定书》宣告全部无效，故法院认为专利权人无权依据涉案专利权向被告提起诉讼，因而裁定驳回起诉（案例3）。该案进一步说明无效决定足以作为确定案件专利稳定性的根据，在无效决定显示全部权利被宣告无效时，法院已无必要对专利权评价报告是否影响涉案专利的稳定性进行裁判。

（2）涉案专利未作出无效决定，法院自由裁量的。案例5中，原告提交了涉案专利权利证书，已完成了享有相关权利的基本举证义务。涉案专利权稳定性属进一步的证明内容，原告作为权利人自有提交专利权评价报告的举证优势，但被告也并非全无举证能力。被告若对原告的权利基础进行质疑，也可提供相反证据，证明或否定涉案专利权稳定性的责任并非全部归于专利权人单方。该案中双方当事人都没有进一步举证，同时法院通过涉案专利在法定的10年权利保护期限内未被宣告无效，从生活常识出发，推定其具有相当高的稳定性。因此尽管原告并未通过举证证明，即通过提交专利权评价报告证明专利权稳定性，法院也不认为原告应承担不利后果。从该案例可以感受到，法院对于专利权稳定性举证责任的分配，更强调被告方应提交用于否定专利权稳定性的证据，同时，法院在没有任何证据的情况下，还会推定涉案专利的稳定性，如该案中法院通过涉案专利在法定的10年权利保护期限内未被宣告无效推定涉案专利具有较高稳定性，此时就不再要求专利权人承担通过提交专利权评价报告证明专利权稳定性的举证责任。案例19中，因被告并未提供任何证据证明涉案专利权不稳定，法院推定专利权至今有效。案例6中，原告提交的专利权评价报告为全部权利要求未发现存在不符合授予专利权条件的缺陷，被告提交的专利检索报告为涉案专利全部权利要求不具有创造性。该两份报告对涉案专利有效性结论完全相反，因此仅能作为涉案实用新型专利权有效性的初步证据，均不能直接作为定案依据。法院根据审理情况，确认涉案专利具有较高的稳定性，应依法予以保护。该案例说明，有的法院在两份与专利权稳定性相关的证据结论完全相反时选择不采信该证据，而是自行裁量确定专利权稳定性，依据的是"审理情况"，但根据的是怎样的审理情况，判决书中并未明确。而笔者认为在两份与专利权稳定性相关的证据结论完全相反时，是否也可以说明涉案专利权存在较大的不稳定性。

（3）专利权评价报告仅作为确定专利权稳定性的证据或判断参考。专利权评价报告只是用于佐证专利权稳定性的一类证据，并不影响专利权的有效性（案例10），专利权评价报告只能作为法院判断专利权稳定性的参考（案例12、案例14），在专利侵权诉讼中，专利权评价报告仅是确定专利稳定性的证据，并非评价专利权法律效力的依据（案例32）。

裁判文书中体现出专利权评价报告对专利权有效性的影响如下（案例4、案例6、案例9、案例10、案例17、案例32、案例42）：专利权评价报告只是作为实用新型专利权有效性的初步证据（案例4、案例6）；专利权评价报告只是审理专利侵权纠纷时用于辅助判断专利效力的证据之一（案例42）；未提交专利权评价报告不能否定涉案专利权的效力（案例9、案例42）；未提交专利权评价报告并不直接影响涉案专利权的有效性（案例10、案例32）；专利权评价报告不是行政决定，不是决定专利权是否有效的依据（案例17）；专利权评价报告并非评价专利权法律效力的依据（案例32）。

仅从上述涉及稳定性与有效性的裁判案例可以看出，绝大多数法院认为专利权评价报告与专利权的有效性无关，而仅与专利权的稳定性有关。同时，与专利权有效性相关的一般是无效决定。有的法院认为专利权评价报告在证明专利权的稳定性方面的效力较弱，在有无效决定时，一般不考虑专利权评价报告对专利权稳定性的证明力。换个角度也可以认为，在专利权被无效决定认为是有效的时，专利权就具有稳定性，在专利权被无效决定认为是无效的时，专利权则是不稳定的。而即便在没有无效决定时，专利权评价报告对专利权稳定性的证明力也处于被参考的劣势地位。最典型的是，案例6中，在两份与专利权稳定性相关的证据结论完全相反时，法院仍然认为涉案专利权具有较高稳定性。案例5中，法院并不要求原告提交专利权评价报告证明专利权的稳定性，而是通过10年内未被宣告无效而推定专利权具有相当高的稳定性。与上述换个角度之认为相反的，专利权稳定也不意味着专利权有效，专利权不稳定也不能影响专利权的效力，但法院可以在无证据表明专利权不稳定时推定专利权有效（案例19），在法院认为涉案专利具有较高稳定性时，应依法予以保护（案例6）。而前述章节述及的一些法院，则比较看重专利权评价报告的提交，认为其能够用来证明专利权稳定性，如未提交专利权评价报告认为专利权不稳定进而驳回起诉（案例22—案例27、案例29），或者未提交专利权评价报告认为专利权不稳定因而专利权人应承担不利后果最终驳回诉讼请求（案例28、案例30、案例41），或者未提交专利权评价报告认为原告应承担中止诉讼的不利后果（案例22、案例31、案例33）。

（二）已提交专利权评价报告

绝大多数法院认为专利权评价报告与专利权的稳定性有关，也就是说，当专利权评价报告为否定性意见时，一般当认为该专利权不稳定，当专利权评价报告为肯定性意见时，一般当认为该专利权相对稳定。但在实证研究中却发现专利权评价报告的意见对于专利权稳定性的影响，进而对专利权有效性的影响，不同法院的认识却并不一致。

1. 专利权评价报告为否定性意见

在专利权评价报告为否定性意见时，有的法院认为此时专利权不稳定会"影响"到专利权的有效性，而有的法院则认为此时专利权不稳定并不会影响到专利权的有效性，甚至对专利权效力的稳定性并无直接影响，法院之间的态度明显不同。

前述章节已详细述及有的法院比较看重专利权评价报告所能证明的专利权稳定性的情形，如因专利权评价报告作为证据显示专利权不稳定而驳回起诉（案例24、案例37、案例44、案例102），或因专利权评价报告作为证据显示专利权不稳定而驳回诉讼（案例30、案例43），或因专利权评价报告作为证据显示专利权不稳定而裁定中止诉讼（案例97—案例99）。在补充检索中还发现有的法院因专利权评价报告作为证据显示涉案专利权利处于极不稳定的状态，认为在认定是否侵权时应当从严把握（案例103），有的法院还会参考专利权评价报告中的具体否定性意见及据此提出的无效抗辩理由，对专利权的有效性进行裁定，进而裁判不构成侵权（案例104），还有的法院直接依据专利权评价报告中的具体否定性意见认定某部分技术特征不能作为原告请求保护的权利基础，不具备侵权比对的前提（案例114）。

前述章节也有详细述及在中止诉讼的裁定中，专利权评价报告的否定性意见容易被法院直接忽略，或者在专利权评价报告的结论与无效宣告审查决定结论相冲突时被忽略（案例77、案例78、案例94、案例93、案例100、案例85）。基本观点为：专利权评价报告的否定性意见对专利权效力的稳定性并无直接影响，尤其是国家知识产权局维持涉案专利有效时可以忽略该专利权评价报告用于中止的效力。而在并不涉及中止诉讼的裁判中，专利权评价报告的否定性意见被忽略，主要是基于专利权评价报告的否定性意见无法影响专利权的有效性，专利权人主张的权利应被依法保护。具体为：虽然专利评价报告对涉案专利权利要求是否具有创造性进行了评述，但因专利权评价报告不具有评判专利权的法定效力，不能否定专利权，故法院在审理专利民事侵权案件时不必然受专利权评价报告的影响（案例105）；专利权评价报告只是作为审理、处理专利侵权纠纷的证据，而不是作为涉案专利权是否有效的依据。虽然专利权评价报告为否定性意见，但在无效宣告审查决定维持专利权有效时，该决定可以证明涉案专利具有较强的稳定性（案例106）；专利权失效的情形并不包括检索报告，是因为实用新型专利权的稳定性并不等同于有效性。依照专利权有效原则，在权利人据以主张的专利权未被宣告无效之前，其权利应予保护，而不得以该专利权不符合专利法相关授权条件、应予无效为由作出裁判，因此，检索报告的否定性结论不具备使被检索的专利丧失效力的作用，也不影响专利权人行使权利（案例107）。

2. 专利权评价报告为肯定性意见

在专利权评价报告为肯定性意见时，有的法院认为此时专利权被证实为稳定，对专利权的有效性有一定辅证作用。如涉案专利现在有效期内，其提供专利权评价报告表明原告主张的权利要求未发现存在不符合授予专利权的缺陷，故该专利合法稳定有效，应受法律保护（案例106、案例108）；如原告提供的专利证书、实用新型专利权评价报告、专利登记簿副本相结合，可以证明涉案专利在有效期限内，法律状态稳定，为有效专利，应受法律保护（案例109—案例110）；又如专利权人依法缴纳专利年费，涉案专利为有效专利，应受法律保护，国家知识产权局出具的实用新型专利权评价报告亦确认作为指控侵权的保护范围的权利要求2具备新颖性和创造性，故法院将被控侵权产品的技术特征与涉案专利的权利要求2技术特征进行了比对，对侵权进行裁判（案例111）。

在专利权评价报告为肯定性意见时，有的法院将专利权被证实为稳定的意见用作否定专利无效质疑主张的辅证意见。如被告主张涉案专利缺乏新颖性、创造性，但首先该问题不属于该侵害实用新型专利权纠纷案件的审理范围，其次被告并未就该问题提出任何证据加以证明，原告提交了专利权评价报告证实涉案专利具有创造性、新颖性，故被告主张缺乏事实依据不予采纳（案例112）。还如法院首先认为涉案专利在有效期内，并已履行按时缴纳专利年费的义务，故该权利合法有效，应受国家法律保护。被告虽在诉讼中主张原告的涉案专利不符合专利授予的实质条件,并对原告提供的复核后更正的实用新型专利权评价报告(肯定性意见)提出异议,但未就此向专利复审委员会提出涉案专利无效宣告请求,故法院难以采信被告对涉案专利权无效的主张(案例113)。还如法院认为涉案专利权评价报告中载明涉案全部权利要求1—7未发现存在不符合授予专利权条件的缺陷,且涉案专利的独立权利要求记载了对现有技术作出创造性贡献的制动销的区别技术特征,因此对金箭公司提出的因涉案专利权利要求1缺少必要技术特征据此不构成侵权的意见,不予采纳(案例115)。

前述章节已提及在专利权评价报告为肯定性意见时,有的法院认为此时专利权被证实为稳定,可以不中止诉讼,实质上是在专利权推定有效的基础上进行侵权裁判(案例51、案例76、案例80、案例86、案例95、案例96等)。而一旦涉案专利权被无效宣告程序宣告为无效,则专利权评价报告所证明的专利权稳定性随即灭失,如上述不予中止诉讼的案例中有一部分案例是在一审中因专利权评价报告为肯定性意见而不中止诉讼,但在二审时,由于无效宣告审查结论为专利权无效,最终被驳回起诉(案例82、案例84、案例95、案例96)。也就是说,专利权评价报告肯定性意见用来证明专利权稳定性所发挥的作用,最大即止步于中止诉讼的裁判中,对专利权有效性的影响几乎不存在,肯定性的专利权评价报告意见仅仅在推定专利权有效时起到辅助作用。然而即便如此,前述章节也提及过有个别案例在专利权评价报告的结论已证明涉案专利具有稳定性的前提下,法院仍裁定中止诉讼(案例69、案例88、案例89)。

(三)小结

司法实践中较普遍的观点为专利权评价报告与专利权稳定性关系密切,与专利权有效性的关系并不密切,矛盾焦点主要集中在不同法院对于专利权评价报告所能证明的专利权稳定性的考量程度上,有的看轻,有的看重。对于特别看重专利权评价报告所能证明的专利权稳定性的,会因未提交专利权评价报告或专利权评价报告结论显示专利权不稳定而裁定驳回起诉或中止诉讼,相当于认为专利权人暂时无权主张权利,也就是说专利权稳定性的结论间接"影响"到了专利权有效性。上述不同法院对于专利权评价报告所能证明的专利权稳定性考量程度不一的现状,一定程度上阻碍了专利权评价报告制度作用的发挥。

四、专利权评价报告对侵权诉讼中专利侵权抗辩的影响

专利侵权抗辩,是指专利侵权诉讼中的被告针对原告的专利侵权指控而依法

采取的维护其合法权益的对抗措施，包括专利权效力抗辩、滥用专利权抗辩、不侵权抗辩❶、不视为侵权的抗辩、现有技术抗辩及现有设计抗辩、合法来源抗辩、不停止侵权抗辩等。❷《最高人民法院知识产权法庭年度报告（2021）》指出侵权抗辩类型以合法来源抗辩和现有技术抗辩居多，并出现了针对专利权效力提出抗辩的情况。《最高人民法院知识产权法庭裁判要旨（2019）摘要》指出现有技术抗辩、先用权抗辩和合法来源抗辩是最常见的抗辩事由。《最高人民法院知识产权案件年度报告（2015年）摘要》指出现有技术抗辩和先有权抗辩的运用比较普遍。

以下分别对检索可及的专利权评价报告在不侵权抗辩、专利权效力抗辩、现有技术抗辩、先用权抗辩中发挥作用的案例展开实证研究。

（一）不侵权抗辩

被诉侵权技术方案或设计未落入专利保护范围抗辩，通常也称为"不侵权抗辩"，是专利侵权诉讼中最常用也是最先需要审查的抗辩事由。不侵权抗辩又涉及不满足全面覆盖原则的抗辩以及不构成相同、不构成等同的抗辩，上述抗辩实际上是对"技术特征的比对之全面覆盖原则"以及"相同侵权"、"等同侵权"的反向利用，总之最终都体现在"被诉侵权技术方案或设计是否落入涉案专利权的保护范围"的争议焦点上。在以下案例中发现，专利权评价报告的意见有时会被法官用作"技术特征的比对"以及"相同侵权"、"等同侵权"判定时的参考和观点印证。

在"技术特征的比对"中，需要关注的主要是技术特征的划分以及技术特征的对应这两个问题。案例59和案例67中，法院分别结合专利权评价报告及其引用对比文献对涉案专利权利要求中"切向过渡""中架"等特征的限定与比对，对被控侵权产品是否具有与该特征相同的特征作出认定。案例131中，结合实用新型专利权评价报告实现准确划分技术单元。案例132中，结合专利权评价报告确定涉案发明点。案例133和案例134中，结合专利权评价报告进一步明确涉案专利权利要求与现有技术或现有设计之间的关键区别。

在"等同侵权"判定中，常涉及基本相同的手段、功能、效果的认定以及"容易想到"的认定。案例130中，专利权评价报告意见与判决意见相左，具体

---

❶ 此处指的是狭义的不侵权抗辩，现有技术抗辩则属于广义上的不侵权抗辩。
❷ 北京市高级人民法院知识产权审判庭.北京市高级人民法院《专利侵权判定指南（2017）》理解与适用［M］.北京：知识产权出版社，2020：目录页.其中先用权抗辩属于不视为侵权的抗辩。

为：专利权评价报告认为"两个小尺寸钉脚固定片对应同一缝合钉的结构"具有特定的技术效果，而判决意见认为上述技术效果通过涉案专利同样能够实现，被诉侵权产品的上述结构并未产生明显不同的技术效果。且对本领域技术人员来说，在涉案专利基础上，将一片较大的脱钉片板分为两片较小的脱钉片板，与一个缝合钉配合使用的技术方案，无须付出创造性劳动即可实现。故被诉侵权产品中脱钉片板与钉仓槽孔的位置及数量的对应关系以及两者的尺寸限定，与涉案专利权利要求 1 中相应技术特征构成等同，被诉侵权技术方案落入涉案专利权利要求 1 的保护范围。

总的来说，专利权评价报告实际对不侵权抗辩产生影响的案例比较有限，而在这些案例中，专利权评价报告提供的参考意见也比较有限。尽管法官并不是深谙专业技术的人员，仍然会自行考察和掌握专业技术并作出独立的判断。

（二）专利权效力抗辩

我国在专利权有效性判定和专利侵权判定上实行"双轨制"。所谓"双轨制"是指专利侵权纠纷案件采用民事侵权程序处理，专利确权的问题采用行政无效程序解决，因而也称为专利民事侵权程序与行政无效程序分别由不同国家机关负责的"民行二元分立体制"。在此体制下，审理专利侵权民事案件的法院无权对专利权的效力进行审查，只能对被诉侵权行为是否落入专利保护范围进行裁判；对专利权效力的裁决必须由国务院专利行政部门作出。当然，专利行政部门关于专利权效力的裁决，也要接受司法机关的监督。该体制的利弊及其存废，历来有较大的争议。有观点认为，"双轨制"在法理上由"行政行为公定力"理论支撑，这样分工明确的处理方式，使得专利行政与民事程序各司其责，能够最大限度地保证专利侵权纠纷解决的专业性和整个专利体系运行的有序性。也有观点认为，负责专利确权的行政决定是民事侵权判决的先决问题，由于无效决定属于行政决定，当事人不服还可以提起行政诉讼，这样在专利侵权诉讼的解决过程中诉讼拖延非常严重，因此在二元分立体制下，专利行政无效程序对民事侵权程序造成了单向性的制约和影响，严重影响了诉讼效率；而若不牺牲诉讼效率，在推定专利权有效的情况下径行裁判，还会带来因专利存在无效理由导致的裁判不公、损害司法权威性的问题。因此，学界曾提出借鉴日本的"无效抗辩"程序，允许法院对专利有效性问题直接作出判断的做法，这显然是对"双轨制"发起了挑战。在实践中，我国司法机关显然发现了"双轨制"的上述弊端，因而试图通过在侵权之诉中以不侵权抗辩为手段，以权利要求的解释为媒介，间接处理专利权效力争议，扩大了法院审查专利权效力的权力。如经典的防电磁污染服案中，最高人民法院实际上对该案专利权利要求的有效性进行了审查，只不过在陈述理由时通过"不保护无法保护的权利"的方式谨慎回避了对专利权效力问题的直接表态。此外，尽管我国在立法上并未赋予法院在专利权侵权诉讼中直接宣告明显具备无效事由的专利权无效的权力，但这并不影响司法实践通过利用其他抗辩手段达到与宣告专利权无效相同的非侵权效果，抑或承认法院对于专利权效力判断上的间接性裁量权的行使。

专利权效力抗辩，是指被诉侵权人提出涉案专利权不具有合法效力的抗辩，包括在侵权诉讼中被诉侵权人针对涉案专利提起专利权无效宣告请求导致专利被宣告无效的情况。涉及形式无效抗辩和实质无效抗辩，也就是说从形式上提出专利是否仍然有效，或者从实质上提出存在导致专利权无效的理由，如果发现上述理由，则可以向专利行政部门提出宣告原告专利权无效的请求，并向侵权案件受理法院提出侵权案件应当中止审理或不中止审理的请求和理由。前述的以日本"无效抗辩"程序为基础的"专利无效抗辩"，是指在专利侵权诉讼程序中，被告主张涉案专利不符合专利法的授权标准而不应受到法律保护，故被告实施的行为（被控侵权产品或方法）不构成专利侵权。专利权效力抗辩与专利无效抗辩实质上很相似，只是"专利无效抗辩"对法院处理专利权效力争议存有期待。笔者认为前述提及的《最高人民法院知识产权法庭年度报告（2021）》指出"出现了针对专利权效力提出抗辩的情况"指的应该是上述"专利无效抗辩"。

以下是可检索到的专利权评价报告在"专利无效抗辩"中的应用情况。

案例104中，被告以专利权评价报告中检索到的两款设计与涉案的外观设计不具有明显区别，涉案的外观设计属于无效的外观设计专利为由，认为被告不存在侵权行为。法院认为专利权评价报告中载明的对比设计1和对比设计2，均与涉案诉争专利的用途相同，产品的种类相同，且在整体外形、打开状态，各组成部分的分布，夹头构成、形状，底座构成、形状等设计特征均相同，仅在局部有细微变化，该区别点对于产品外观设计的整体视觉效果不足以产生显著影响，因此，涉案诉争专利与对比设计1、2相比不具有明显区别，不符合《专利法》第二十三条"授予专利权的外观设计与现有设计相比，应当具有明显区别""授予专利权的外观设计不得与他人在申请日以前已经取得的合法权利相冲突"的规定，不具有授予专利权的条件，依法不予民事保护。鉴于此，法院不再对原告庭审所出示的诉争侵权产品是否与原告所主张的专利产品在外观设计上构成相同或近似进行评判，被告即便实施上述行为也不构成侵犯专利权，无须承担侵权责任。在该案中，专利权评价报告完全有效发挥了"专利无效抗辩"的作用，成功帮助被告实现了"专利无效抗辩"，法院实质上对专利权的有效性进行了裁量。

案例117中，法院审理认为：圣奇仕公司抗辩主张涉案专利为现有技术，但其提交的对比文件系国家知识产权局出具的实用新型专利权评价报告中的对比文件。国家知识产权局经过技术对比作出了涉案专利具有法律规定的新颖性和创造性结论，圣奇仕公司关于涉案专利属于现有技术的主张不能成立。在该案中，专利权评价报告实际上也完全有效发挥了"专利无效抗辩"的作用，只不过是被用来证实被告的"专利无效抗辩"不成立。

案例118中，亚迪加工部、耀王公司、胡某提交了一件名称为"晾衣架通用连接吊球"，授权公告号为CN202347314U的实用新型专利，以此主张涉案专利相较该专利文件不具备专利法所规定的创造性。法院审理认为：亚迪加工部、耀王公司、胡某系将涉案专利与现有技术进行比对，并据此认为涉案专利不具备创造性，实质是主张涉案专利存在不应授予专利权的缺陷。根据涉案专利专利权评价报告，对比文件CN202347314U号实用新型专利系涉案专利专利权评价报告中的第一份对比文件，且国家知识产权局将二者进行比对后，认可了涉案专利相较于对比文件的创造性。综上，亚迪加工部、耀王公司、胡某并无充分证据证明涉案专利存在不符合授予专利权的缺陷，法院对其关于涉案专利不具备创造性因而专利稳定性较低的主张不予支持。案例118与案例117类似，专利权评价报告也是被用来证实被告的"专利无效抗辩"不成立。

案例127中，被告提出现有技术抗辩，其依据是原告的专利本身是现有技术，理由是原告自己提供的专利权评价报告中权利要求1不具备新颖性，权利要求2不具备创造性。法院认为专利权评价报告中的结论只是初步结论，仅凭该初步结论不足以认定专利相应的技术特征属于现有技术。该案是当事人混淆了现有技术抗辩与专利无效抗辩的典型案例。

（三）现有技术抗辩

现有技术抗辩，是指在专利侵权纠纷中，被诉侵权人有证据证明其实施的技术或者设计属于现有技术或者现有设计的，不构成侵犯专利权。基于我国现行法实行专利有效性判定和专利侵权判定的"双轨制"，倘若不允许被控侵权人在专利侵权民事诉讼中主张现有技术抗辩，在被诉产品属于现有技术的情况下依然认定构成专利侵权，势必导致发明或实用新型专利权的保护范围与专利权人的创新性贡献不相匹配。因此，允许被诉侵权人在涉及发明或实用新型专利权的民事侵权诉讼中主张现有技术抗辩，是《专利法》所规定的发明和实用新型专利权授权条件及保护范围确定的应有之义。无疑地，通过在专利侵权诉讼中对被诉侵权人有关现有技术抗辩的主张进行审查并作出认定，亦有利于及时化解纠纷，减少当事人诉累，实现公平与效率的统一。正是基于这种考虑和对长期以来法院审查现有技术抗辩的司法实践经验的总结，2008年第三次修改的《专利法》第六十二条明确规定："在专利侵权纠纷中，被控侵权人有证据证明其实施的技术或者设计属于现有技术或者现有设计的，不构成侵犯专利权。"相应地，2009年12月28日发布的《最高人民法院关于审理侵犯专利权纠纷案件应用法律若干问题的解释》第十四条第一款对现有技术抗辩的审查判断方法作出细化规定，即"被诉落入专利权保护范围的全部技术特征，与一项现有技术方案中的相应技术特征相同或者无实质性差异的，人民法院应当认定被诉侵权人实施的技术属于专利法第六十二条规定的现有技术。"据此，审查现有技术抗辩时，正确的比较方法，应当是将被诉侵权技术方案与现有技术方案进行技术特征对比；正确的审查方式，应当是以请求保护的专利权利要求为参照，确定被诉侵权技术方案中被控落入专利权保护范围的技术特征，进而判断现有技术是否公开了相同或者等同的技术特征。

  对于专利权评价报告在现有技术或现有设计抗辩中的适用，并没有相关司法解释涉及。不过《国家知识产权局关于专利侵权纠纷案件中可否直接将请求人提供的专利权评价报告作为现有设计抗辩证据的批复》❶ 中指出："在被控侵权人未提出抗辩主张的情况下，管理专利工作的部门不能主动适用现有设计抗辩"以及"外观设计专利权评价报告不能证明被控侵权设计与现有设计是否相同或实质相同"；《国家知识产权局关于被请求人掌握不同证据主张现有设计抗辩情况下如何裁决的批复》❷ 中又指出："现有技术或者现有设计抗辩仅在被请求人提出主张并提供相关证据的情况下才能予以适用。对于专利侵权纠纷行政裁决程序中被请求人提出现有技术或者现有设计抗辩，但未提供有效证据的，裁决机关依法

---

❶ 国知发保函字〔2022〕31号（2022年3月2日），对浙江省知识产权局《浙江省知识产权局关于专利侵权纠纷案件中可否直接将请求人提供的专利权评价报告作为现有设计抗辩证据的请示》的批复（【北大法宝引证码】CLI.4.5145200）。

❷ 国知发保函字〔2022〕13号（2022年1月27日），对河北省知识产权局《河北省知识产权局关于被请求人掌握不同证据主张现有设计抗辩的情况下如何裁决的请示》的批复（【北大法宝引证码】CLI.4.5145204）。

无权作出侵权不成立的认定,但可向被请求人释明现有相关技术情况"。可见,管理专利工作的地方局屡次明指或暗指地提出"主动适用"现有设计抗辩(可推及现有技术抗辩)问题,笔者认为根源还是为了克服双轨制的弊端,为了追求公平与效率的统一,地方局迫于专利侵权纠纷行政案件处理量及效率的压力,也是希望扩大现有设计或现有技术抗辩的适用,达到与宣告专利权无效相同的非侵权效果,实现迅速救济的目的。

以下是可检索到的专利权评价报告在"现有技术抗辩"中的应用情况。

以专利权评价报告中的对比文件主张现有技术抗辩,对于该抗辩是否成立,有以下司法实践:在专利复审委员会已经维持涉案专利有效时,专利权评价报告中关于涉案专利缺乏创造性的结论不宜作为现有技术抗辩的证据(案例94)。基于专利权评价报告或者无效决定关于涉案专利具有新颖性、创造性的认定并不能当然得出被诉侵权产品不属于现有技术的结论,这是由于现有技术抗辩是将被诉侵权产品与现有技术进行比对,而国家知识产权局作出的专利权评价报告或者在无效宣告程序中对新颖性、创造性进行审查,是将涉案专利与其检索到的现有技术或者无效宣告请求人提交的现有技术进行比对,二者比较对象不同,采用的现有技术也可能完全不同(案例119)。法院认为被诉侵权产品所采用技术方案的各项技术特征均已被该在先申请专利所公开,故现有技术抗辩成立(案例122)。法院认为被诉侵权产品中的某特征与对比文件中的相应特征,两者非相同或无实质性差异,故现有技术抗辩不成立(案例128)。专利权评价报告可以证实被诉侵权产品与现有技术相比无实质性差异,因此现有技术抗辩成立(案例126)。专利权评价报告用于佐证法院所认为的现有技术没有披露被诉侵权产品中的某个特征,因此现有技术抗辩不成立(案例120)。

以专利权评价报告以外的对比文件主张现有技术抗辩,专利权评价报告对于该抗辩是否成立的影响,有以下司法实践:专利权评价报告佐证了法院对于涉案专利与现有技术比较的主要区别技术特征和发明点的认识,因而现有技术并没有披露被诉侵权产品和涉案专利权利要求的相应特征,因此现有技术抗辩不成立(案例115);专利权评价报告佐证了某特征不是本领域公知常识,因而被诉侵权产品与现有技术相比有实质性差异,因此现有技术抗辩不成立(案例121、案例125、案例129)。专利权评价报告佐证了某特征为本领域公知常识,因而被诉侵权产品与现有技术相比无实质性差异,因此现有技术抗辩成立(案例123、案例124)。

以上案例说明,以专利权评价报告中的对比文件主张现有技术抗辩的,还是以被控侵权人主动提出抗辩为主，鲜有发现法院主动适用专利权评价报告作为证据进行现有技术抗辩裁决的。即便不是以专利权评价报告中的对比文件主张现有技术抗辩的，法院也会适当地参考专利权评价报告中的相关意见。

（四）先用权抗辩

先用权抗辩属于不视为侵犯专利权抗辩中的一种，是指在专利申请日前已经制造相同产品、使用相同方法或者已经做好制造、使用的必要准备，并且仅在原有范围内继续制造、使用的，不视为侵犯专利权。可检索到专利权评价报告在"先用权抗辩"中也有应用。案例116中，法院结合专利权评价报告中将特定技术手段认定为公知常识的意见，进一步认定被告已经完成实施发明创造所必需的主要技术图纸，即已经做好实施必要准备。

五、专利权评价报告在限制恶意诉讼中发挥的作用

《〈关于施行修改后专利法有关事项的通知〉解读》❶ 中指出：专利权评价报告或实用新型检索报告的作出，有利于防止专利权人滥用权利性质并不稳定的实用新型或者外观设计专利权进行恶意诉讼。2015年修订《专利纠纷规定》时考虑增加规定原告不提交专利权评价报告的法律后果为驳回起诉，也是为了更有力地督促原告提交报告，限制专利权滥诉。❷ 那么专利权评价报告在限制恶意诉讼的司法案例中能发挥怎样的作用？以下将通过检索分析与专利权评价报告有关的恶意诉讼司法案例进行实证研究❸。

---

❶ 【北大法宝引证码】CLI.AR.3023。

❷ 宋晓明，吴蓉．《关于修改〈关于审理专利纠纷案件适用法律问题的若干规定〉的决定》的理解与适用［J］．人民司法，2015（5）：29。

❸ 检索报告制度是在2000年《专利法》修改时增设的，该修改于2001年7月1日起施行，仅根据下述数据，难以分析出检索报告制度增加后，对于专利权滥诉的限制效果。

根据《2000年中国知识产权保护状况》的数据，2000年，实用新型专利的申请数量68815件（比上年的57492件增长19.7%），同年全国各省、自治区、直辖市及计划单列市和沿海开放城市专利管理机关，受理专利纠纷案件802件，其中侵权纠纷有722件。

根据《2001年中国知识产权保护状况》的数据，2001年实用新型专利的申请数量79723件（同比增长15.9%），同年全国各省、自治区、直辖市及沿海开放城市和计划单列市54个知识产权（专利）管理机关，受理专利纠纷案件977件，其中侵权纠纷有924件，涉及实用新型的426件。

根据《2002年中国知识产权保护状况》《2002年国家知识产权局年报》的数据，实用新型专利申请93139件，比上年的79722件，增长16.8%，同年全国各省、自治区、直辖市专利管理机关，受理专利纠纷案件1442件，其中侵权纠纷有1390件，涉及实用新型的622件。

首先要明确什么是恶意诉讼。恶意诉讼，通常是指当事人以获取非法或不正当利益为目的而故意提起的法律上和事实上无根据之诉。法院一般通过以下两个方面来判断恶意诉讼中的"恶意"，一是是否明知自己的诉讼请求缺乏事实和法律依据；二是是否具有侵害对方合法权利的不正当的诉讼目的。而第一方面一般从权利基础以及当事人对该权利基础的认识能力来进行考量，第二方面可以从诉讼提起时的主观心态进行分析。法院在判断是否构成恶意诉讼时一般以提起诉讼时的主观心态作为认定标准，在对主观心态进行认定时可以结合考虑起诉时的权利基础、客观事实。笔者通过对检索到的司法案例进行分析初步得出以下认识：

未对持有的涉案专利的稳定性进行评估就起诉，与是否为恶意诉讼的判断之间没有直接的、必然的关系，也不能以国家知识产权局此后针对涉案专利权所作出的不利后果反向推定当事人在提起诉讼时主观上具有恶意（案例144）。对持有的涉案专利的稳定性进行评估但未等待专利权评价报告结论作出就提起诉讼的，也不认为其与是否为恶意诉讼的判断之间有直接必然的关系，但也不会因此而否定当事人在起诉时具备相应的对权利基础的认知能力，该案的当事人在具有对权利基础的认知能力时，将早已公开展示、销售的设计在多年后仍申请专利，对专利权的获取具有侥幸心理，后再以据此获得的专利证书提起诉讼，系明知或应知其提起的诉讼在客观上不存在可能成立的基础，无法排除被告非法利用专利制度打击销售同类产品的竞争对手的目的，其行为有违诚实信用原则，构成诉权滥用（案例145）。

前述章节也有提及"拒不提交承担可能的不利后果"的"拖拉机用油箱"经典案例（案例23），法院之所以作出驳回起诉的裁定，本质上还是因为专利权人未对涉案专利的稳定性进行评估就提起诉讼，在法院要求其提供时仍拒不提供，有权利滥用之嫌。因而未对持有的涉案专利的稳定性进行评估就起诉，与是否为恶意诉讼的判断之间还是有潜在的关系。

专利权评价报告显示相应的权利基础稳定在一定程度上可以辅助证明当事人提起诉讼之时并非明知其不具有权利基础（案例146）。有案例可以说明专利权评价报告显示相应的权利基础是否稳定在一定程度上能够影响当事人对于提起诉讼之时其是否具有权利基础的认识。如案例147中，实用新型专利权评价报告显示相应的权利不稳定时当事人撤诉，实用新型专利权评价报告更正后结论显示相应的权利稳定时，又再次提起诉讼。专利权人的上述普遍行权行为可以作为"专利权评价报告显示相应的权利基础稳定在一定程度上可以辅助证明当事人提起诉讼之时并非明知其不具有权利基础"的推论基础。因而，可进一步认为：如在已知涉案专利的专利权评价报告为肯定性结论时提起侵权之诉，基本可以排除其恶意起诉之嫌（案例 148、案例 149）。而被告明知甚至隐瞒涉案专利的专利权评价报告的负面结论仍然提起侵权之诉，是否有恶意诉讼之嫌？一般认为，实用新型专利权评价报告，仅是实用新型专利权有效性的初步证据，并非提起实用新型专利侵权的条件，且实用新型专利权评价报告并不能否定实用新型专利权的效力，故提起前案诉讼行为以及发现诉讼不利于己时（如涉案专利被无效）申请撤诉，均是在法律规定的范围内处分自己的民事权利和诉讼权利，主观上不存在为了谋取非法利益而故意实施侵害原告权益的行为，不能依据撤诉的后果来推断被告在起诉时存在恶意，也不能依据被告未提交对其不利的专利权评价报告就此认定其在提起诉讼存在恶意（案例 150—案例 152）。同时还认为，在收到涉案专利的专利权评价负面报告后，撤回起诉，属于在诉讼中及时评估诉讼风险，并适时向司法机关提出撤诉申请的行为，主观上并无恶意（案例 153）。

可见，无论是专利权评价报告的否定性意见还是肯定性意见，都与恶意诉讼的判断之间有着比较密切的联系。当事人持肯定性意见提起诉讼时，基本可以排除恶意诉讼之嫌，当事人持否定性意见提起诉讼时，尽管前述章节也提及过因否定性意见而驳回起诉的案例（案例 24、案例 44、案例 102 等），但所述案例之所以作出驳回起诉的裁定主要还是考虑到专利权不稳定时作出裁判可能会导致个案不公平，并非认为此时的起诉行为必然与恶意诉讼有关，这是因为还有"因专利权人的恶意给他人造成的损失，应当给予赔偿"的法律规定，可以就"恶意提起知识产权诉讼"提起诉讼。也就是说，法院一般不因当事人持否定性意见起诉而认为其有恶意诉讼之嫌。

另外，涉及恶意诉讼的还有案例 154，其实质上与涉及惩罚性赔偿的案例 143 一致，都是涉及因销售者已尽到合理的注意义务而不认为其知道或应当知道被诉行为构成专利侵权的案例。因为法律规定销售者在被诉侵权产品具有合法来源的基础上不承担赔偿责任，是基于销售者的行为非恶意且为了从源头上制止侵权行为，避免滥诉。所以该种类型的恶意诉讼与合法来源抗辩、惩罚性赔偿等涉及的是同一个问题的不同角度。案例 146 中，笔者感受到法院在考量当事人是否具备对权利基础的认识能力时，对当事人在专利申请之前销售专利产品以及参加展会，这种专利法意义上的公开制度认识不足比较宽容，能够接受当事人本身对专利法的认知程度不高，并在此基础上，认为当事人并非在提起诉讼之时明知其不具有权利基础。与"专利权评价报告显示相应的权利基础稳定可以辅助证明当事人提起诉讼之时并非明知其不具有权利基础"的普遍认识相比，这说明依据专利权评价报告示出的意见行权的教导，容易与专利权人的基本认知达成一致，更容易让公众普遍接受。

六、专利权评价报告对诉中行为保全的影响

《最高人民法院关于审查知识产权纠纷行为保全案件适用法律若干问题的规定》（以下简称《行为保全规定》）第九条规定："申请人以实用新型或者外观设计专利权为依据申请行为保全的，应当提交由国务院专利行政部门作出的检索报告、专利权评价报告或者专利复审委员会维持该专利权有效的决定。申请人无正当理由拒不提交的，人民法院应当裁定驳回其申请。"

最高人民法院宋晓明对《行为保全规定》第九条规定作出了以下解释[1]：《行为保全规定》第九条是关于依据实用新型和外观设计专利权申请行为保全相关要求的规定。在我国现行专利审查制度中，实用新型和外观设计专利均不经过实质审查，容易被他人向专利复审委员会请求宣告无效，因此其效力稳定性差。基于此考虑，《行为保全规定》第九条对依据此两类专利权申请行为保全提出特殊要求，即提交相关检索报告、专利权评价报告或者专利复审委员会维持该专利权有效的决定。这样可以防止相关专利权人滥用权利申请行为保全。

《行为保全规定》第七条规定了法院审查行为保全申请，应当综合考量的因素。其中第（一）项因素为"申请人的请求是否具有事实基础和法律依据，包括请求保护的知识产权效力是否稳定。"第八条规定："人民法院审查判断申请人请求保护的知识产权效力是否稳定，应当综合考量下列因素：（一）所涉权利的类型或者属性；（二）所涉权利是否经过实质审查；（三）所涉权利是否处于宣告无效或者撤销程序中以及被宣告无效或者撤销的可能性；（四）所涉权利是否存在权属争议；（五）其他可能导致所涉权利效力不稳定的因素。"

最高人民法院宋晓明对上述规定亦作出了解释，关于第七条规定的第（一）项因素，两个诉前停止侵权司法解释中规定的第（一）项因素为被申请人正在实施或者即将实施的行为是否构成侵犯专利权。由于在诉讼尚未启动或者案件尚未审理终结之前，法院难以判断一方当事人的行为是否构成侵权，因此该因素被有意无意地解释为侵权可能性或者胜诉可能性。《行为保全规定》第七条第（一）项将该因素规定为"申请人的请求是否具有事实基础和法律依据，包括请

---

[1] 宋晓明，王闯，夏君丽，等.《关于审查知识产权纠纷行为保全案件适用法律若干问题的规定》的理解与适用 [J]. 人民司法，2019（7）：23.

求保护的知识产权效力是否稳定"。在司法实践中判断申请人的请求是否具有事实基础和法律依据,主要还是判断申请人的请求是否具有胜诉可能性。考虑到行为保全裁定属于程序性裁定,而且《民事诉讼法》第一百条和第一百零一条规定本身也含有可能的因素,因此,适用《行为保全规定》审查行为保全申请时,对于胜诉可能性的程度把握达到优势可能性即可。此外,第(一)项因素中的"包括请求保护的知识产权效力是否稳定"适用于申请行为保全旨在保护知识产权或者其依据是知识产权的情况,如申请责令停止侵害知识产权,应当考虑请求保护的知识产权效力是否稳定。《行为保全规定》第八条进一步规定了在审查判断知识产权效力是否稳定时应当综合考量的具体因素。

笔者认为与中止诉讼这样的程序性裁定相比,同属于程序性裁定的行为保全裁定,其理论上也存在裁定错误的可能性,但其为了直接且有效地达到防止相关专利权人滥用权利的目的,仍对稳定性较差的实用新型和外观设计专利作出"应当提交""无正当理由拒不提交的……裁定驳回"较为严格的规定。同时,在该规定中也相对明晰了判断申请人请求保护的知识产权效力是否稳定应当综合考虑的因素,前两个因素的设置就决定了专利权评价报告必然要在诉中行为保全中发挥较大的作用。

七、专利权评价报告对专利侵权纠纷行政处理的影响

我国对专利权保护实行司法与行政并行的"双轨制"保护模式。近年来,我国专利行政裁决办案力度持续加大,办案效率持续提升。国家知识产权局日前发布的最新数据显示,2022年全国各地知识产权系统办理专利侵权纠纷行政案件5.8万件,同比增长16.8%。同时,根据最高人民法院发布的数据,2022年地方各级人民法院新收专利民事一审案件38970件,同比上升23.25%。行政裁决作为建设高效法治实施体系的重要内容,积极发挥着化解民事纠纷的"分流阀"作用。目前,专利侵权纠纷行政处理的法律依据主要包括:《专利法》《专利法实施细则》《专利行政执法办法》,还有国家知识产权局于2019年12月发布的《专利侵权纠纷行政裁决办案指南》等。专利侵权纠纷行政裁决案件通常由地方管理专利工作的部门(如地方知识产权局)处理。国家知识产权局必要时给予地方管理专利工作的部门以协调、指导和支持。为保障专利权人和社会公众的合法权益,依法依规办理在全国有重大影响的专利纠纷行政裁决案件,国家知识产权局制定《重大专利侵权纠纷行政裁决办法》并自2021年6月1日起施行,

其中规定：省、自治区、直辖市管理专利工作的部门对于辖区内专利侵权纠纷处理请求，认为案情属于重大专利侵权纠纷的，可以报请国家知识产权局进行行政裁决。对专利侵权行为，管理专利工作的部门有权责令侵权行为人停止侵权行为、责令改正、罚款等，管理专利工作的部门应当事人的请求，还可以就侵犯专利权的赔偿数额进行调解。在救济方面，专利行政相对人对管理专利工作的部门作出的责令停止专利侵权等行政决定不服，可以以管理专利工作的部门为被告向有管辖权的法院提起诉讼。

《知识产权强国建设纲要（2021—2035年）》提出，发挥专利侵权纠纷行政裁决制度作用，加大行政裁决执行力度。相应地，对司法救济在内的专利侵权纠纷行政裁决制度应进行全方位优化。实践中，当事人不服行政裁决处理结果可提起行政诉讼，但行政诉讼只能进行合法性审查，法院不能变更行政裁决的内容，对违法的行政裁决只能撤销并责令重新作出，不能实质性处理民事争议，未能解决当事人的根本关切，即民事侵权纠纷。专利权受到侵害时，司法救济可以同时行使请求排除妨碍的物权请求权与请求赔偿损失的债权请求权，而行政机关仅可发出"责令立即停止侵权"的行政命令，且没有规定相对人不履行时的行政责任，当事人需要向法院申请对行政命令的强制执行；损失的填补与赔偿是当事人获得救济的重要方式，但专利侵权行政裁决只能对赔偿数额应当事人的请求进行调解。由此可知，专利权的行政救济力度相对单薄，司法救济更适合作为专利权的终局救济。

《专利法》授予了受侵害人选择行政处理或法院诉讼的权利，尽管《专利行政执法办法（2010）》第八条第（五）项建立了类似的重复立案的避让制度，但司法机关目前尚未制定相应的避让规定，这可能会导致出现两者间的重复选择。即可能出现当事人就同一专利侵权纠纷提起行政裁决、民事诉讼后，法院和管理专利工作的部门对同一案件事实作出不同的判断和处理。而案件处理结果的不稳定将严重损害司法机关与行政机关的权威与公信力。除专利行政执法涉及的法律规范多而分散，执法机关及行政相对人多而复杂，拥有技术背景的行政执法人员与技术背景相对薄弱的民事法官对技术事实的认定不同会导致同案不同判的差异之外，判断标准的冲突即专利行政执法标准与司法裁判标准不一致也是亟须解决的一大问题。习近平总书记在中共中央政治局就加强我国知识产权保护工作举行的第二十五次集体学习报告中就指出要提高知识产权审判质量和效率，提升公信力，促进知识产权行政执法标准和司法裁判标准统一，完善行政执法和司法衔接机制等问题。

笔者将涉及专利权评价报告的专利侵权纠纷行政处理所依据的法律法规进行了梳理，并与相应的司法裁判规定进行了对比如下：

《专利行政执法办法》（2015）❶以及《专利侵权纠纷行政裁决办案指南》❷对实用新型或者外观设计专利侵权纠纷中提交专利权评价报告的要求与前述专利纠纷等司法解释的要求相同，也是"可以"。不过2021年9月16日《国家知识产权局关于对专利评价报告适用问题的批复》❸中明示"对于管理专利工作的部门已要求提供专利权评价报告，请求人无正当理由不提交的，可以根据《专利行政执法办法》第十一条驳回其立案请求。如果管理专利工作的部门认为不提交评价报告不影响案件处理，也可以根据案情予以立案，并告知请求人其未提交相关评价报告产生的不利后果将由其自身承担。"显然专利侵权纠纷行政处理中还是有部分规定对于提交专利权评价报告的义务要求比司法解释中的严格，这与专利侵权纠纷行政处理的定位与处理量和效率的现状要求有一定关系。

对于行政裁决中止案件处理的相关要求，《重大专利侵权纠纷行政裁决办法》指出：请求人出具的检索报告或专利权评价报告未发现实用新型或者外观设计专利权存在不符合授予专利权条件的缺陷，或者无效宣告程序已对该实用新型或者外观设计专利作出维持有效决定的，国家知识产权局可以不中止案件处理，《专利侵权纠纷行政裁决办案指南》也进行了相似的规定，同时进一步明确了当事人应在指定的合理期限内提出无效宣告请求。上述规定要求与司法解释规定的基本一致，不过《专利侵权纠纷行政裁决办案指南》有两小点不同，一是强调了当事人提出无效宣告请求的应提供国家知识产权局出具的无效宣告请求受理通知书，二是被请求人提出中止申请的，应当提交的材料还包括影响涉案专利权稳定性的有关证据。同时国家知识产权局对《江西省知识产权局关于专利侵权纠纷案件申请中止有关问题的请示》作出的《国家知识产权局关于专利侵权纠纷案件申请中止有关问题的批复》❹中也指出无效宣告请求受理通知书是执法办案部门决定中止案件的必要条件。显然专利侵权纠纷行政处理中还是有部分规定对于

---

❶《专利行政执法办法》第十一条第二款规定"专利侵权纠纷涉及实用新型或者外观设计专利的，管理专利工作的部门可以要求请求人出具由国家知识产权局作出的专利权评价报告（实用新型专利检索报告）"。

❷《专利侵权纠纷行政裁决办案指南》规定"实用新型专利或者外观设计专利，涉及专利侵权纠纷，管理专利工作的部门可以要求请求人在指定期限内出具由国家知识产权局作出的专利权评价报告，作为处理专利侵权纠纷的证据。""请求处理侵犯实用新型或外观设计专利侵权纠纷的请求人，可以主动或者应管理专利工作的部门要求出具由国家知识产权局作出的专利权评价报告。"

❸ 国知发保函字〔2021〕147号。

❹ 国知发保函字〔2022〕101号。

请求中止案件处理的条件比司法解释中规定的要细致和严格，这与对行政执法应具有可操作性及规范化的要求有一定关系。

前述涉及现有技术抗辩的章节提到过专利权评价报告在现有技术或现有设计抗辩中的适用的有关规定，最早是来自国家知识产权局对各地方局请示的批复，司法解释中并未提及。

国家知识产权局还发出通知❶试行以及推行专利侵权纠纷案件书面审理机制。其中，对立案时请求人已提交专利权评价报告的外观设计、实用新型专利侵权案件，经当事人陈述和质证后，可以书面审理作出处理决定。另外，建立专利行政裁决与专利确权程序的联动机制，涉案专利被提起无效宣告请求的，侵权纠纷承办地省（区、市）知识产权局可以商国家知识产权局知识产权保护司会同专利局复审和无效审理部开展联合审理。

此外，海关作为行使进出口监督管理职权的国家行政机关，当发现进出口货物有侵犯备案知识产权嫌疑的，可作出扣留侵权嫌疑货物的行政强制措施。涉及实用新型专利或者外观设计专利知识产权类型的，《中华人民共和国海关关于〈中华人民共和国知识产权海关保护条例〉的实施办法》（2018年修正）第七条作出了以下规定：申请实用新型专利或者外观设计专利备案的，还应当提交由国务院专利行政部门作出的专利权评价报告。结合第七条以及第十四条规定可知，知识产权权利人申请对涉及实用新型专利或者外观设计专利的侵权嫌疑货物进行扣留的，需要具备由国务院专利行政部门作出的专利权评价报告的相关文件。在实践中，专利权评价报告对专利权稳定性的评估，使得海关对其作出的行政扣押行为更有信心。

以上这些规定规章充分体现出专利行政机关出于对执法办案效率和正确率的追求，对专利权评价报告的运用程度甚至在确权联动方面均"超前"于司法领域。

对于专利权评价报告在行政裁决中是否应当提交以及其意见对行政裁决中止案件处理产生的影响，笔者还通过检索与专利权评价报告实际有关的行政诉讼进行实证分析。

就目前检索到的案例而言，与前述的侵权诉讼司法实践类似，不论是国家知识产权局所作的行政处理，还是法院对行政诉讼案件的审理，均发现有因专利权

---

❶ 国家知识产权局办公室关于开展专利侵权纠纷行政裁决示范建设工作的通知（2019年11月，【北大法宝引证码】CLI.4.337333）；国家知识产权局关于印发《关于严格专利保护的若干意见》的通知（2016年11月，【北大法宝引证码】CLI.4.285376）。

评价报告的肯定性意见而不予中止处理或审理的；行政执法机关和法院在外观设计侵权比对过程中可以参考外观设计专利权评价报告中关于授权外观设计相较于现有设计的区别设计特征的表述内容；而在专利侵权纠纷行政处理中对出具专利权评价报告的要求，却明显比侵权诉讼司法审理中严格。具体如下：

案例 155 系对行政处理决定不服提起的行政诉讼，海南省海口市中级人民法院认为海口市知识产权局具有作出被诉专利侵权纠纷处理决定的法定职权。海南南宝塑料制品有限责任公司在请求海口市知识产权局处理侵权行为前已获得国家知识产权局对涉案专利作出的否定性的实用新型专利权评价报告，但并未向海口市知识产权局提交，主观上存在过错。海口市知识产权局作为被告在处理专利侵权纠纷过程中，针对原告在答辩中提出的对涉案专利权存在异议以及请求向国家知识产权局专利复审委员会提出专利无效宣告申请的意见，理应要求原告或第三人提交对涉案专利的专利权评价报告，以确定涉案的实用新型专利的效力状态是否稳定，是否对涉案专利由原告向专利复审委员会提出无效宣告请求，是否中止处理程序。在第三人未告知对涉案专利已存在否定性的实用新型专利评价报告的前提下，被告未履行以上程序即认定原告存在侵犯第三人专利权的行为，可能对原告海口琼山来宝塑料回收加工厂、海口粤广宝来塑料制品有限公司的实际权益造成重大影响，故被告作出《专利侵权纠纷处罚决定书》的程序不合法，应予撤销。

当实用新型专利权评价报告显示涉案专利全部权利要求未发现存在不符合授予专利权条件的缺陷时，如案例 156，国家知识产权局为充分保护专利权人的合法权利，及时制止侵权行为，未中止案件审理；案例 157，最高人民法院认为国家知识产权局专利复审委员会受理针对涉案专利的无效宣告请求，并不属于必须中止诉讼之情形。

案例 158 指出在外观设计侵权比对过程中，为全面、准确认定授权外观设计与现有设计的区别设计特征，行政执法机关和法院除应当参考外观设计简要说明中的设计要点外，还可以参考外观设计专利权评价报告、外观设计专利授权确权阶段由有权机关作出的相关生效法律文书中关于授权外观设计相较于现有设计的区别设计特征的表述内容。

案例 89 是前述章节述及过的司法判例，该案法院明确指出：司法解释规定并未要求当事人所提起的无效宣告请求应当为国家知识产权局专利复审委员会所受理并取得无效宣告请求受理通知书等材料，法院方可中止诉讼。该案的判例思想与前述行政执法所依据的部门规章中的"无效宣告请求受理通知书是执法办案部门决定中止案件的必要条件"规定明显相悖。

第二节 专利权评价报告在专利法历次修改中的遗留问题

一、专利权评价报告的性质及法律地位

2000年修改《专利法》时规定了检索报告制度，但是没有明确国家知识产权局作出的检索报告的性质，由此引发了较大争议。一种观点认为该报告具有国家知识产权局作出的行政决定的性质，另一种观点认为该报告只能作为一种证据。

从设立目的上来说，通常认为实用新型专利权评价报告制度是为了弥补实用新型初步审查制带来的专利权不稳定的问题而设立的。从功能效用上来说，实用新型专利权评价报告具有类似于发明实质审查的确权性质，但其又不具备确权效力，虽然其由行政机关作出，且还是与确权程序作出机关相同的行政机关，但其不是行政决定，无法对其提起行政诉讼。

为什么只能是证据呢？这是因为专利权评价报告虽然是依专利权人或利害关系人请求而作出，但是从程序上看基本上是国家知识产权局单方作出的，在形成结论的过程中实际上并没有请求人的参与，使其获得陈述其意见的机会，即使请求人不同意专利权评价报告给出的结论，也不能提出复审请求乃至向法院起诉，以获得行政和司法救济。正因为如此，专利权评价报告不同于国家知识产权局经过实质审查程序作出的授予专利权的决定或者驳回申请的决定，只能作为一种证据来看待。❶

在涉及专利权评价报告性质的诸多讨论中，屡次有建议提出专利权评价报告可改为双方程序，成为行政决定，从而可被提起行政诉讼，进而突破只能作为证据的性质。

历次改单中，专利权评价报告作为怎样的一种证据始终为关注焦点。从"只是作为实用新型专利权有效性的初步证据"到"人民法院或者管理专利工作的部门审理、处理专利侵权纠纷的证据"，再到同时成为"实施开放许可的形式要件"。专利权评价报告的法律地位虽在逐步调整、明确与提升，但基本还是围绕着"证据"这一地位展开，且仍存在定位描述不清的问题。

---

❶ 尹新天. 中国专利法详解[M]. 北京：知识产权出版社，2011：687.

《中华人民共和国专利法修正案（草案）》（2008年8月29日）❶ 中称"专利权评价报告是人民法院和管理专利工作的部门判断专利权有效性的初步证据"被否定。全国人大常委会认为专利权评价报告不宜作为"判断专利权有效性"的证据，是因为虽然就专利权评价报告的内容来看，所涉及的完全是国家知识产权局评价被授予的专利权是否符合专利法规定的授予专利权的实质性条件的意见，但按照我国采用的专利制度，任何人质疑专利权有效性的，只能向专利复审委员会提出宣告专利权无效的请求，对专利复审委员会作出的审查决定不服的，只能向北京市中级人民法院起诉，进而向北京市高级人民法院上诉，受理专利侵权纠纷案件的各地法院和管理专利工作的部门都不得涉及专利权有效性问题。专利权评价报告是审理或处理专利侵权纠纷的法院或者管理专利工作的部门要求专利权人或者利害关系人出具的，如果将其称为"判断专利权有效性的证据"，则其与这些法院的管辖范围或者管理专利工作的部门的职能范围不相匹配，使之不知该如何使用该证据。同时全国人大原法律委员会曾讨论过该证据是普通证据，而不是初步证据。尽管不能认作行政决定，但也不必将其定位为低于普通证据的初步证据。❷ 以上讨论虽然明确了专利权评价报告不能作为哪些证据，但并未明确专利权评价报告是怎样的审理、处理专利侵权纠纷的证据。

仅从规定层面，"审理、处理专利侵权纠纷的证据"的描述范畴太大，其边界是模糊不清的。譬如该证据属于民事诉讼法规定的哪一类证据，该证据与专利侵权纠纷又存在怎样的关系，是否能作为证明侵权法律关系的证据，或是证明起诉条件的证据？

《专利审查指南2023》第五部分第十章指出："专利权评价报告是人民法院或者管理专利工作的部门审理、处理专利侵权纠纷的证据，主要用于人民法院或者管理专利工作的部门确定是否需要中止相关程序"，其通过明确证据所能发挥的作用对"审理、处理专利侵权纠纷的证据"作解释，说明该证据主要是用来决定是否中止审理或处理的。从相关司法解释的规定中也能明确专利权评价报告最为主要的作用是帮助法院或者管理专利工作的部门在被控侵权人于答辩期间请求宣告专利权无效的情况下，判断是否应当中止侵权纠纷的审理或者审查。

虽然通过对上述规定的适用解读能够基本明确审理、处理专利侵权纠纷的证据是怎样的一种证据。但其"主要"的措辞，还是给该证据提供了很大的适用

---

❶【北大法宝引证码】CLI.DL.2323。
❷ 尹新天. 中国专利法详解[M]. 北京：知识产权出版社，2011：687.

空间，前述章节的实证分析也显示出，法律地位描述不清确实容易造成司法实践中理解、认识、操作不一致等问题。

学者们对将专利权评价报告定性为"审理、处理专利侵权纠纷的证据"也颇有不同意见。有的认为专利权评价报告可以作为诉讼中的证据是正确的，但不清楚提供这个证据是证明程序事实，还是证明实体事实；是证明专利权的有效性、稳定性，还是证明专利权可能的有效性、稳定性。❶ 有的认为该定性错位，《专利法》将专利权评价报告定义为"证据"，而实际上专利权评价报告是一种权利是否应该存在的法律适用意见，其解决的不是事实问题，这与证据本质相矛盾。❷

二、关于请求人资格主体的扩大

（一）关于请求人资格主体的几次扩大

2000年设立实用新型专利权检索报告制度时规定的请求人资格范围限于专利权人。由于设立检索报告制度主要是为了侵权诉讼及行政执法中权利人提供证据的需要，因此，在第三次修改《专利法》时，将请求人资格范围扩大到包括利害关系人，即独占许可的被许可人和赋予起诉权的普通许可被许可人。

在第三次修改《专利法》时，没有将请求人资格扩大到所有人，并且利害关系人不包括侵权诉讼中的被控侵权方。在《〈专利法实施细则〉第三次修改导读》中，国家知识产权局条法司对上述修改给出四点解释，主要如下：第一，《专利法》第六十一条第二款中将专利权评价报告定性为审理、处理专利侵权纠纷的证据，作为法院或管理专利工作的部门决定是否中止审理、处理程序的参考，不是评价专利权有效性的行政决定。因此，由专利权人或利害关系人提出专利权评价报告请求完全可以实现《专利法》设立专利权评价报告制度的立法目的。第二，避免与专利无效宣告程序发生混淆。如果允许任何人都可以请求作出专利权评价报告，就可能导致作出专利权评价报告的程序无法与无效宣告程序相区别，而且由于专利权评价报告在法律定位上仅是"审理、处理专利侵权纠纷的证据"，不是国家知识产权局就专利权有效与否作出的审查决定，也不能像无效

---

❶ 程永顺.《专利法》第三次修改留下的遗憾：以保护专利权为视角 [J]. 电子知识产权，2009 (5): 12.
❷ 田华. 我国专利权评价报告制度研究 [J]. 法制博览，2018 (26): 95.

宣告程序那样有后续司法救济途径作保障，一旦利益冲突方请求并作出不利于专利权人的专利权评价报告，专利权人无法介入并寻求司法救济。第三，如果再进一步将专利权评价报告的请求人扩展到任何人，就当前审查资源的配置而言还存在实际困难。第四，如果确有潜在的被许可人或者专利权受让人希望得到专利权评价报告，其可以通过要求专利权人出具或者到国家知识产权局查阅等方式得以实现。

第四次修改后的《专利法》将可以请求出具专利权评价报告的主体扩大到被控侵权人。《国家知识产权局关于施行修改后专利法相关问题解答》❶ 指出"这一修改有利于被控侵权人充分评估侵权风险，采取合理的应对措施，有利于双方当事人对专利权形成合理预期，促进纠纷解决，降低维权成本"，同时还指出"自 2021 年 6 月 1 日起，被控侵权人可以请求出具专利权评价报告"。

（二）关于请求人资格主体扩大的影响分析

第二章统计数据中表明 2010—2020 年作出的 49392 份实用新型专利权评价报告中，仅有 26 件是利害关系人请求作出的，可见请求人资格主体由专利权人扩大到利害关系人后并未带来出具专利权评价报告数量上的增长。

第四次修改后的《专利法》要求提出开放许可的应当出具专利权评价报告，随着专利权人开放许可意愿的增加会带来一定专利权评价报告出具数量的增长，但该开放许可的发起意愿人是专利权人，因而出具报告证明其专利可靠的义务人也是专利权人。

第四次修改后的《专利法》还将被控侵权人纳入请求人资格主体，然而预计被控侵权人出具专利权评价报告的数量仍会远低于预期。这是因为：客观来讲，专利权评价报告的性质及法律地位为证据，其在侵权诉讼中所能发挥的作用本就十分有限，因此实际在侵权诉讼中出具专利权评价报告的比例一直不太理想。"如果专利权人因为评价报告结论对自己不利而不愿提交，被控侵权人可以选择主动提交评价报告作为审理证据"❷，这是《专利法》修改为被控侵权人可以主动提交的意义所在。而"专利权人因为评价报告结论对自己不利而不愿提交"包括两种情况，一种是专利权评价报告已作出，但结论对专利权人不利；另一种是专利权人怕结论对自己不利而不主动请求专利权评价报告。对于第一种已

---

❶ 【北大法宝引证码】CLI. AR. 18181。
❷ 国家知识产权局. 专利法修订草案你问我答：专利权评价报告制度篇［EB/OL］. (2016 - 07 - 28)［2024 - 04 - 15］. https：//mp. weixin. qq. com/s/7 - WZQfd0gRAo2yIZzu_ dMw.

作出评价报告的情况,由于专利权评价报告公开机制的改善,该对专利权人不利的专利权评价报告可以很容易由被控侵权人查阅并作为证据提供。因而扩大请求人资格主体所带来的专利权评价报告的增量主要体现为第二种情况。首先,实用新型不经实质审查专利权本就不稳定,而专利权人因为怕结论对自己不利而不作专利权评价报告就行权的情形,多为权利滥用。基于不稳定或是本应被宣告无效的专利权行权,使被告承受不应有的经济损失,实属不该。其次,这种侵权赔偿一般都是针对小型市场商户以低额多量的手段收取,小型商户往往嫌麻烦,多数都给钱了事,愿意提起专利权评价报告请求的不多。再者原告在此类实用新型专利诉讼中主张的标的较低,即使案件经过实体审理,最终判赔的经济赔偿往往仅有一两万元甚至几千元,但申请出具专利权评价报告需要支付官费,还需要聘请专门的律师或专利代理师进而需要支付相应的代理费,多数被告都不愿意付出这个成本。同时还有多个被告的情况下一被告出钱出力其他被告得利的局面。也就是说,从现实经济利益的角度出发,被告选择不申请出具专利权评价报告相对而言更符合其个体自身利益。因此,通过被控侵权人可以主动提交评价报告,恐难达到大幅改善专利权评价报告利用程度的目的。

(三) 关于请求人资格主体进一步扩大的不同意见

第三次《专利法》修改时曾提出过将请求人资格主体扩大到所有人,但最后仅扩大到利害关系人,且利害关系人不包括侵权诉讼中的被控侵权人,直到第四次《专利法》修改时,才将被控侵权人纳入请求人资格主体。可见,资格主体的扩大确实要考虑必要性及扩大后的影响等各方面因素,不可一蹴而就。其中在第三次《专利法》修改时明确表示无法将该请求人资格主体扩展到任何人,是考虑到当前审查资源的配置还存在实际困难,这意味着立法者认为如将请求人资格主体范围扩大到所有人,将带来超出审查负荷的报告请求增长量。除却这一点,对于扩大到所有人的改革建议,也并非学业界的一致性呼声,以下是来自支持者及反对者的主要观点。

扩大的必要性主要在于:首先,从期望专利权评价报告发挥再次审查以过滤问题专利、遏制权利滥用的角度来看,请求人资格主体扩大到所有人是有意义的。专利权属于私有权利,实用新型和外观设计的初步审查制度使得未被评价的专利权仍然受到和发明专利权同等水平的保护,一旦经国家审查授予,就会对社会公众产生一定影响,社会公众会基于对国家授予专利权的信任,并据此进行与专利权有关的行为活动。而在这些相关行为活动中,唯有对这些未经过实质审查的实用新型、外观设计进行"二次审查",才有可能使之经受住社会公众的考验。而具有"二次审查"功能的只有专利权评价报告或者无效宣告程序。无效宣告请求任何人都能提出,而专利权评价报告的请求主体限定到特定范围人员实质上是对已授权专利既定事实的维护,尤其是专利权人利益的维护,但这种维护却是对不特定社会公众利益的损害。其次,运用专利权评价报告的实际场合越来越多样化,不止是专利权纠纷和专利许可,还有专利转让、质押、资产评估、融资等,如这些应用场合下的当事人因不在请求主体范围内而不能请求作出专利权评价报告,也不利于专利权评价报告在这些社会经济活动中发挥其应有的作用。前述章节对实用新型专利权评价报告在许可中的应用分析也发现,超过半数的实用新型专利权评价报告请求发生在许可之后;从存在转让的案件情况来说,在不存在关联关系的市场主体之间的转让案件中,有相当比例是先转让再请求实用新型专利权评价报告的情况。尽管倡导的是由专利权人评估权利后再从事相关市场经济活动,但基于目前的现实情况,也理应允许利害关系人之外的相关权利人在市场经济活动发生后对专利权评价报告提出请求。最后,请求主体的限制也让更多的利益相关方向一些良莠不齐的社会检索机构寻求作出检索或"评价"报告的可能,而部分机构或个人对这些"评价"报告缺乏区分能力,导致了对社会经济活动的干扰。

反对扩大的原因主要在于:其一,专利权人与专利权评价报告的关系最为密切,出具专利权评价报告是专利权人的义务,类似于实质审查就是由请求人提出且付费一样,因此之前将请求人资格主体规定为专利权人有其合理性。如将专利权人本应承担的义务,分摊给社会公众和被告,相当于是把权利稳定性不足而轻率行权的不利后果施加给了社会公众和被告,这显然是失衡的,也不符合立法者本要倡导专利权人主动出具专利权评价报告的初衷。其二,如此设置也是担心专利权评价报告制度与无效宣告程序的功能重合。我国专利制度发展史中曾经尝试过授权前异议和授权后撤销程序,但都因其与无效宣告程序的功能产生重叠而没有一定差异,并未能发挥出实效。另外,功能重合还会带来前后结论冲突、两者干扰、浪费资源等问题,明显不可取。

三、关于专利权评价报告的请求时机和作出时限

为配合第四次《专利法》修改进程,国家知识产权局开展了《专利法实施细则》修改准备工作。修改内容主要包括两方面:一是《专利法》修改内容的

配套规定；二是根据实践需求完善的相关规定。其中涉及对专利权评价报告请求时机和作出时限的完善，即属于第二种基于实践需求的修改，也是为了进一步落实"放管服"要求，促进专利转化运用。

（一）关于专利权评价报告的请求时机

2018年4月，为配合第四次《专利法》修改进程，协调推进《专利法实施细则》修改准备工作，国家知识产权局条法司向局内各机关部门就《专利法实施细则部分条款修改建议稿》征求意见。在该修改建议稿中，就请求的时机曾提出了两个方案。其一是维持原请求时机不变，其二是增加专利权评价报告的请求时机前移至申请日的规定，有利于专利申请人尽早、全面地了解专利申请存在的问题，对是否缴纳办登费用作出选择，也在一定程度上缩短了完成专利权评价报告的周期。该修改体现为拟在《专利法实施细则》第五十六条第一款中规定"自实用新型或者外观设计专利申请之日起，申请人可以请求国务院专利行政部门作出专利权评价报告"，同时关联修改第五十七条，拟根据收到专利权评价报告请求的不同时机（作出授权决定之前收到/作出授权决定之后收到），分别对报告完成期限进行规定。然而在2020年11月向社会各界征求意见的《专利法实施细则修改建议（征求意见稿）》中，请求时机被修改为申请人也可以在办理专利权登记手续时请求国务院专利行政部门作出专利权评价报告，同时该修改也被保留在《专利法实施细则修改草案（送审稿）》中。由上述修改过程可以看出，最终的修改方案是在最先两个方案之间取了折中。笔者分析，之所以会提出最先的方案二，是由于在域外的类似专利权评价报告制度的研究中，提出检索或技术评价书的时机最早均可在提出申请之时，这对申请人更早了解专利获权及其稳定性，从而降低专利权维护成本和风险是有利的。而无法采纳最先的方案二，也是在于我国的专利权评价报告与这些域外的检索或技术评价书机制不同，我国之所以称其为专利权评价报告，就是该评价报告只能在专利获权后才能作出，被评价的对象是专利权。而域外的实用新型一般都为登记注册制或形式审查制，对其申请人而言，允许其在提出专利申请时即提出请求，而不用等到专利授权后，且对该专利申请的检索或技术评价可以与登记注册等程序同时进行，甚至其检索或评价的结论可以对登记注册等程序的结果造成影响。故该方案二中的修改容易使得专利权评价报告被评价的对象被混淆成未授权的专利申请，动摇我国专利权评价报告的设置根本。同时，如请求时机伴随着出具报告的启动时间节点提前到申请时，很可能会造成专利权评价报告早于初步审查结论作出，以及专利权评价报告作出的结论与初步审查后的授权结论相矛盾的情况。也正是由于这一点,《专利法实施细则部分条款修改建议稿》中涉及的对第五十七条的下述修改,"对同一项实用新型或者外观设计专利申请或者专利权,有多个请求人请求作出专利权评价报告的,国务院专利行政部门仅作出一份专利权评价报告",也没有在《专利法实施细则修改草案(送审稿)》中被采纳,而是选择保留原第五十七条的表述,即"对同一项实用新型或者外观设计专利权,有多个请求人请求作出专利权评价报告的,国务院专利行政部门仅作出一份专利权评价报告"。实际上,第五十六条被适应修改为"请求作出专利权评价报告的,应当提交专利权评价报告请求书,写明专利申请号或者专利号。每项请求应当限于一项专利申请或者专利权"已经能足够反映出请求时机的修改对于请求手续的适应性调整。请求时允许填写专利申请号并不意味着被评价对象由专利权到专利申请的改变。总之,囿于专利权评价报告机制的根本设置,专利权评价报告最早也只能自授权公告之日起进行制作和出具,如想要突破这一限制,则需要重新考虑专利权评价报告的程序设置,甚至要伴随实用新型审查制度的调整。

(二)关于专利权评价报告的作出时限

基于现行法律法规的规定,如行政机关需要在立案时要求行政相对人提交专利权评价报告,法院需要在法庭调查结束前提交专利权评价报告,因而当事人有尽快获得专利权评价报告的需求,而在专利获权后就立即得到一份专利权评价报告,也能够更好地避免专利权人盲目行使实用新型专利权。请求时机的提前是为了使专利权人更早获得专利权评价报告,相当于在一定程度上缩短完成专利权评价报告的周期,但专利权评价报告的作出时限实质上并没有改变,《专利法实施细则》对此规定为"自收到专利权评价报告请求书后 2 个月内作出专利权评价报告"。为了配合《专利法实施细则修改草案(送审稿)》中请求时机的提前,该条款相应增补了"但申请人在办理专利权登记手续时请求作出专利权评价报告的,国务院专利行政部门应当自授权公告之日起 2 个月内作出专利权评价报告"的规定。对于专利权评价报告的出具周期,基于对部分数据样本请求时间和出具时间间隔的统计,该出具周期中位数为收到请求书后 1.5 个月,其中审查部门作出的时间在 2 周以内,程序的流转耗时 2 周左右,这个出具周期相较于域外的检索或评价书程序周期已经非常出色。当然,随着国家知识产权局审查信息化、智能化水平的不断提高,可以通过进一步压缩程序流转的时间提升审查效率,从而进一步缩短制作出具周期。此外,随着越来越多的知识产权保护中心投入运营,在保护中心注册的企业可以获得加快审查的机会，通过优化保护中心和审查部门的衔接程序，对于特定技术领域快速申请和作出专利权评价报告也会起到促进作用。但是，出具周期并非主要矛盾，基于笔者对部分数据样本的统计，在提起专利侵权诉讼之前，相当一部分的原告并不会事先请求专利权评价报告，而一旦法院要求出具，一般都会裁定案件中止审理以给出当事人请求出具专利权评价报告的时间，实际中还未出现要求当事人提交专利权评价报告但因出具周期过长致使报告未能及时提交进而造成不利后果的案件，也就是说主要矛盾仍集中在专利权人请求出具专利权评价报告的主动性上，此时更短的报告出具周期只能够带来加快诉讼进程的好处，因而将请求时机予以提前的受益者应该依然只是那些较为主动、迫切了解专利权稳定性以行使专利权的专利权人。同时，虽然请求时机由"授予专利权的决定公告后请求"提前为"在办理专利权登记手续时请求"，理论上为请求人节省了办理专利权登记手续到公告所等待的时间，但由于专利权评价报告最早也只能自授权公告之日起进行制作和出具，因此对于在授权公告后立即提出请求的请求人来说，实质上并未带来多少周期上的缩短，该周期上的缩短仍然主要取决于请求人主动、及时请求的意识。目前并不确定在实际中如何操作在办理专利权登记手续时提出请求，也即不清楚修改后的《专利法实施细则》仅仅是规定了一个请求人被允许提出请求的时间起点，还是会在办理登记手续通知书中提醒该实用新型准专利权人可以在办理专利权登记手续时一并提出专利权评价报告请求。很明显，后者的提醒做法在一定程度上可以促使潜在的专利权评价报告请求人更有效地利用请求时机提前所带来的好处。

另外，2个月的作出时限目前是专利权评价报告的一大优势，然而随着专利权评价报告在其他方面的改革动向，如增加了被控侵权人这一请求人资格主体后相应也要给予专利权人对专利权评价报告进行意见陈述的机会等，会在一定程度上对2个月的作出时限构成挑战。

四、关于专利权评价报告的作出及公开程序

（一）关于专利权评价报告的作出程序

《专利法实施细则》规定多个请求人分别请求对同一件实用新型专利或者外观设计专利作出专利权评价报告的，国家知识产权局均予以受理，但仅作出一份

专利权评价报告。这是鉴于专利权评价报告的内容不因请求人不同而导致实体内容有所区别，同时考虑了节约行政资源与前后作出两份不一致的专利权评价报告有损公信力这两个方面。对于以上规定，历次专利权评价报告制度的改革完善均未动摇这一基础。而针对专利权评价报告的请求人在评价报告作出后没有申辩机会这一不足，在与第三次修改的《专利法》相配合的《专利审查指南2010》中增设了更正程序，即可以基于请求人提出的复核意见对专利权评价报告进行更正。该更正后的专利权评价报告将替代之前作出的专利权评价报告，也就是说，尽管评价报告先后被作出两次，但仍然没有改变对同一件实用新型或者外观设计专利仅作出一份专利权评价报告的本质。

  有学者认为一次作出的专利权评价报告并不能完全满足实际应用中的需求，专利权评价报告是否能够允许请求人带证据提出以及在有新证据提出时再次作出或更正？既然是对专利权有效性的评价，就应像无效宣告程序一样，只要专利权仍在维持状态，就允许请求人不限次数以及带证据的请求作出专利权评价报告。还有学者认为无效宣告程序与专利权评价报告应做好衔接，一方面将专利权评价报告提供的证据纳入无效宣告程序依职权审查的范畴，无效宣告程序中可针对该证据启动依职权审查；另一方面对于无效宣告程序与专利权评价报告结论不一致的，作出专利权评价报告的部门可以应专利权人要求启动更正程序，按照无效宣告请求审查决定结论更正专利权评价报告，以进一步统一专利权评价报告与无效宣告程序的结论一致性。[1] 这实际上是对专利权评价报告结论的准确性及其与无效宣告请求审查决定结论的一致性提出要求，也反映出专利权评价报告与无效宣告程序既有应用需求上的区分，又有本质上的趋同。然而客观事实是，很难仅从一次对专利权的评价中就完全发现潜在的无效风险因素，专利权有效性的结论很大程度上绝对依赖于证据，即便是无效宣告程序也并不可靠，无效宣告请求审查决定的结论在时间和效力上也都存在不确定性，这一点从存在大量多次被请求宣告无效的案件以及诉讼程序结论前后出现反转的案件中就可以看出。对上述观点持反对意见的学者则认为：不论是专利权评价报告能够作出多次，还是与无效宣告程序相互之间进行更新，均是对行政资源的一种浪费，而多次请求专利权评价报告，或以协调两者之间的结论为目的进行专利权评价报告的更正，也会给请求人带来更多的负担，对于公众而言，会进一步加剧其对专利权评价报告与无效宣告程序之间产生混淆以及对程序之间交叉繁复质疑的程度。

---

[1] 实用新型专利审查制度改革研究（国家知识产权局专项课题研究项目，编号 Y210301；负责人：曲淑君）第73页。

（二）关于专利权评价报告的公开程序

针对检索报告并不公开这一不足，第三次《专利法》及《专利法实施细则》修改时完善了专利权评价报告的公开程序，即任何单位或者个人可以查阅或复制专利权评价报告。然而通过对部分实用新型专利权评价报告的可及性进行验证后发现：首先，目前专利权评价报告并未在专利公报或专利局其他公告性质的媒介中体现，因而一项专利权在专利授权公告与无效公告两个时间点之间，社会公众并不清楚该专利权是否作出过专利权评价报告；其次，虽然国家知识产权局的官网页面上提供了公众查询专利信息的入口和页面，但实际操作过程中，登录和查询的路径和过程并不顺畅，且专利权评价报告的信息和文书存在不完整的现象，尤其是对结论改变的更正后的专利权评价报告的可及性就更不尽如人意，更正程序的存在，使得一时获得的专利权评价报告结论具有非终局性。同时，在司法和行政机关处理相关案件时，由于专利权评价报告只能作为证据由当事人提交，法院或行政机关一般不主动获取专利权评价报告，而实际上即便是想主动获取，执法机关的获取渠道也十分有限，查阅或复制专利权评价报告的通道并不畅通。

在 2018 年 4 月向国家知识产权局内各机关部门征求意见的《专利法实施细则部分条款修改建议稿》中，第九十条国务院专利行政部门定期出版专利公报，公布或者公告的内容增加第（十七）项"专利权评价报告的著录事项"，即将该事项纳入专利公报公告事项。然而在随后 2020 年 11 月向社会各界征求意见的《专利法实施细则修改建议（征求意见稿）》以及后续的《专利法实施细则修改草案（送审稿）》中，该事项被取消纳入专利公报公告事项。专利权评价报告还不适宜纳入专利公报有以下几个原因，其一是在前述条款已规定"任何单位或者个人可以查阅或复制专利权评价报告"，后述条款又明确"国务院专利行政部门应当提供专利公报等供公众免费查阅"的情况下，将专利权评价报告的著录事项纳入专利公报公告事项，会造成获取专利权评价报告信息途径上的重复；其二是由于专利权评价报告并非行政决定，仅是具有一定参考性意义的证据类文件，该文件的著录事项并不具有与其他公布公告事项等同的对外公示的必要性和意义。

可见，对于专利权评价报告可及性的需求与其公告的必要性之间存在一定矛盾，但从目前完善专利权评价报告的趋势要求来看，专利权评价报告的可及性需求为大。尽管专利权评价报告（含更正后的专利权评价报告）以专利公报形式对外公示的时机还不成熟，但在国家知识产权局已推广专利证书电子化的当下，可以尝试在专利证书提供的二维码链接中，将本应向公众免费开放查阅的内容进行披露，其中就可以包括专利权评价报告的内容，后台数据的更新同步，使得更正后的专利权评价报告也可以通过再次扫码而获得。

第三节　专利权评价报告制度对确权制度的影响

一、专利权评价报告制度与无效宣告程序制度之比较

专利无效宣告制度普遍被认为是"为错误的专利授权而设置的一种纠正程序"，无效宣告程序也是我国唯一的授权后确权制度。无效宣告程序的目的和过程是对授权后的涉争专利是否符合专利授权条件的重新评价，除单一性之外的任何不满足专利授权条件的理由均可用于提起无效宣告请求。由于我国实用新型不经过实质审查，其授权后稳定性较差，因此实用新型专利权的无效宣告程序实质上承担了实用新型的实质审查功能，其结论可以用来确定专利权有效性。

《专利法》第三次修改将检索报告改为专利权评价报告后，实用新型专利权评价报告的审查范围大幅度扩大，接近于"实质审查"，评价的内容包括除保密审查之外的所有无效理由，因而其既包括了实质审查的内容，也具有确权审查的特点。由于专利权评价报告是基于几乎所有授权条件进行的全面审查，因此其结论更加可能贴近被评价专利的实际有效性。这使得实用新型的专利权人如果希望在授权后通过对专利技术的实质审查确定其技术方案是否符合授权条件，可不必采用请求宣告自己专利无效这一途径。

任何单位或者个人认为该实用新型专利权的授予不符合《专利法》有关规定的，可以请求国务院专利行政部门宣告该专利权无效。2024年1月20日起施行的修改后的《专利法实施细则》规定，《专利法》第六十六条规定的专利权人、利害关系人、被控侵权人可以请求国务院专利行政部门作出专利权评价报告。《专利法》第四次修改将"专利复审委员会"修改为"国务院专利行政部门"，使得两个程序的作出单位完全一致❶，且审查标准均是依照专利法的实质审查条款，除无效宣告程序特殊的民事程序特点外，在审查内容上基本一致，两者可以被认为是由同一行政机关作出的对专利权实体内容评价的官方、权威性意见，即专利权评价报告在内容上与审查决定或行政决定并无实质性区分。随着对

---

❶ 无效宣告决定和专利权评价报告分别由国务院专利行政部门的不同职能部门作出，前者是由原专利复审委员会，后者是由专利局下的各审查部。

出具专利权评价报告的主体拟继续扩大到"所有人"的改革呼声，再到各国专利权评价报告制度中请求主体大多为"所有人"，专利权评价报告与无效宣告程序在请求主体上也逐渐趋同。

当然，两者还是有法律定位上的本质不同，专利权评价报告不是行政决定，不可对其提起行政诉讼，不能用来否定专利权的效力。专利权评价报告被请求启动后由专利审查部门完全依职权主动审查制作完成，更像是主动确权。而无效宣告程序中，则需要无效请求人主动提出专利权的无效宣告请求、事由和证据，无效审理合议组依法虽然也具有一定的依职权审查能力，但依职权审查的范围非常有限，主要还是基于请求人主张的理由范围进行审查，因而无效宣告程序更像是被动确权。在这种被动模式下，有时实用新型的无效宣告请求审查决定也没能最终决定专利权的效力：除非结论是宣告涉争专利全部无效，在维持有效的部分中，某些可能并未经过与专利授权条件的实质对比，而仅仅是在形式审查授权后，基于推定有效规定而被保留效力。两个程序由于在程序及证据上的差异，对同一专利有效性的评价可能会产生冲突，而两个程序各自的改革动势亦使得二者在确权意义上又更为趋同。

从纠正专利的不当授权这一专利确权的重要意义上来看，无效宣告程序作为我国唯一的确权制度，其剔除问题专利的数量有限，是为第三人提供的纠正不当授权的制度，具有启动门槛高、风险大、程序冗长、救济成本高等特点。然而其应定位为公共权力的行使，运用公共权力对瑕疵专利的不当授权加以纠正，应与立足于"不告不理"制度的民事诉讼具有根本差别，不应仅仅在于解决当事人之间的纠纷。因此，无效程序应加强依职权审查和依职权调查的力度，提高专利权特别是实用新型专利权的确定性，使之能够在较短的时间内相对准确地评定专利权的效力，降低无效制度的时间成本和确定性成本。❶ 无效宣告程序强调依职权审查甚至希望将专利权评价报告提供的证据纳入依职权审查的范畴，使得其与专利权评价报告之间主被动之分的藩篱被打破。再者，确权程序实质上还应承担着对社会公众、被诉侵权人以及专利权人等多重角色相对应的多重确权功能，对于专利权人的作用不该被忽视。由于我国专利制度并没有设置单独的专利权人可以自主启动的授权后专利文件修改制度，因此，专利权人对已经获得授权的专利

---

❶ 陶冠东等在《专利权评价报告出具标准的司法困境及其反思》中也写道：《国务院关于新形势下加快知识产权强国建设的若干意见》中也明确提出"合理扩大专利确权程序依职权审查范围，完善授权后专利文件修改"，**赋予国家专利行政机关依职权撤销专利权的职责**，对于发挥专利行政机关主动纠错的能动性，更好地维护社会公共利益，有着更为重要的意义，这是专利权制度向社会公共利益的合理回归。

保护范围修改只能较为被动地在无效宣告程序中进行，且修改文件的修改限制也过于严格。因此，在这一确权意义的要求下，有必要增加相应的或者单独的授权后修改程序或者赋予专利权人在无效宣告程序中对其专利文件较大的修改权利。否则在专利权评价报告制度同时存在的当下，面对已作出的对其不利的专利权评价报告，实用新型专利权的权利人只能通过启动无效宣告程序对权利要求中的瑕疵进行修改，显然增加了制度运行的时间成本和确定性成本。

专利权评价报告的改革问题不乏以下几点：①法律地位模糊，不能作为侵权纠纷立案条件，也不能作为判断专利权是否有效的依据，其内容实为法律适用意见与证据的本质相矛盾；②不是行政决定不可诉；③请求主体范围过小。

针对问题①，有建议将其作为证据的法律地位上升为侵权纠纷立案条件以及判断专利权有效性的依据。这就使得专利权评价报告成为授权前的确权程序，将与授权后的确权程序"无效宣告程序"确权性质和地位趋同。

针对问题②，有建议将专利权评价报告设置为可诉的行政决定。专利权评价报告虽然是依专利权人或者利害关系人请求而作出，但是从程序上看基本上是国家知识产权局单方作出的，属于内部程序，在形成结论的过程中实际上并没有请求人的参与，使其获得陈述意见的机会，即使请求人不同意专利权评价报告给出的结论，也不能提出复审请求乃至向法院起诉，以获得行政和司法救济。如具有"强证据效力"，则没有给予专利权人参与机会的机制将给专利权人带来新的风险，专利权人在面对不利的专利权评价报告时只能被动应对潜在风险。对此，《专利法》第三次修改时增加了更正程序，给专利权人提供了陈述意见的机会，但申请文件仍然不能被修改。请求人参与交互的需求及对申请文件修改的需要共同反映出希望专利权评价报告成为行政决定以获得救济的意愿。请求交互、文件修改、获得救济等反映出对专利权评价报告与无效宣告程序的诉求共鸣。

针对问题③，权利人轻率行使权利指控他人侵权，不仅影响市场竞争秩序，也浪费行政部门和司法机关的资源。专利权评价报告对实用新型专利效力稳定性能提供专业参考意见，可进一步发挥专利权评价报告在司法和行政程序中的作用。如果专利权人因专利权评价报告结论对自己不利而不愿提交，被控侵权人可以选择主动提交专利权评价报告作为审理证据。这样可以帮助法院和专利行政管理机关尽快对技术性较强的专利侵权案件作出裁判，发挥专利权评价报告定分止争的作用。以上也是《专利法》第四次修改背景，故请求主体被扩大到被控侵权人。依照该修改背景深意，进一步将请求主体扩大到所有人，也为顺应之道且并无明显障碍。《中国专利法详解》一书中曾明确表示反对将请求主体扩大到被控侵权人，其认为既然是对专利权作出评价，专利权人应当有参与该程序的权利。如果同时也允许被控侵权人启动程序，就必然应当允许被控侵权人参与该程序，这将导致国家知识产权局在作出专利权评价报告之前还需要转送文件，交叉听取双方当事人的意见，使作出专利权评价报告的程序无异于专利权无效宣告请求程序。笔者同认为，出于专利权评价报告基本接近于评定专利权效力的作用，以及准确评定专利权效力的外在确权要求，恐难阻止被控侵权人随时提交对专利权有效性不利的证据，并进一步参与专利权评价报告作出程序。从单方程序变成双方程序，专利权评价报告与无效宣告程序在程序上也同化了。

从确权需要，到单方程序改双方程序，再到需要修改文件和救济，专利权评价报告与无效宣告程序越走越像。如果忽略改革的内在需要，仅以两个程序之间必须有一定区分度来否定上述改革动议，笔者认为这不符合理性构建制度的原则。正是由于两个程序最终都要奔赴"确权"的应有之义，两者之间注定就是要从平行线成为重叠线。

二、专利权评价报告制度对无效宣告程序制度之影响

专利权评价报告对无效宣告程序的影响主要体现在以下几个方面。

（一）公众对专利权评价报告的地位和作用存在认识误区

《最高人民法院知识产权案件年度报告（2016）》提及最高人民法院2016年审理的知识产权和竞争案件的基本规律和特点时指出"当事人对专利权评价报告的地位和作用存在认识误区，是专利民事案件中普遍存在的一个问题"。

从前述实证分析中不难发现，认识误区聚焦在对专利权评价报告发挥效力的期望高于制度给予其的法律定位，譬如案例3中，当事人认为实用新型专利未经实质审查，权利不稳定，一审法院直接推定专利权稳定并依此判定侵权，属于认定事实不清。被告已提供大量证据证明涉案专利已在先公开使用，该专利极不稳定的情况下，一审法院未要求原告提供涉案专利权评价报告，属于程序违法。案例159中，当事人认为专利权评价报告显示涉案专利全部权利要求均被认定为不符合授予专利的条件，原告以明显不应授予的专利权提起侵权诉讼并提出高额索赔，明显构成滥用专利权的行为。以上两件案件法院最终均基于宣告专利权全部无效的无效决定而驳回起诉。案例105中，原告在原审答辩期内并未向国家知识产权局请求宣告涉案专利无效，其在二审中仅依据专利权评价报告的负面结论

主张涉案专利权效力不稳定、不应给予保护。案例7、案例12、案例15，当事人认为未提交专利权评价报告使得涉案专利不应被授权或者不享有专利权。

出现上述认识偏差，其潜在逻辑在于当事人认为在专利权人没有出具专利权评价报告或者专利权评价报告为负面意见时，专利权人都不能行使提起侵权之诉的权利。故，当事人对法院完全不顾专利权评价报告的意见，依据专利权有效推定的原则作出侵权判决不能接受，甚至对专利权评价报告效力过于依赖，仅依据该报告的负面结论而忽视无效宣告请求的提出。由于专利权评价报告与无效决定的审查内容类似，当事人对于国家专利管理部门作出的意见有很大程度的信赖。与侧重于对技术文献事实呈现的检索报告不同，专利权评价报告是对一个专利权是否符合全部授权条件的事后法律评价，作出这一法律评价的主体及所依据的法律和审查标准与授权阶段和确权阶段的相应主体及其所依据的法律和审查标准无实质性的差别。

不只专利民事案件，当事人在涉及实用新型专利权无效决定的行政诉讼案件中也存在认识误区，在案例检索中发现，行政诉讼中不乏类似于案例160中当事人的认识，即认为专利权评价报告对被诉决定具有拘束力。这种认识的潜在逻辑除以上对国家专利管理部门官方意见的信赖之外，同时还包括对专利权评价报告与被诉决定的结论不一致而不满。

（二）专利权评价报告与无效宣告程序结论冲突

不仅是公众对官方作出的前后两份对于同一专利有效性不同的评价产生疑虑和不满，《中国专利法详解》一书中在反对被控侵权人作为请求主体时亦指出"作出专利权评价报告的程序无异于专利权无效宣告请求程序，同时还会出现两者相互干扰，导致结论有所不同的现象，这显然是不可取的"。

我国确权与侵权纠纷解决双轨制（也可称"民行二元分立"）给案件实体结论带来的影响之一是诉讼结果具有不确定性。为了获得诉讼结果的确定性，避免对存在无效理由的专利权给予保护以损害公众尤其是被诉侵权人正当利益的情况发生，审理侵权案件的法院不得不在很多案件中等待无效审查的结论或行政诉讼的结果。❶ 因此早期曾存在因专利权被请求宣告无效而中止诉讼，因等待无效审理结果常常导致侵权案件久拖不决的情况。现有规则已经明确了专利侵权纠纷案件不会因无效宣告程序而一概中止，然而该继续审理换来的效率是以侵权裁判结

---

❶ 崔宁. 专利诉讼民行交叉的问题与探索［J］. 人民司法，2020（4）：57.

果可能与无效决定结论相冲突为代价的。如"先行裁驳、另行起诉"的制度，即在专利复审委员会作出宣告专利权无效的决定后，审理专利侵权纠纷案件的法院可以裁定"驳回起诉"，无须等待行政诉讼的最终结果，并通过"另行起诉"给权利人以司法救济途径。法院将原有"诉讼中止"程序变更为"驳回起诉"，一旦当事人另行起诉，审理程序又重新开始。从本质上来看，"先行裁驳、另行起诉"制度只是将一个中间暂时中止的诉讼程序拆分为两个独立的诉讼程序，对于诉讼效率的提高并无裨益。❶因而在该司法解释出台时，最高人民法院民三庭院长宋晓明权威解读❷时也说：虽然上述条款在提高诉讼效率方面进行了积极探索，但受现行法律规定的限制，并不能从根本上解决"民行二元分立"导致专利案件审理周期较长的问题。同时拆为两个独立的诉讼程序之后，又带来了以牺牲专利无效审查部门可能错误认定无效的专利应受保护的利益的代价。这部分无效审查决定所占比例不高，但可能因先行裁驳给相关权利人的市场造成难以弥补的伤害，从为了诉讼结果确定性的等待中又回到了诉讼结果不确定性的问题，只能作为现行法律框架下的利益平衡权宜之计。❸《专利法》第四次修改时还就"无效宣告请求审查决定即时生效"产生争议，其送审稿拟作出的这一修改意味着专利复审委员会作出的复审决定可即时生效，法院或者专利行政管理机关无须中止专利侵权纠纷的审理或处理。该修改的出发点是以利于早日定分止争，避免因后续行政诉讼悬而未决而导致维权周期过长，反对意见则是根据相关司法解释，法院甚至无须等待专利复审决定作出就可继续审理，这甚至比规定专利复审决定即时生效更为高效，如果明确强调专利复审委员会作出的复审决定可即时生效，将会削弱司法机关对专利复审委员会所作无效宣告请求审查决定的复核和监督作用，可能与《与贸易有关的知识产权协定》（TRIPS）第62条所要求的司法终审原则相冲突。如果法院依据专利复审委员会的审查决定作出判决后，该决定又在其后的行政诉讼中被推翻，则极易引起法律关系的混乱。❹也就是说，除了"民行二元分立"所带来的要不要为了"诉讼结果的确定性"而等待的问题，无效宣告程序本身还存在审级过多的问题，即一个专利无效案件从受理到结案通常涉及国务院专利行政部门（原为专利复审委员会）和两级法院即三道程序，相

---

❶ 张淑亚. 专利确权侵权交叉案件的程序困境与重构［J］. 甘肃社会科学, 2018（6）：101.
❷ 最高人民法院民三庭庭长宋晓明权威解读《最高人民法院关于审理侵犯专利权纠纷案件应用法律若干问题的解释（二）》［J］. 中国建筑金属结构, 2016（5）：21.
❸ 崔宁. 专利诉讼民行交叉的问题与探索［J］. 人民司法, 2020（4）：57.
❹ 詹映. 中国《专利法》第四次修改的焦点及其争议［J］. 中国科技论坛, 2015（11）：130.

当于三个审级❶；以及循环诉讼问题，如果法院终审判决撤销复审委员会决定、由复审委员会重新作出决定的，复审委员会依照法院判决决定维持专利权有效的，请求人还可以起诉或者以新的证据或者理由另外提出无效宣告请求；复审委员会依照法院判决宣告专利权无效的，专利权人还可以起诉和上诉❷，这样又会开始一个循环。同时，根据《专利法》的规定，只要专利权并未被宣告无效，任何人均可以新的证据和理由对该专利权提起无效宣告请求，这意味着一项专利权可能会经历多次无效宣告请求，尽管有并案审理制度，实践中也还是会有前后多次无效决定之间结论不一致的情况。可见，由于确权程序本身的复杂性，上述所谓的"诉讼结果的确定性"其实也并不确定。这其实是源自专利权本身就是不确定的，审查中客观证据不可避免的遗漏、审查标准中的主观自由裁量等，都使得专利权本身就不确定。无效宣告程序的再次"实审"（都不能完全称其为再次实审，因为该审查只集中在请求人所提出的理由和事实），以及再多增加审查次数，也无法彻底消除专利权的不确定性。然而无效决定却对在先侵权判决和侵权处理决定原则上不具有追溯力，只有存在明显违反公平原则的情形或者权利人存在主观恶意时，无效决定才具有追溯力。于是可能出现专利被认定侵权之后，再发生权利被宣告无效的结果。若被诉侵权人遵照侵权判决并给付侵权损害赔偿，其无法于专利宣告无效之后请求返还，而倘若侵权人一直拖欠给付赔偿费用直至权利被宣告无效，其反而可以免于给付。❸ 总之，一边是制度设置及程序繁复导致的诉讼结果的不确定，一边是该不确定的诉讼结果又密切关系着当事人的经济利益。无效宣告程序自身"官司"都捋不清，此时专利权评价报告结论再与无效决定结论相出入，更加剧了上述"诉讼结果不确定"所带来的矛盾。不能忽视的是，专利权评价报告本身还有更正程序，其自身前后就可能出现结论不一致的情况，如专利权评价报告再基于确权的意义成为行政决定并可诉，其与无效宣告程序这对"异卵同胞"必然会引发更多冲突问题。如果不对制度进行改造，任由其结论与无效决定之间产生冲突，的确不明智。

---

❶ 原专利无效宣告请求审查周期一般需要6—8个月，《国家知识产权局对十三届全国人大四次会议第6494号建议答复的函》（【北大法宝引证码】CLI.4.5015766）称目前我国专利无效宣告请求审查周期为5个月左右，已经处于世界领先水平。对决定不服的起诉期是3个月，一审一般需要6个月，二审需要3个月。

❷ 程永顺.《专利法》第三次修改留下的遗憾：以保护专利权为视角 [J]. 电子知识产权，2009(5)：14.

❸ 戴哲. 论我国专利无效的追溯力规则重构 [J]. 华东政法大学学报，2022，25(5)：42.

（三）专利权有效性指示"备而不用"浪费社会和司法行政资源

专利权评价报告目前都是由国务院专利行政部门指派经验丰富的审查员完成报告初稿，提交给审核员审核。审核通过后，报告还要接受质量检查，检查合格后方可发送请求人。由于作出报告的质控非常严格，作出报告的审查员无论是在检索现有技术、事实认定还是法律适用方面，都非常审慎，故报告作出质量并不亚于发明实质审查，那么依据该报告的结论推定新型专利权有效作出的侵权判定，其准确度也不亚于推定发明专利权有效而作出的判定。本书第二章也提供了在相同证据的情况下，专利权评价报告与无效宣告结论之间具有较高一致性的分析。以上为实用新型专利权评价报告承担实用新型申请的确权、指示实用新型专利权的有效性提供了有利的条件。同时专利权评价报告作出期限为2个月，无效决定作出期限为6个月，且无效决定还有后续行政诉讼等，加之侵权诉讼中也并非都会涉及无效审理和无效决定，导致很多司法裁判很难依靠无效决定的确权结论作出侵权裁定。基于不稳定但推定有效的专利权作出的侵权裁判，可能会带来审判不公的问题。相较之下，在已作出专利权评价报告的情况下，对其指示的专利权有效性"备而不用"，在一定程度上是对社会和行政司法资源的浪费。专利权评价报告的意义还在于防止实用新型这类不稳定专利权的专利权人盲目提起不必要的专利诉讼，而若其未能对此作出规制，也属于一种制度上的"备而不用"。

案例21的裁判要旨为原告未能根据法院的要求提交专利权评价报告，但能够证明涉案专利权仍然合法有效的，不应以原告拒不提交专利权评价报告为由裁定驳回起诉。笔者注意到该案的无效请求人是案外人郭某，而无效决定作出的结论很大程度上依赖于无效请求人所提的证据和理由，若证据不充足或者理由不充分，该维持专利权有效的结论并非"货真价实"地确认该专利权效力，若将维持专利权有效的无效决定作为"免死金牌"，则容易造成"假"效力四处横行之情况。❶ 不对出具专利权评价报告的义务提出要求，而是把指示专利权有效性的砝码都压在无效决定上，而无效决定又是否能承担该重任，值得思考。

案例165中，法院以涉案专利已被提出宣告专利权无效请求，且国家知识产权局专利复审委员会已受理该申请为由裁定中止诉讼，并在无效决定宣告专利权

---

❶ 徐棣枫. 权利的不确定性与专利维权周期：专利法第4次修改草案相关方案的探讨[J]. 南京大学学报（哲学·人文科学·社会科学版），2013，50（5）：67. 其中提出类似观点："实践中也无法避免专利权人利用他人名义，或与他人勾结，提出一个没有多大威胁的无效宣告请求，从而顺利地获得一个立即生效的维持专利权有效的决定。"

全部无效后，最终裁定驳回专利权人的起诉。经查，该案专利权评价报告给出的结论是权利要求1—4全部不具备创造性，被控侵权人提出的无效宣告请求其证据和理由完全是依据专利权评价报告中列出的证据及理由，且无效决定与专利权评价报告在证据和理由完全相同的情形下结论也相同。该案专利权人提起侵权诉讼是在提出专利权评价报告请求之后、作出专利权评价报告之前，而不论是专利权评价报告还是无效决定均否定了涉案专利的专利性。该案法院并未以"审理需要"要求专利权人提供专利权评价报告，即便要求了专利权人因专利权评价报告为负面结论也恐难提供。在提交专利权评价报告并非义务，拒不提交又没有必然不良后果的现状下，在专利权评价报告对专利权有效性的指示无法比肩无效决定的处境下，只能让被控侵权人再次以专利权评价报告之无效理由请求无效宣告，待无效宣告决定作出后才能结束该诉讼进程，绕了一圈又回到了起点。

笔者不免疑问，将专利权评价报告作为侵权纠纷的立案条件，其障碍点❶究竟在哪儿？无效宣告程序属于唯一的授权后确权程序，可视为对实用新型专利权的一次部分"实质审查"。那有没有可能将实用新型的确权提前，由现成的专利权评价报告替代呢？

《中国专利法详解》一书中在分析为什么被控侵权人无需作为请求主体的原因时提及：提交专利权评价报告应当认为是专利权人的义务，而非权利，没有理由要求被控侵权人也承担这种义务。包括被控侵权人在内的任何人都有在专利授权后任何时候请求宣告该专利权无效的权利，这一权利丝毫没有因为设立专利权评价报告制度而受到减损，因此无须规定由被控侵权人来启动作出专利权评价报告的程序。笔者认为：要求专利权人出于"义务"提出专利权评价报告请求，符合专利权授权前的确权特性，而主要由被控侵权人提出的确权，更符合授权后的确权特性。将专利权评价报告作为侵权纠纷立案条件的障碍更大，还是放任不稳定的专利权存在，允许其不确权就行权的矛盾更大？《专利法修订草案你问我答|专利权评价报告制度篇》中的解读加重了笔者的这一疑问，其指出："权利人过于轻率的行使权利指控他人侵权，不仅影响了市场竞争秩序，也浪费了行政部门和司法机关的资源，由于评价报告不是司法机关审理和行政机关处理侵权纠纷的立案条件，因此需要对专利权评价报告制度进行完善，结合评价报告对实用新型和外观设计专利效力稳定性所提供的专业性参考意见，进一步发挥评价报告在司法和行政程序中的作用。如果专利权人因为评价报告结论对自己不利而不愿提交，被控侵权人可以选择主动提交评价报告作为审理证据。这样可以帮助人民

---

❶ 有观点认为其与我国司法改革降低立案门槛的改革方向相抵触。

法院和专利管理机关尽快对技术性较强的专利侵权案件做出裁判,发挥评价报告定分止争的作用"。笔者认为:拟进一步发挥专利权评价报告在司法和行政程序中的作用,在遇到专利权人因为专利权评价报告结论对自己不利而不愿提交时,有两种解决思路,一是使提交专利权评价报告成为一种义务,二是增加被控侵权人提交专利权评价报告的权利。后者的不足亦很明显,其一是把制约权利稳定性不足而轻率行权的责任施加给被控侵权人;其二是不仅会造成专利权评价报告与无效宣告程序程序上趋同,还会使两者相互干扰,可能造成结论有所不同的冲突局面;其三是即使是增加了被控侵权人,使专利权评价报告在侵权纠纷中增加了适用,但由于专利权评价报告自身法律地位的局限,法院和专利管理机关利用其发挥定分止争的作用也多流于期望。相反,从期望法院和专利管理机关利用其发挥定分止争的目的上来看,难道不是意味着专利权评价报告能且应承担指示专利权有效性的使命吗?

第四章　我国实用新型专利权评价报告制度的改革进路

实用新型专利权评价报告制度是为了弥补实用新型初步审查制带来的专利权不稳定问题而设立的。如果把实用新型专利的授权程序定位为实用新型制度的一端，那么专利权评价报告制度应当属于制度的另一端，两者相辅相成，共同促进实用新型制度平稳运行。前述章节从设立专利权评价报告的目的出发，针对其自身属性、应用实际、制度完善等多方面，不仅考察了2010—2020年实用新型专利权评价报告的整体请求、报告结论、在经济活动中的使用等运行情况，还通过北大法宝法律检索系统检索了截至2023年8月底与专利权评价报告实际应用相关的司法案例，并分析了其中存在的问题。本章拟结合发现的问题提出建议，然而要完善和改革我国的专利权评价报告制度，不仅要考虑其所服务的实用新型制度的特点和现存问题，还要考虑我国专利制度的特点和现存问题，要站在国家知识产权战略全局的高度，从专利的产生、运用、保护等各个环节，分析专利权评价报告与各环节相关制度的衔接和协调，统筹作出制度改革的理性安排。

第一节　专利权评价报告在我国专利确权与侵权纠纷解决中作用发挥情况

自中国建立专利制度以来，专利确权与专利侵权纠纷解决机制的协调是学界和业界一直思考和研究的问题。然而30多年过去了，专利确权与专利侵权纠纷解决机制的冲突带来的问题依然存在。其一，纠纷久拖不决。专利确权和专利侵权纠纷管辖机构分立，侵权管辖法院在审理侵权纠纷时并无权裁判专利权的有效性，当被告启动专利确权程序时，侵权纠纷往往中止审理，而确权程序有三个审级导致整个机制耗时过长；其二，为了保证纠纷解决效率，法院并不一定会等专利权效力最终确定再继续审理侵权纠纷,可能造成的结果是侵权纠纷的判决与专利权的有效性相矛盾。而这种先行裁决,好像是依照民行二元分立尊重了行政机关作出的授权决定而推定专利权有效,又好像是屏蔽了侵权要以无效决定判定的专利权有效性为前提,挑战着民行二元分立。上述两个问题仿佛使制度本身陷入一个怪圈,追求效率,破坏公正;实现公正,有损效率。

该"双轨制"带来的矛盾冲突并非我国特有的,我国专利制度借鉴于德国,德国也有着与我国类似的专利确权与纠纷解决制度。有外国学者曾分析德国专利诉讼制度对专利诉讼案件的影响,研究结果强调,只要不能保证侵权诉讼程序在专利有效性确定后审理,被告,尤其是小被告,将因侵权和无效诉讼的分立而处于不利地位。❶❷ 总之,不同国家本土法律体制规则体系的不同造就了形态各异的确权与侵权纠纷解决制度,不同制度都有其难以调和的争议和矛盾。但针对这些争议和矛盾,各国制度均在不断地努力调整和革新。

专利权评价报告就是在上述专利确权与专利侵权纠纷解决机制的协调中,为了缓解其中某个环节存在的问题应运而生的,然而其实际发挥的作用如何,是否达到预期?笔者通过以下三个方面进行总览分析。

一、在解决维权周期长方面作用发挥不显著

2014 年,《全国人民代表大会常务委员会执法检查组关于检查〈中华人民共和国专利法〉实施情况的报告》指出:专利维权存在"时间长、举证难、成本高、赔偿低"、"赢了官司,丢了市场"以及判决执行不到位等状况。随着时间的推移,"专利维权时间长"这一问题是否得到了改善呢?2021 年 6 月,《国家知识产权局对十三届全国人大四次会议第 6494 号建议答复的函》在针对代表提出的"专利诉讼周期长"以及"如果侵权人提起专利无效抗辩则需更长诉讼时间"中,认为即便当事人在侵权诉讼中向国家知识产权局提出了无效宣告请求,也不是导致专利侵权纠纷处理周期长的主要原因,其主要依据在于"首先,按照现有专利制度设置,专利侵权案件不会因无效宣告程序而一概中止审理。……数据表明,因无效宣告程序而中止的专利侵权诉讼比例并不高。2017 年,有机构发布了关于专利侵权诉讼周期的分析报告,选取北京、上海、广州等全国各地共

---

❶ 刘建邦. 论专利确权与专利侵权纠纷解决机制的冲突与协调 [D]. 湘潭:湘潭大学, 2018.
❷ SCHLIESSLER P M. Patent litigation and firm performance: the role of the enforcement system [J]. Industrial and Corporate Change, 2015, 24 (2): 307–343.

13 家法院在 2011—2015 年度内审结的专利侵权一审民事案件为统计对象，分析专利侵权诉讼周期的实际情况。报告指出：'样本法院在统计期间内审结的专利侵权案件为 5983 件，当事人因启动无效宣告程序而请求中止的案件仅为 198 件（占 3.3%）。其中法院中止裁定的仅为 74 件（占 1.2%）。因此，专利侵权诉讼因无效宣告程序的启动而中止导致周期过长的情况发生概率极低。'"从上述数据可以看出，该机构之所以认为因无效宣告程序而中止的专利侵权诉讼比例并不高，其核心在于因启动无效宣告程序而请求中止的案件在专利侵权案件中的占比本身就不高，这其实与学界长期以来认为的"提起无效抗辩的情况占专利侵权案件的 50% 左右"❶等类似认识❷并不一致。其中有学者通过 2946 份民事裁判文书的实证分析得出"面对专利侵权诉讼，被告一般会提出专利无效宣告请求"的结论，是基于"被告请求中止审理案件数占涉及专利无效民事案件总数的百分比平均值为 53.0%"，而"涉及专利无效民事案件总数"指的是在"无讼案例网"检索到的"法院公布的实际涉及专利无效的民事案件数"。以 2011—2015 年度时间段作为对比，该学者在无讼案例网中检索出的"法院公布的实际涉及专利无效的民事案件数"共 795 件（该学者称检索所得法院公布的涉及专利无效的民事裁判文书的篇数普遍大于实际上涉及专利无效的民事案件数，按前者合计出的案件数为 1096 件），而被告以专利无效为由请求中止审理的案件数为 393 件。而上述该机构是在"知产宝数据库"进行的检索，从文书中明确看出被告因提出无效宣告请求而要求中止诉讼的案件有 198 件，该数据与上述学者检索到的数据量级大致一致，其差异主要在于某机构的数据是来自部分样本法院，而非全部法院，还有差异在于不同数据库收录裁判文书数量的差异以及实证分析从文书中主观筛选要求中止诉讼案件的差异，但所得结论的明显差异是源自对分母的选择。当关注的是该请求中止诉讼的案件数在所有专利侵权案件中的比例时，因无效宣告请求而中止导致周期过长的影响就几乎微不足道，而大多数学者都是认为无效宣告

---

❶ 罗东川.《专利法》第三次修改未能解决的专利无效程序简化问题 [J]. 电子知识产权，2009 (5)：17.

❷ "但同时由于我国专利无效案件大部分是由于专利侵权案件而引发，两者存在密切的关联性"，参见"专利无效与侵权纠纷程序有效衔接的研究"项目报告（国家知识产权局自主研究项目，编号 A110701；负责人：张度）第 3 页；"面对专利侵权诉讼，被告一般会提出专利无效宣告请求"，参见：唐仪萱，聂亚平. 专利无效宣告请求中止侵权诉讼的问题与对策：基于 2946 份民事裁判文书的实证分析 [J]. 四川师范大学学报（社会科学版），2018，45（2）：49；"与大部分其他国家的情形一样，我国的专利无效宣告请求绝大部分是由专利侵权诉讼的被诉侵权人提起的"，参见：毛翔. 专利确权审查模式研究 [D]. 武汉：中南财经政法大学，2019；"在无效与侵权程序的关系方面，德国与中国的情况类似，德国的专利无效诉讼也大都由于侵权诉讼而启动"，参见：高胜华. 专利行政确权制度研究 [D]. 北京：中国政法大学，2021.

程序多数因侵权诉讼而起,进而关注的是该请求中止诉讼的案件数在涉及无效的侵权民事案件中的占比。有意思的是,在上述学者的实证分析中,并没有出现2011—2015年度的侵权民事案件数,2011—2015年度专利复审委员会受理的专利无效宣告请求案件数共为15766件,很难通过该时间段统计的"法院公布的涉及专利无效的民事裁判文书"案件数1096件明显得到"无效宣告程序多数因侵权诉讼而起"的结论。以上两份不同的分析确实体现出上述该机构在该分析报告中提及的"理论界和实务界对专利维权是否存在'周期长'等问题及原因有一些分歧"。

笔者认为:周期长的情况在某些案件中一定是客观存在的,"迟来的正义非正义",即便是少数个案中出现的问题,也可能呈现出较大的社会矛盾。不然难以解释为何立法机构自检索报告诞生以来都在围绕该问题讨论解决方案,并出具了一系列举措,譬如规定何种情况下不予中止、"先行裁驳、后行起诉"、"专利无效抗辩"等。以是否在侵权诉讼中提起无效请求作为区分,如在侵权诉讼中提起了无效宣告请求,则这些案件客观上就是存在学业界普遍认为的现有制度框架中确权与侵权纠纷解决双轨制的冲突带来的公平与效率的问题。那么提起无效宣告请求的在侵权纠纷案件中所占的问题比例究竟有多大呢?因侵权诉讼提起无效宣告请求(或因无效而请求中止)的案件在无效宣告请求案件或侵权案件中占比几何?笔者认为目前通过在各大法院文书网中检索涉及无效(或因无效而请求中止)的民事侵权案件数以及民事侵权案件数,难以得出真实的情况,原因不排除以下两种:一种是民事侵权案件大多数均以专利权人撤诉结案❶,使得该案确因被诉侵权而提起无效宣告请求,但法院在裁判文书中并未提及该案提起无效宣告请求(或因无效而请求中止)这一事实,当然也存在因撤诉结案外其他原因在裁判文书中并未提及该案提起无效宣告请求(或因无效而请求中止)这一事实的情况;另一种是同一个案件可能会同时涉及中止裁定书与侵权纠纷判决书,因而各大法院文书网中检索出的案件数会存在重复。对于近几年提起无效宣告是否还是导致专利侵权纠纷处理周期长的主要原因这一问题,笔者认为还有待于更加准确、翔实的数据支撑。

对于涉及实用新型的侵权纠纷来说,专利权评价报告的存在能够用来缓解侵权与无效双轨制下,法院或管理专利工作的部门在提起无效宣告请求时一概需要

---

❶ "据笔者调查,在近两年,即2020年1月1日到2022年1月1日间,共发生侵害实用新型专利权纠纷6820件,其中共有4735件都以专利权人撤诉结案",参见:夏致远. 多元纠纷解决机制下我国专利无效制度研究[D]. 南宁:广西大学,2022.

中止诉讼的情况，然而通过对实用新型专利侵权诉讼中提起无效宣告请求的相关运行数据及实证案例进行分析，不仅新型专利侵权诉讼中实际涉及出具专利权评价报告的案例占比极少，专利权评价报告2010—2020年来在侵权诉讼中发挥中止诉讼作用的比例也极少，表明专利权评价报告的这一作用并未被充分利用。而中止诉讼裁定中涉及了专利权评价报告的，也反映出一些标准不一致或认识不同的问题。如有并未依据专利权评价报告的肯定性意见作出不予中止的裁定，有对于依据专利权评价报告的肯定性意见作出不予中止的裁定不够笃定，在有无效决定且其结论与专利权评价报告结论不一致时专利权评价报告的意见大多被忽视，还有不去主动获取或引入无效决定结论而是依赖专利权评价报告意见作出不予中止裁定的情况。而对于专利权评价报告为否定性意见时，是否要基于该结论中止诉讼的法律指引不明朗，司法实践也不一致，还有个别典型案例拟作出"当无效决定维持涉案专利有效时，可以忽略该专利权评价报告用于中止的效力"的规范引导。

为克服"双轨制"带来的弊端，司法实践中也尝试在侵权之诉中"间接"处理专利权效力争议，典型的如"现有技术抗辩""专利无效抗辩"，以达到与宣告专利权无效相同的非侵权效果，实现迅速救济的目的。前述章节涉及过一件外观设计专利的侵权诉讼案例，其中专利权评价报告的意见被被告成功地用来实现"专利无效抗辩"，但这仅是个别案例。该案的成功既要依赖于法院对"专利无效抗辩"的支持，又要依赖于专利权评价报告提供的证据及意见是否能足以使专利权无效，最关键的是被告得主动提出抗辩。前述章节也涉及过以专利权评价报告中的对比文件主张现有技术抗辩的，还是以被控侵权人主动提出抗辩为主，鲜有发现法院主动适用专利权评价报告作为证据进行现有技术抗辩裁决的，而行政执法中管理专利工作的地方局对专利权评价报告在现有技术或现有设计抗辩中的"主动适用"显示出一定需求。明明有证据能够证明被控侵权产品为现有技术或专利权应该被宣告无效，但还是无法"主动适用"，最多只能向当事人释明情况。但是，由于像"专利无效抗辩"这类"间接"处理专利权效力争议的方式本身就有争议，"主动适用"现有技术或现有设计抗辩的方式也难以被突破，且这类案件体量也十分有限，因此，专利权评价报告在以上能够实现迅速救济的目的方面也难以发挥用武之地。

二、在专利权"弱有效推定"的侵权判定中被限制发挥作用

以上述该机构的报告"样本法院在统计期间内审结的专利侵权案件为5983

件，当事人因启动无效宣告程序而请求中止的案件仅为 198 件（占 3.3%）"，再结合上述学者检索的"法院公布的涉及专利无效的民事案件数"的情况（与上述统计期间相应的，2011—2015 年度共 1096 件）继续推论，相当多的侵权诉讼案件，被控侵权人都没有提起无效宣告请求（在一定程度上说明了提起无效有门槛且需要一定成本），或者提起无效宣告请求但没有请求法院中止审理。除掉专利权人认为侵权理由明显不足而自行撤诉的，实际中可能会有大量侵权案件，法院是以推定专利权有效的原则而进行侵权判决的。涉及双方和解撤诉的，在专利权形式上有效的事实不容质疑时，和解也会以专利权人得利的方式进行。发明经过实质审查，属于"强有效推定"，而实用新型未经过实质审查，属于"弱有效推定"，如基于有效推定的原则对实用新型进行侵权判定，会出现比发明还严重的实质上审判不公的问题。

我国实用新型专利申请只经过初步审查而不进行实质审查，对申请文件的要求不高，申请人需要承担的义务在无形中降低，被授予了不该授予的权利的可能性加大，也就是说经过初步审查实用新型专利获得权利比发明专利获权容易，但获得的权利效力却与发明专利区别不大，明显义务与权利不对等。因此对上述这种极不稳定的权利，专利权有效推定的效力实际为"弱有效推定"，本身就不应与对发明专利权的有效推定原则等同。我国也是基于实用新型专利权稳定性不足进而设置了检索报告制度及专利权评价报告制度。若实用新型专利与发明专利享受等同的专利权有效推定原则，则基于该权利有效作出的侵权判定，很容易造成审判不公的情况，也与利用专利权评价报告遏制不恰当行权的初衷相违背。同时我国还正在经历近年来大量实用新型低质量申请难以遏制、严重掣肘审查效率、挤兑审查资源的现状，使得上述实用新型专利权不稳定的情况更为加剧。《专利审查指南 2023》涉及实用新型明显创造性的审查，就是为了给遏制和过滤上述明显的问题专利提供补充手段而已，绝不代表着实用新型要改变初步审查制、经受同发明一样的实质审查而获得较高稳定性。在涉及稳定性不高的实用新型专利的侵权纠纷中，被控侵权人是可以通过提起无效宣告程序进行不侵权抗辩来抵消推定不稳定专利权有效而作出侵权判定的不公。但与发明的无效宣告相比，稳定性不高并不意味着无效宣告的成本和难易程度降低，这意味着被控侵权人要为此付出与发明侵权纠纷解决同样的代价，且不论是发明还是实用新型，无效宣告程序本身还固有前述"确权与侵权纠纷解决双轨制冲突"所带来的公平与效率相矛盾的问题，并不能有效地抵消这一不公，使得实用新型侵权纠纷的解决难以体现其正义价值。再者把专利权稳定性不高带来的问题都推给被控侵权人来承担本身就不公平。

也就是说，以是否在侵权诉讼中提起无效宣告请求作为区分，未提起无效宣告请求的，可能没有公平与效率相冲突的问题，但明显存在上述"弱推定有效"带来的侵权判定不公问题。因无效宣告请求具有一定难度和成本而实际上鲜少在实用新型侵权诉讼中提起，再结合实践中专利权评价报告也并未被有效利用到实用新型专利侵权诉讼中的现状，实际在实用新型侵权诉讼中因专利权不稳定带来的审理不公情况将更糟。

目前法律框架下，专利权评价报告具有确权之"形"，却没有确权之"实"，是囿于"我国确权制度单一化"的制度问题。受制于"确权与侵权纠纷解决双轨制冲突"，法院在侵权判定时为了追求效率又只能适用专利权有效推定原则。专利权有效推定原则能够适用的前提是，实用新型被授予专利权，其专利权的法律效力处于一种实然状态，而专利权评价报告评价的是专利权法律效力的一种应然状态，即"是否应在授权程序中被授予专利权"。之所以要进行评价是源自对"授权程序中不该授予专利权"的怀疑，而存有"不该授权专利权"怀疑的，却获得了专利权有效的实然状态，被评估过应该授权的，却不配拥有这一实然状态，显然不符合逻辑。退一步讲，即使授权获得的专利有效性是一种"弱实然"状态，通过无效决定获得的专利权有效性是一种"强实然"状态，那么引入专利权评价报告对"应然状态"进行评估，则该"应然状态"应该作为弱强实然之间的衔接，如果缺少了这个衔接作用，那么对于"应然状态"的评估就失去了其本身的意义和价值，若"应然状态"还对"实然状态"作出干扰，则更得不偿失。我国目前专利权评价报告就处于上述尴尬地位。且将这种评估"应然状态"的内容定性为一种证据，也缺乏合理性。证据是展示客观存在的事实材料，不能是主观的推理判断，推理得出的结论不能作为证据使用，专利权评价报告是一种权利是否应该存在的法律适用意见，并不是一种事实材料，显然不符合证据的上述特征。法官对证据又有自由裁量权，不同法院对于专利权评价报告所能证明的专利权稳定性的考量程度完全不同。因此专利权评价报告作为证据，除了在法律基本概念和逻辑上存在问题，其在功能上也存在设计不足，既无法在"弱推定有效"（"弱实然"）的侵权判定中发挥作用，又无法与"强实然"琴瑟和鸣。

三、在遏制权利滥用、规范权利行使方面作用发挥不理想

《中国专利法详解》一书中指出：专利权评价报告的作用并非仅仅在帮助人

民法院判断是否应当中止诉讼，更为重要的作用在于帮助专利权人正确认识其所获专利权的法律稳定性，进而帮助专利权人避免盲目地作出无谓行为。

第三章曾提及难以通过检索报告及专利权评价报告制度的运行数据对于专利权滥诉的限制效果进行分析，而在恶意诉讼的审理中，亦发现一般未作出专利权评价报告或未等专利权评价报告结论就起诉的，与是否为恶意诉讼之间没有直接、必然的关系，如在已知涉案专利的专利权评价报告为肯定性结论时提起侵权之诉，基本可以排除其恶意起诉之嫌，但一般不因当事人持否定性意见起诉而认为其有恶意诉讼之嫌。专利权人应依据专利权评价报告的肯定性意见提起侵权诉讼，该行权倡议主要依靠专利权人的行动自觉。现阶段仍充斥着不少不以保护创新为目的或申请质量较低的实用新型专利申请，故希望利用专利权评价报告评估权利稳定性的占少数，不愿意或认为不值得花费精力和代价作评估以及害怕被评估出权利不稳定的占多数。总的来说，专利权评价报告对于专利权滥诉的限制效果并不理想。而不对实用新型专利权稳定性作评估就行权起诉，不管是恶意诉讼，还是无意为之，都会在侵权纠纷中对被控侵权人造成利益损害，而如任由专利权人没有任何约束的行使除提起侵权诉讼之外的权利而享有社会公共资源，则是对社会公众利益的忽视，不利于专利制度的健康有序运营。第三章曾提及当事人对专利权评价报告产生认识偏差，也表明在没有出具专利权评价报告或者专利权评价报告为负面意见时，专利权人不能提起侵权之诉，这是朴素的道义。对于侵权诉讼实体性裁定之外的程序性裁定，由于严加约束的必要性及带来的正义价值远大于严加约束带来的不便及约束错误带来的不利，因而以专利权评价报告约束专利权人行使相关权利，更是应有之义。

第二节 专利确权与侵权纠纷解决架构域外借鉴

就专利确权纠纷与专利权侵权纠纷之间的关系而言，可将当前主要专利国家和地区的专利确权制度分为两类，一种是单独设置模式，另一种是并行设置模式。❶❷

单独设置模式的特点在于，专利确权纠纷的解决独立于专利侵权纠纷的解

---

❶ 崔国振. 从专利确权制度价值的角度谈我国无效宣告制度设置[C]//中华全国专利代理人协会. 中华全国专利代理人协会成立20周年庆祝大会暨学术论坛会议论文集. 北京：中华全国专利代理人协会，2008：8.

❷ 崔国振. 专利无效宣告制度的价值及其优化研究[M]//国家知识产权局条法司. 专利法研究2009. 北京：知识产权出版社，2010：18.

决。在这种模式中，自一项专利权授权之日起，任何单位和个人认为其不符合法定授权条件的，只能向专门机构提出确认该专利权是否有效的请求，在专利侵权纠纷解决的过程中不应涉及专利权有效性的问题。[1] 采用这种模式的国家主要涉及中国[2]、德国[3]、韩国等。法定的专门机构，不同国家也有较大的差异。像我国，该法定的专门机构一直以来都是行政机关，由行政机关主管行政确权程序。像德国，专利确权案件最早由原专利商标局申诉委员会管辖，后来是由德国联邦专利法院管辖。[4]

并行设置模式的特点在于，除了有独立的确权程序，处理专利侵权纠纷的司法机关可以根据侵权纠纷当事人的请求对专利权的有效性进行认定。采用这种模式的国家主要涉及美国、日本[5]。独立确权与司法确权性质上存在差异，其功能和效果上也会存在差异。一般而言，独立确权程序中对专利权有效性作出具有普遍意义的评价，即具有对世效力。司法确权程序只能由被控侵权人被动地启动，且被控侵权人在司法确权模式中负有较重的举证责任和说明义务，并且对专利权有效性的评价从形式上仅针对个案发生效力。[6]

以下对美国、德国、日本三个主要国家的专利确权与侵权纠纷解决架构作简要概况，对于德国和日本，还将对其同时设置的类实用新型专利权评价报告制度一并介绍，以明晰域外的类实用新型专利权评价报告制度如何与实用新型制度及其确权与侵权纠纷解决机制相协调。

一、美国专利确权与侵权纠纷解决架构

美国专利确权制度呈现"无心插柳"且比较复杂的体系特点。美国专利制

---

[1] 张鹏. 专利授权确权制度原理与实务 [M]. 北京：知识产权出版社，2012：443–444.
[2] "单独设置模式"的本质，与我国侵权与无效判定"双轨制"的本质是相似的。
[3] 德国的情况比较特殊，其是发明、实用新型和外观设计均为单独立法。对于实用新型专利而言，其既可以由司法机关在侵权纠纷中认定专利权的有效性，又可以在专利法院单独提起确权程序，因此可以是一种并行设置模式。
[4] 德国联邦专利法院主要执行原专利商标局申诉委员会的职能，主要管辖对专利商标局决定不服而提起的有关工业产权授权和效力问题的诉讼案件。
[5] 日本在 2000 年以前在专利侵权诉讼中一概不涉及专利有效性的问题，在此之后，日本基本步入专利侵权与专利确权同时审理的模式，即并行设置模式。
[6] 美国的确权程序比较复杂，更为特殊的是，美国还在逐步探索和改善在仲裁程序中对专利权效力进行裁决的制度设计。侵权诉讼中对专利权有效性进行质疑的，法院的判决一般只对该案的双方当事人有效，不对第三方发生法律效力，并无对世效力。自联邦最高法院在 University of Illinois Foundation v. Blonder – Tongue Labs 一案中表明态度后，关于专利权法律效力，法院判决在一定程度上具备了对世的效力，一旦法院宣告涉案专利无效，专利权人很难在今后其他案件中说服其他法院对涉案专利的有效性再重新审理。

度有发明专利、设计专利、新品种专利三类,都由专利法统一管辖,并须经过实质审查方能授予专利权。其"无心插柳",是因为美国专利确权制度演变过程中体现出典型的实用主义色彩,在问题导向的驱动下,逐步形成了当前的制度架构,未必存在框架性制度设计的原初考虑。其制度体系的复杂性体现为以下三种途径均可以进行专利权效力判定:专利商标局的行政程序、法院的无效宣告和抗辩程序、国际贸易委员会的行政程序。在各个途径内部,存在不同的次层级结构。根据2011年修改后的现行美国专利法,美国专利商标局的行政确权程序主要分为单方再审程序、双方复审程序和授权后复审程序,另外针对专利权人还设有专利再颁和补充审查制度。法院系统的专利权效力判定理所当然地属于处理财产权争议的民事程序,对专利效力的判定分为两种情况,一是专利侵权诉讼中被告提出的专利无效抗辩,二是提起专利权无效的确认宣告判决诉讼。三种途径下的专利权效力判断结论最后均统一至联邦巡回上诉法院进行二审,实现专利确权判定的行政和民事程序的二审集中管辖。

美国专利确权程序的多途径,在便利当事人进行主动选择的同时,也存在其弊端。确权的多种途径会使美国专利商标局和法院在对一个专利的有效性判断上出现结果不一致的情况,还并存两个专利权效力判断的程序,而且美国专利商标局与法院采取的标准不一致及审理范围不一致,甚至会出现两种完全相反的判断结果。[1] 如某案中,Fresenius公司分别就同一专利的效力问题提起民事诉讼的司法程序和美国专利商标局的单方再审行政程序,并向两种途径提交了基本相同的现有技术证据。一审法院判定专利有效,之后专利商标局反而认定为专利无效,出现结论完全冲突的局面。而联邦巡回上诉法院维持了专利商标局单方再审结果,其多数意见认为,法院和专利商标局判断专利权有效性的标准不同,民事诉讼采取清晰且令人信服的证据标准来证明专利无效,行政程序的证明标准为优势证据标准,因此,基于相同的证据可以正确地得出不同的结论。虽然联邦巡回上诉法院给出了符合逻辑的说理,但同案不同判的客观现实仍难掩其专利确权制度一定程度上的内在冲突性。另外,在专利侵权诉讼程序内部,专利无效抗辩与确认不侵权抗辩之间存在内在关联和替代性,两者在证明责任、证明内容和时间要求等方面有差异,被诉侵权人更倾向于采取确认不侵权抗辩而不是无效抗辩,这使得法院判定专利效力的机会减少,进而削弱了专利无效抗辩在过滤问题专利方面的功能。有论者认为当前专利无效判定的多机会和多途径导致低效率,探讨统一专利确权制度的必要性,反思其法律体制下能否将效力判定职能统一到专利商

---

[1] 刘清桓. 专利无效程序与侵权诉讼程序的衔接机制研究[D]. 兰州:兰州大学,2022.

标局这种模式。❶

其"无心插柳"主要体现在，传统上美国解决专利权效力的方式主要由管辖专利侵权案件的法院直接审理专利权的有效性问题，没有另外设立专门解决专利无效的行政机构，以此避免专利侵权程序需要等待行政机关的审查决定而导致程序久拖不决的问题出现。然而随着知识产权经济的日益活跃以及专利侵权纠纷的迭出不穷，美国立法机构考虑以上带来的专利诉讼成本与司法风险，分别于1980年和1999年修改了美国专利法并引入了单方再审程序与双方再审程序。再审查程序旨在提供一种替代联邦法院诉讼程序来解决专利有效性问题的低成本选择，可以视为一种使美国专利商标局基于新发现的现有技术进行审查的相对成本较低的方式。❷

二、德国专利确权与侵权诉讼解决架构

德国是发明、实用新型和外观设计均为单独立法，德国的实用新型确权制度与发明的不同，德国发明由实审授权 – 异议 – 无效程序构成一个完整的授权确权的法律规范群。而德国实用新型由注册 – 撤销程序 – 法院无效判定等三环节构成实用新型确权的法律规范群。❸

发明专利的确权有授权后异议和无效两种途径。❹ 无效程序与侵权诉讼严格分离，无效程序由联邦专利法院一审专属管辖，并由联邦最高法院二审终审。侵权诉讼程序从地方法院到联邦最高法院三审终审，通常无效诉讼比侵权诉讼早一步进入联邦最高法院，在实践中不会出现侵权诉讼暂停等待无效诉讼结果而造成诉讼拖延的情形。即使侵权诉讼和无效程序相互独立，德国的发明专利诉讼案件从起诉到最终判决时间一般不超过1年。

德国实用新型注册获得的是登记权，其无效需经过撤销程序来进行，撤销有绝对的对世效力。由德国专利商标局的实用新型部门对撤销实用新型的申请作出初审裁决，对撤销决定不服的，可以向德国联邦专利法院实用新型理事会提起上

---

❶❸ 夏淑萍. 专利异议和无效二元确权结构的解读与启示 [J]. 中南民族大学学报（人文社会科学版），2020，40（2）：151.

❷ 刘清桓. 专利无效程序与侵权诉讼程序的衔接机制研究 [D]. 兰州：兰州大学，2022.

❹ 与当前绝大多数国家和地区的专利授权后程序不同，德国不仅设置了由德国专利商标局主管的异议程序，还设置了由德国联邦专利法院主管的无效宣告程序。但两者并不存在并行的关系，因为根据德国专利法的规定，如果可以提出异议或者异议程序仍在进行中，则不得提起宣告专利无效的诉讼。任何民事主体在涉案专利授权公告后9个月内可以对涉案专利提出异议申请从而启动异议。异议程序的司法救济包括向专利局的前置申诉处理、移交联邦专利法院的申诉审理以及联邦最高法院的上诉处理。

诉。登记权相比发明专利权，其法律效力要弱，差异主要体现在侵权诉讼时的无效抗辩上。实用新型侵权诉讼过程中，如果出现了任何人都有权请求撤销的理由，则无须请求启动专利局的撤销程序，即可依据这些瑕疵进行无效抗辩，并且其效力只能在诉讼当事人之间有效，这不同于德国发明专利侵权和确权判定的严格程序分离原则。两者在推定效力上的差异在实质法理逻辑上具有内在统一性。发明专利经过了专利审查机构依职权进行的实质审查程序，具有较好的权利稳定性。无效程序是对已授权专利是否符合法定条件的再审查过程。法院应出于对专利效力裁判机构技术性、专业性的尊重，并与对效力上存在瑕疵的问题专利进行"量的控制"的政策导向相协调，推定经专利审查机构或效力裁判机构所判定的发明专利权具有法律效力，不宜轻易未经法定程序而给予否定。而实用新型并未经过专利审查机关的实质审查，其获得的仅是登记权。该登记程序并没有对其效力进行审查并推定。当行使登记权时，如果其不符合实用新型的实质要件，当然应当允许被控侵权人质疑其效力并行使抗辩权，这符合权利义务对等原则。

德国的实用新型检索报告制度规定：申请人可以在申请实用新型专利的同时或获得注册登记后提出检索报告请求；一旦申请获得注册登记，其他任何人都可以提出检索请求；并且具有检索报告的公告程序。检索报告不属于行政决定，不能直接上诉，但可以作为实用新型撤销的依据；因为规定可以对实用新型撤销决定进行上诉，而撤销决定往往依据检索报告作出，从而相当于间接对检索报告上诉。因德国联邦专利法院可直接审理专利的有效性，从而在维权时不用同时出示检索报告。

对于德国实用新型提起的侵权诉讼，被告或者侵权方需要严肃回应，必须积极地提交现有技术，以对抗以涉案实用新型提起的诉讼。由于德国实用新型专利仅是形式审查，权利非常不稳定。如果对方对该实用新型提起撤销请求，那么撤销成功的概率相对来说会比较大，而由此导致整个侵权诉讼程序终结的可能性也会比较大。在这种情况下，权利人作为败诉方需要承担对方全部诉讼费和律师费用，一般高达几千欧元。同时在实用新型专利的撤销程序中，跟在民事诉讼中一样，败诉方要承担该程序的费用以及对方的费用。这也是为了防止登记权在市场中的滥用，以警示实用新型专利权人注册适当的保护范围，维护双方之间的利益平衡。由于实用新型专利权人作为败诉方时需要承担诉讼或撤销程序的费用，因此德国的实用新型专利权人在针对第三方采取行动前，则更需要充分考虑授权的权利要求是否具有稳定性，因此一般都会针对该实用新型向德国专利商标局提出检索请求，以避免由于没有提前对要求保护的主题进行审查而遭到反诉。

三、日本专利确权与侵权诉讼解决架构

从日本专利法近年来的修改历程来看，专利确权制度一直是其修改的重点领域。其当前的基本架构是特许厅的异议程序、特许厅审判部的无效程序、法院的无效抗辩三者并存。由特许厅审判部负责专利效力判定曾是其绝对的唯一途径，1904年，日本最高法院以判例形式确立了由特许厅审判部判定专利效力的单轨制模式，该审判部作为第一审级来负责审理专利无效案件，具有准司法地位，按照行政诉讼性质审理无效案件。❶ 该无效审判属于当事人系审判，采取了无效审判请求人以专利权人为对象请求审判的双方当事人对立结构，无效审判的审判决定具有追溯力和对世效力。❷ 对审判部的审查决定不服的可以直接向东京高等法院上诉，而不是向东京地区法院起诉，并且仅由原双方当事人参加诉讼，日本特许厅不作为被告参加诉讼，但审理的对象仍然是特许厅审判部的行政处分决定。❸ 日本最高法院2000年作出的"kilby第275号专利上告判决"改变了不能在侵权诉讼中判断专利是否有效的状况，允许被诉侵权人在侵权诉讼中主张专利权明显无效。这样审理侵权的法院不必等待特许厅的无效审判决定生效，即可作出实质上视专利权相对无效（在当事人之间）的判决，从而创立了一个可迅速作出是否构成侵权判断的途径，开创了司法确权的先河。❹ 因单轨制导致的侵权诉讼拖延问题，2004年日本专利法新设了第104条第3款，赋予专利侵权诉讼被告专利权无效抗辩的权利，但法院的专利权无效判定具有非对世性，只在该诉讼当事人之间有效力。❺ 另外，虽然日本引入了法院的无效抗辩制度，但其专利侵权案件只有东京和大阪两个地方法院有管辖权，有专利侵权管辖权比较集中的优势，不同法院在判定专利效力时同案不同判、裁判标准不一致的概率较小。

日本的专利异议程序经历了反复，其反映出对异议程序的功能定位认识的不断调整。1964年日本专利法修改之前就存在授权前异议制度，并且和无效宣告制度并存。为了加快授权，1994年修法时将授权前异议程序改为授权后异议程

---

❶ 夏淑萍.专利异议和无效二元确权结构的解读与启示［J］.中南民族大学学报（人文社会科学版），2020，40（2）：152.
❷ 张鹏.专利授权确权制度原理与实务［M］.北京：知识产权出版社，2012：421.
❸ 尹新天.中国专利法详解［M］.北京：知识产权出版社，2011：475.
❹ 张鹏.专利授权确权制度原理与实务［M］.北京：知识产权出版社，2012：422.
❺ 易玲.日本《专利法》第104条之3对我国的启示［J］.科技与法律，2013（3）：49.

序。2004年日本专利法取消异议制度，并将无效程序的提出主体由利害关系人改为任何人。但取消异议制度10年间，统计数据表明，专利无效量减少，并没有反映出取消异议程序后无效量会增加的预期，表明有更多的问题专利进入了专有领域。因此其2014年修法时又重新引入了授权后异议制度，并将无效程序的提出主体由任何人修改为利害关系人。日本专利异议制度经历了取消和复活，无效程序提出主体范围的扩大与限缩，到目前重新走上了德国模式。通过实践检验，专利异议制度在承担过滤问题专利的公共审查职能方面发挥着重要作用。

  日本的专利类型包括发明专利、实用新型专利及外观设计专利。日本自1905年颁布实用新型法以来，长期以来一直对实用新型采取与发明专利相同的实质审查制度，直至1994年日本再次修改实用新型法时，将实用新型的实质审查制改为非实质审查的登记制，为了防止专利权人滥用权利，引入了实用新型技术评价书制度。根据日本实用新型法第12条的规定，任何人在实用新型申请提出后都可以提出实用新型技术评价的请求，即使实用新型权消灭后，也可以提出技术评价请求。技术评价请求一旦提出，不能撤销。实用新型技术评价书由审查员对在先技术文献检索的基础上作出，从而使其能够对已经登记的实用新型权利的合法性作出客观的判断。日本的实用新型技术评价书并不是行政决定，不能对其提起行政不服申诉或诉讼。根据日本实用新型法第13条的规定，作出技术评价书这一事实要在实用新型公报上进行公告。根据日本实用新型法第29条第2款的规定，实用新型权人或者独占实施权人在行使权利时，必须出示实用新型技术评价书，即向他人提出侵权指控或侵权警告前，必须出具实用新型技术评价书。❶ 当用实用新型维权时，一旦实用新型被宣告无效，专利权人需要补偿对方损失，这样就导致利用实用新型去维权风险增加。如果检索出能破坏新颖性或创造性的现有技术，而实用新型权人仍指控他人侵权，在该实用新型权被宣告无效后，实用新型权人要赔偿对方因此而受到的损失。因此日本实用新型技术评价书主要目的在于防止专利权人滥用专利权，缓和专利权人行使专利权时对第三人所可能造成的损害。专利权人在获得实用新型之后，可以要日本专利局出具技术评价报告，对实用新型的新颖性与创造性进行评估，相当于进行一次专利实质审查，如果评价报告的观点是正面的，专利权人基于正面的评价报告维权，专利即使被宣告无效了也可以免除补偿责任。❷

---

 ❶ 杨策.中外实用新型制度比较研究［D］.北京：中国政法大学，2009.
 ❷ 改进实用新型制度的政策措施研究（国家知识产权局重大专项课题，编号：ZX201902；负责人：韩爱朋）第9页。

第三节　我国实用新型专利权评价报告制度的改革进路

一、现有制度框架下实用新型专利权评价报告制度建议

目前呈现出的矛盾已十分清晰，实用新型专利权评价报告完全有能力承担指示实用新型专利权有效性的大任，却囿于现有制度只能用来在提起无效宣告请求时决定是否中止诉讼，其用武之地严重被限制。有学者❶曾提出"进一步提升专利权评价报告的法律地位，在检索出相关专利不具备授予专利权条件时由专利权人进行答辩，如果不能证明其专利的有效性，对专利权人的起诉、许可、申报公告资源等利用专利权的行为进行必要的限制，待后续专利权稳定之后恢复相应的权利"的建议，能够看出上述折中做法也属无奈之举，既认为目前的法律地位并不恰当，又无法直面地给出其真正的法律地位，且基于怎样的标准审理答辩意见对专利有效性的证明、怎样实施必要的限制等，存在许多操作空白，还会带来更多裁量不确定不一致的问题。该先搁置再议的做法，实质上是把专利权评价报告能否作为侵权纠纷等行权先决条件的矛盾转换为依据专利权评价报告对这一先决条件进行裁定的矛盾，与中止诉讼转移矛盾的思路相似。笔者认为要提升专利权评价报告的法律地位，就不能再回避专利权评价报告能否作为侵权纠纷等行权先决条件这一问题。那么，将专利权评价报告作为侵权纠纷立案条件的障碍究竟在哪？如果是因时机不成熟，那什么时候才能成熟？

司法解释《专利纠纷规定》曾规定原告在立案时应当提交检索报告（专利权评价报告），该规定在当时确实带来了一些问题，尤其是立案阶段原告由于准备不足或者是时间限制等原因不能提供专利权评价报告而影响了立案，影响了专利权保护，因而饱受社会公众尤其是专利权人的非议。❷而当《专利纠纷规定》（2015）将"应当"改为"可以"，免除了专利权人出具专利权评价报告的义务，而只是"倡导"其提交时，也带来了2016年之后专利权评价报告出具量的骤降，以及侵权诉讼中使用专利权评价报告比例不高等问题，间接导致专利权评价报告

---

❶ 陶冠东，刘乐. 专利权评价报告出具标准的司法困境及其反思［J］. 电子知识产权，2021（12）：114.

❷ 陶冠东，刘乐. 专利权评价报告出具标准的司法困境及其反思［J］. 电子知识产权，2021（12）：107.

没有什么存在感。第三次《专利法》修改将利害关系人增加为报告请求主体，然而由利害关系人请求专利权评价报告的数量非常少，这表明还是专利权人与专利权评价报告的关系最密切。第四次《专利法》修改将被控侵权人进一步增加为报告请求主体，由被控侵权人提出专利权评价报告的数量暂时未获得，笔者认为该数量不会很大，恐难达到立法者的预期。❶ 首先，只要专利权评价报告的法律地位没有改变，即便是增加了专利权评价报告在侵权纠纷中的出场，法院和专利管理机关也难以利用其发挥定分止争的作用。其次，从现实经济利益角度出发，一方面实用新型案件一般标的较低，另一方面无效宣告及专利权评价报告的成本也不低，被控侵权人选择不申请出具专利权评价报告或是提起宣告专利权无效的方式更符合其个体自身利益，故被控侵权人主动出具专利权评价报告的意愿和动机并不具有广泛性和迫切性。出具专利权评价报告有成本，获得的评价意见又没法左右专利权有效性，从这个角度很难说是降低了维权成本，反而是增加了维权负担。最后，由被控侵权人提出专利权评价报告请求没有相配套制度，仅是规定了请求权，若不提供给被控侵权人提交对专利权不利证据的机会，也遏制了被控侵权人提交专利权评价报告请求的动机。最关键的是，不将专利权评价报告作为侵权纠纷立案条件，反而作扩大请求人主体的调整，使得专利权人堂而皇之地规避专利权有效性的证明义务，将不能提供专利权评价报告的不利后果分摊给社会公众和被告，显然是失衡的。

在请求时机方面，根据第四次修改的《专利法》而制定的《专利法实施细则》还将请求专利权评价报告的时机予以提前，进一步缩短作出专利权评价报告的周期，因此以往立案阶段原告由于准备不足或者时间限制等原因不能提供评价报告而导致立案难的问题将逐渐消退，当事人的诉权并不会因为专利权评价报告存在一定作出时限而受到影响。同时比照国际惯例，域外涉及专利权评价报告制度的国家或地区，几乎无一例外地在限制不稳定专利权的存在以及遏制权利滥用方面作出规定，如日本在向他人提出侵权指控或侵权警告前，必须出具实用新型技术评价书；韩国则要求实用新型专利权人只有在出具维持登记的技术评价报告副本后，才可以向他人主张权利。德国、日本还通过引入具有预防功能的"惩罚

---

❶ 《国家知识产权局关于施行修改后专利法相关问题解答》（【北大法宝引证码】CLI. AR. 18181）指出"本次专利法修改将可以请求出具专利权评价报告的主体扩大到被控侵权人，这一修改有利于其充分评估侵权风险，采取合理的应对措施，有利于双方当事人对专利权形成合理预期，促进纠纷解决，降低维权成本"。《专利法修订草案你问我答｜专利权评价报告制度篇》指出"如果专利权人因为评价报告结论对自己不利而不愿提交，被控侵权人可以选择主动提交评价报告作为审理证据。这样可以帮助人民法院和专利管理机关尽快对技术性较强的专利侵权案件做出裁判，发挥评价报告定分止争的作用"。

性反赔责任"对授权、维权不当进行约束,且对检索报告效力的保证、对专利权人依赖专利权评价报告意见行权的保障也促使了专利权人更加依赖于利用评价报告行权。如日本在用实用新型维权时,一旦实用新型被无效,专利权人需要补偿对方损失,而专利权人基于正面的评价报告维权,专利即使被宣告无效了也可以免除补偿责任;德国实用新型专利权人作为败诉方时需承担诉讼或撤销程序的费用,因此专利权人在采取行动前,一般都会针对该实用新型向德国专利商标局提出检索请求,且检索报告可以作为撤销实用新型的依据。

总的来说,将专利权评价报告作为侵权纠纷的立案条件,并不与国际做法冲突,也符合现阶段我国实际情况。即使参照德国不明确将专利权评价报告作为侵权纠纷的立案条件,那也要提供可依据专利权评价报告撤销专利权的设置并采取不当授权或维权的经济惩罚措施来倒逼专利权人妥善获权及行权。

同时,如将专利权评价报告作为侵权纠纷的立案条件,也要相应规定拒不提交专利权评价报告的后果为驳回起诉。司法解释《专利纠纷规定》规定拒不提交专利权评价报告的不利后果为中止诉讼,是出于限制专利权滥诉的同时兼顾当事人的诉权保障,同时认为中止诉讼已然是专利权人通过诉讼保护专利权目的下最大的不利。该司法解释如是考虑是想根据对方当事人是否在合理期间对涉案专利提起无效宣告请求而进行区分,提起无效的原告承担中止诉讼的不利后果,未提起无效的原告承担驳回起诉的不利后果。本章第一节披露某机构公布的在侵权诉讼中被告因提起无效宣告请求而要求中止诉讼的比例已经极低,那么被告提起无效请求故意拖延带给专利权人"中止诉讼"的影响面就极小,也即对当事人诉权的保障相较于基于不稳定的专利权行权或专利权滥诉而言已不再是主要矛盾,此时仅使专利权人承担"中止诉讼"的不利后果,显然利益的天平向专利权人倾斜过多,并不利于倡导专利权人主动承担对专利权有效性的证明义务,对当事人诉权的保障反成为对专利权人不愿承担责任的纵容。

再者,提起侵权纠纷仅是专利权人行权的一种方式,不论是哪种形式的行权,理论上都应确保专利权人受到一定约束。从对实用新型专利权行权滥用施以钳制应保持统一的角度,应注意到我国在开放许可的法律规定、知识产权纠纷行为保全、电子商务侵权行为的实际查处方面,已先行一步。第四次修改的《专利法》中的专利开放许可制度对于鼓励更多专利权人向社会公开许可专利,提高专利技术实施转化率、减少专利许可交易成本、提升知识产权对经济发展贡献度等方面具有重要意义。专利开放许可声明是该制度实施中确定当事人权利义务的主要依据之一。我国对专利开放许可声明的规定有别于其他国家的相应制度规则,也符合我国专利开放许可制度运行的现实要求，具体包括"就实用新型、外观设计专利提出开放许可声明的，应当提供专利权评价报告"，这表明对授权后稳定性较差的权利类型适用开放许可时，应对该类型专利提出应具备一定稳定性的要求。专利权评价报告是现成的，最自然而然被想到的，能够用于证明实用新型等专利权具备一定稳定性的方式，且其评价意见最快可在被授予专利权的 1 个月内就获得，非常适合于应用在专利开放许可制度中。专利权评价报告在其中发挥的作用，就是确保专利权人能够正确、恰当地行使实用新型专利权。类似地，在知识产权纠纷行为保全中，《行为保全规定》规定以实用新型专利权为依据申请行为保全的，"应当"提交检索报告、专利权评价报告或者专利复审委员会维持该专利权有效的决定，拒不提交的应当驳回申请。在我国电子商务平台侵权行为处理中，也出于上述目的作出规定，对侵犯实用新型专利权而提起投诉的，应提交专利权评价报告予以证明。可见，在其他行权行为上，譬如也应当将专利权评价报告作为实用新型专利权许可备案登记、质押登记的必要条件等。

除却以上框架建议，还有如下建议。

（一）改善专利权评价报告的公开可及性

（1）对公众侧：提供基于专利证书随时可查专利权评价报告意见的方式，并进一步建立专利权评价报告在专利公报中披露机制。尝试在专利证书提供的二维码链接中将本应向公众免费开放查阅的内容进行披露，其中就可以包括专利权评价报告的内容，由于后台数据的更新同步，更正后的评价报告也可以通过再次扫码获得。

（2）对执法侧：一方面建立专利权评价报告与无效制度间的衔接机制，将专利权评价报告提供的证据和意见纳入无效宣告程序依职权审查的范畴，确保授权后过滤问题专利的确权目的，起到在相同证据的情况下对裁判结果再次审查确认以实现以无效决定为最终确权的目的；另一方面优化法院、管理专利工作的部门对于专利权评价报告（及无效决定）的主动获取渠道。

（二）完善专利权评价报告在侵权诉讼中的使用机制

1. 规范和增强专利权评价报告在中止诉讼这一既定法律地位中的应用

专利权评价报告作为证据主要用于决定专利侵权诉讼程序的中止与否，而是否中止其实是在审理效率和司法公正之间进行平衡。如果专利权评价报告对于专利权稳定性的结论值得信赖,那么在其证实权利稳定时而不中止诉讼,就是向效率一方倾斜,反之,在其证实权利不稳定时中止诉讼,就是向公正一方倾斜。完善专利权评价报告在侵权诉讼中的使用,也包括完善专利权评价报告在中止诉讼中的利用,而效率与公平间的平衡意味着效率与公平两者间不可偏废,也意味着专利权评价报告正反两方的意见均不可偏废。司法实践中专利权评价报告作为决定是否中止诉讼的程序性证据还未充分发挥作用,法院决定中止诉讼时多自由裁量而不必然依赖于专利权评价报告。又及"被告于答辩期届满后提出无效的",基本属于不应当中止诉讼的一票否决性理由,实际上该规定更多的是对被告享有的中止诉讼请求权进行限制,并未优先考虑该裁定的胜诉可能性,也就是不考虑无效决定结论未出就作侵权判决是否正确的可能性。可以看出,目前中止诉讼的某些规定对于效率的追求大过于公平。笔者认为,中止诉讼作为程序性裁定,可参考同属于程序性裁定的行为保全,在司法实践中应更多地考虑该中止请求是否具有胜诉可能性,且对于胜诉可能性的程度把握达到优势可能性即可,这样更有助于兼顾公平与效率。像"维持有效的实用新型,可以不中止诉讼",尽管是"可以"的自由裁量权,但司法实践中一般都遵照执行,极少作出相反裁量。前述统计分析[1]显示,侵权诉讼中经历多次无效决定,且无效决定之间结论不一致的比例并不低,那么仅依据一次维持有效的结论即裁定不中止诉讼,其实也未排除裁定错误的可能性,也就是说在考虑胜诉可能性时,一次维持有效的决定足以使对胜诉可能性的程度把握达到优势可能性。照此推之,依据专利权评价报告证明的专利权具有稳定性的意见裁定不中止诉讼,依据专利权评价报告证明的专利权不具有稳定性的意见而中止诉讼,也同样符合上述胜诉可能性原则。

2. 改善对专利权评价报告指示专利权效力的利用

在侵权判定中,实用新型专利权不应享受与发明等同的推定专利权有效的待遇。应该注意到,在专利法保护非常严格的美国已开始弱化专利权效力的推定,最新修改的美国专利法将质疑已授权专利的证据规则由"清晰和令人信服的证据"改为"优势证据"。正如美国研究者在修法前就指出的"我们的目标不是全面提高专利商标局的审查质量,取而代之的是改变专利有效性的推定,以更准确

---

[1] 基于对914件案件进行的统计分析。

反映专利实践的现实"❶。我国也面临与美国相似的事态趋势,笔者认为,在现有制度框架下完善专利权评价报告在侵权诉讼中的使用,只能让专利权评价报告来实用新型专利权在侵权判定中"弱推定有效"时带来的弊端和不足。基本原则是,在实用新型侵权诉讼中,若被控侵权人并未提起无效宣告请求,应由专利权人提交专利权评价报告,专利权评价报告给予肯定性意见的,可以在侵权判定时推定专利权有效,给予否定性意见的,不可以在侵权判定时推定专利权有效。如将无效决定看作上述"清晰和令人信服的证据",那么专利权评价报告则可看作上述"优势证据"。依据专利权评价报告有效性结论作出侵权裁判,不仅在裁判的公正性上要优于现有法律框架下直接推定实用新型专利权有效时作出的侵权裁判,且其与提交专利权评价报告作为侵权纠纷立案条件协同一起,将使得当前的专利权评价报告制度被全面盘活。

同理,笔者也支持在侵权纠纷中法院或管理专利工作的部门主动适用专利权评价报告作为现有技术抗辩的证据,以解决授权前对"问题专利"过滤不足、授权后对"问题专利"过滤不及时而导致的司法审判明显不公的问题。

3. 建立依据专利权评价报告作出侵权裁判的协调机制

依据专利权评价报告有效性结论作出侵权裁判,则专利权评价报告的有效性结论是重中之重。从利用专利权评价报告排除"问题专利"的确权角度出发,应对专利权评价报告的作出程序作结构上调整,如将出具专利权评价报告作为专利权人的义务,则应当在报告作出前赋予当事人意见陈述和修改文件的机会,可参考发明实质审查,将专利权评价报告改造为对实用新型申请的补充实质审查程序;如允许被控侵权人请求出具专利权评价报告,则应当允许请求人在提出请求时提交对比文件等证据,可参考美国、德国、日本等国的异议程序。效率与公平始终是个矛盾,因而对于增加上述程序带来的报告作出时效性的减损,也应一并考虑。相较于目前实用新型申请 5 个月的平均授权周期,专利权评价报告的作出时效被确定为自专利申请时即提出请求后的 5 个月内作出,也不会使其时效性跌破公众期待。

从与无效制度这一授权后确权程序协调的角度出发,不同确权程序之间结论不同导致的矛盾客观存在,尤其是在有多种确权程序的其他国家专利制度中。应当理解,如侧重于确保授权后过滤问题专利的再次确权目的,无效审理时对专利

---

❶ 徐棣枫. 权利的不确定性与专利维权周期:专利法第 4 次修改草案相关方案的探讨 [J]. 南京大学学报(哲学·人文科学·社会科学版), 2013, 50 (5): 66.

权评价报告提供的证据和意见作依职权审查及二次审查确认是有必要的,如还关注于结论冲突带来的裁判不公,容易想到的是在无效决定对侵权判决的追溯力上作出规定,但这样可能会造成诉讼久拖不决带来更多诉累。对于多确权程序的冲突问题,都难有万全之策。像美国,更多的是让当事人普遍接受不同程序上结论的差异;像德国的发明专利,是通过规定无效程序与异议程序二者只能择一来避免冲突;像日本,为了避免法院作出的只对诉讼当事人产生效力的专利权有效判定结论与之后无效程序作出的专利权无效的对世性结论相冲突,其还对无效决定的溯及力进行限制,削弱特许厅在专利有效性判断上所起的作用,使得侵权诉讼的判决确定之后,对于诉讼当事人来说提起无效宣告程序就没有什么意义了,当然这一规定,也使得日本近10年来特许厅受理的专利无效案件数量急剧减少。❶不论是以上哪种不同确权程序的除斥做法,都不尽如人意。

如果仅聚焦在德国、日本是如何依据评价报告维权,又是如何与其他专利权有效性结论协同时,可以发现,日本应用在技术评价书上的"经济杠杆"十分具有借鉴意义。先引入反赔责任使维权专利被宣告无效时专利权人需补偿对方损失,又进一步免除专利权人此时若先行依据技术评价书的正面意见维权时的补偿责任,不仅通过上述依据技术评价书的行权保障促使专利权人更加依赖于利用技术评价书行权,也相应缓解了技术评价书与无效决定之间的结论冲突。这是日本用作新型专利行权基础的技术评价书与无效决定共存而不发生冲突的关键所在。而德国,提供了可依据专利权评价报告对新型专利进行撤销的程序,相当于无效程序,保障了过滤问题专利的公共利益,侵权诉讼中又允许法院再次审理判定专利权有效性,保护了私人利益。这种有机的设置使得德国在专利权有效性结论上也不会产生明显冲突。在我国现有制度框架下,如仍保留实用新型授权后的无效程序,则可考虑借鉴日本的上述方式。

(三)司法与行政处理侵权纠纷的标准应当保持一致

专利侵权纠纷行政裁决合法性判断的核心在于侵权判断,故行政诉讼必然涉及对专利侵权的判断,与民事诉讼存在重合。在司法与行政处理侵权纠纷"双轨制"的理想设计下,专利侵权纠纷行政裁决与司法保护应各司其职,行政裁决以其专业性强、成本低、耗时短的优点弥补司法保护的不足。但实践中从程序衔接到实体结果,司法保护与行政保护仍面临诸多冲突。从本书对专利权评价报告这

---

❶ 高胜华. 专利行政确权制度研究[D]. 北京:中国政法大学,2021.

一证据使用的考察情况来看，司法与行政之间确实也存在观点和执行不一致的现象。建议通过司法解释、指导性判例等形式，确立重大原则，形成重要先例，为行政执法提供方向指引，主导知识产权制度的发展方向，并在我国目前已建立的司法案例指导制度与行政执法案例指导制度的基础上，进一步加强二者之间联动以确保协调一致。

二、突破现有制度框架的实用新型专利权评价报告制度构建

（一）合理改造专利权评价报告为确权程序

不可否认在当前法律架构下，将专利权评价报告规定为行权的先决条件利用的是其确权的性质，尽管有合理性，也能解决问题，但还是意味着其实现了从具有确权性质到真正成为确权机制的蜕变，那势必会带来该确权程序与无效宣告这一确权程序之间的冲突，其名正但言不顺。如果以上讨论的是为专利权评价报告法律地位"正名"问题，则本节讨论的则是"言顺"问题。

将专利权评价报告规定为行权的先决条件，其应用的是建立事前预防机制、减少问题专利进入诉讼程序的思路。专利权评价报告是为了弥补实用新型初步审查制度没有实质审查的不足，其可以有效排查出那些本身技术方案不具备新颖性或者创造性的"问题专利"，从而发挥一种"漏斗"作用，过滤出稳定性相对较高的专利。"言不顺"症结在于，当前实用新型的初步审查制度会不可避免地产生"问题专利"，但还是要给予其与发明经实质审查后等同的"权利"。作为过滤"问题专利"的"漏斗"，明明是确权性质，但又不能给予其确权的地位，因而自然产生了只能依赖唯一的授权后确权程序以及来不及确权时推定专利权有效的原则来确定权利基础等一系列问题，故合理改造专利权评价报告为确权程序箭在弦上。

我国借鉴德日专利体制。然而德国与日本的实用新型专利均为登记制，该登记制与我国的初步审查制度相比，不仅有效节约了大量的行政审查资源，也使登记获权的专利自然而然地接受正确的对待。对于该不稳定的专利权，行权前需对其进行评价则成为一种必然，否则将受到不当行权的惩罚。评价意见也不被浪费，可以作为撤销该不稳定权利的依据（德国）。以上过程自然而然地剔除了不当授权，约束了不当行权。

我国立法时确定对实用新型实行初步审查制，应该是想兼顾对小发明的鼓励与对明显"问题专利"的过滤，该制度对于支持和鼓励中小企业的技术创新，

促进经济发展起到了不可磨灭的作用。然而该制度由于低门槛和高获益被投机者不当利用而逐渐产生异化，使得实用新型专利保护的优势不但不能有效发挥，还带来了一系列与专利制度宗旨相悖的问题。实用新型制度需要改革，需要将真正利用实用新型制度的专利权人及其实用新型专利筛选出来，需要将大量无意义的行政审查资源从当前被挤兑的现状中解放出来。笔者认为：实用新型由初步审查制改为登记制，依据专利权评价报告撤销权利是为解决之道，比将专利权评价报告改造为补充实质审查程序成本较小。真正懂得实用新型价值的申请人不会吝啬于专利权评价报告的成本，反而经济成本能起到期望的筛选作用，且实用新型相对于发明的制度优越性依然还在，审查资源能够用来审视技术方案与现有技术的区别所在，从而为专利权人确定合理保护范围，才是对专利制度宗旨的回归，更是确保制度良性发展的基础。

在实用新型登记制框架下，还可将请求专利权评价报告的时机进一步提前至请求登记之时，以服务于行权时应出具报告的要求，同时也有必要增加维权反赔责任。

（二）与其他确权程序之间的存废问题

我国三种类型专利的确权仅有无效宣告这一途径，固然有节约立法成本的优点，但三种类型具有其历史演变中所形成的不同规则设计理念，在实践中表现出较强的异质性，这增加了专利法体系建构的难度。专利制度发展史中曾经尝试过的授权前异议和授权后撤销程序未能充分发挥作用则是存在异质性的表现。授权前异议程序的设计缺陷是在专利法实施之初难以发挥作用的重要原因。专利制度构建之初，立法者设计了授权前异议程序，其立法旨趣是提供对专利授权的公共纠错机制。特定时间段下区别于后续无效宣告程序的特定功能是异议程序发挥其作用的关键。但如果与无效宣告程序的功能产生重叠而没有一定差异，则将难以发挥其实效。而当时的程序设计中，授权前异议和无效宣告程序两者除了提出时间不同，在法律构成的其他方面没有实质性差别，而提出时间的不同亦未产生实体或程序上法律后果的区别，使得专利授权的利害关系方没有动力尽快挑战专利授权。除此之外，当时市场经济发育水平较低、专利规则运用意识和水平不高也是重要因素。除了上述设计缺陷，还存在规则移植引入过程中所存在的排异反应因素。从德国的立法结构来看，专利无效宣告程序和撤销程序分别属于实质审查制和登记制之下的不同法律规范。将来自不同法律规范的制度撮合在一起而形成新制度，忽略了不同规范群之间的差异，将使得新制度缺乏系统均衡性。❶ 基于上述立法的经验和教训，我国如考虑对实用新型单独立法，将为构建以"登记制+撤销程序"为主的确权架构进一步扫清障碍。同时，还要关注确权程序间功能重叠没有差异而导致的难以发挥实效反造成冲突的问题。从德国的专利制度不难看出，其十分看重确权程序间冲突的避免。对于发明，通过规定使异议与无效两个相似的确权程序不能并行；对于实用新型，构建了基于撤销程序的无效制度，就不再专门设置对于实用新型授权后的无效制度。

通过对世界多数国家专利确权制度的考察基本可以确定，确权制度既要达到批量排除"问题专利"、维护公共利益的目的，还要达到对侵权纠纷中专利权效力进行再次审查确认，保护私人利益的目的。而我国实用新型仅有的无效宣告这一确权单一途径，无法有效达到以上维护公共利益及保护私人利益的目的。反观德国的新型确权制度，通过撤销程序实现批量排除"问题专利"，通过法院在侵权纠纷中审理专利权有效性保护私人利益。就此，德国构建了围绕专利权评价报告的撤销程序，已然替代了授权后的无效程序成为实用新型的主要确权程序。其在实用新型法律规范体系上体现出的匀称性、其各部分的相互关系以及逻辑上的协调性，值得借鉴学习。

（三）可推行无效抗辩适用及法院对实用新型专利权有效性的确定机制

不论是德国还是日本，其针对实用新型专利，法院都能够在侵权诉讼中对专利权有效性进行审理确定，只不过这种效力都只对当事人有效。在德国，实用新型侵权诉讼中并不严格遵从发明专利侵权和确权判定的严格程序分离原则，而是提供了一种突破该原则的特权，也可以认为是对一种失衡状态的调节，允许被控侵权人质疑实用新型专利效力并行使抗辩权，相当于是给予了侵权法院对实用新型专利权效力进行确定的权利。那么对我国这种实际为"弱推定效力"的实用新型专利权，出于对失衡调节的必要，在侵权诉讼中未提起无效宣告请求时，或法院在确权与侵权双轨制冲突下选择效率优先，即不等无效决定的结果进行判决时，也具有推行无效抗辩适用以及法院可以对实用新型专利权效力进行确定的合理性。即便是如日本一样保留实用新型授权后的无效程序，出于对私权保护、维护个案公平并兼顾效率的目的，允许法院在侵权诉讼中审理专利权有效性，也不无道理。

---

❶ 夏淑萍. 专利异议和无效二元确权结构的解读与启示 [J]. 中南民族大学学报（人文社会科学版），2020，40（2）：155.

司法行政权力分立下，司法权虽然定分止争，但不应随便踏入其他国家权力的范畴。司法认可专利权的有效推定，是对行政机关授权行为的尊重，这涉及的主要是行政权的公定力理论，实际上可能还涉及行政权与司法权的边界划分。不过学界还将行政权的公定力分为完全公定力与有限公定力，在完全公定力理论下，司法权有可能受制于行政权，在行政权的错误下继续发生错误。而在有限公定力理论下，可以存在专利权有效推定的例外。例如在法律规定的特殊情况下，可以认定专利是无效的。笔者支持当国务院专利行政部门作出的决定存在重大明显的瑕疵时，依据有限公定力理论，法院可以作出有关该专利的效力性决定。"弱推定效力"的我国实用新型授权本身就处于可能存在重大明显瑕疵的范围内，符合有限公定力适用条件。但若行政机关还没有对实用新型进行审查，此时如果赋予法院介入审查专利权效力的过程，等于跨过了行政机关，由司法机关对专利的效力进行了判断，明显有悖行政权与司法权的边界划分。此时德国的撤销程序，相当于行政机关在公众的监督下完成了对实用新型的再次审查，就很好地填补了这一边界缺失。

（四）对"双轨制"问题的讨论和认识

第三次《专利法》修改时就"双轨制"问题做过全方位讨论，但最终并未形成改进的落地方案，但不得不说"双轨制"问题始终都在，对该问题的研究和讨论代表了我国对专利制度认识的进一步深化，势必对我国专利制度将来的发展产生影响。研究专利权评价报告在全链条下的应用也无法避开"双轨制"问题，以下浅谈对实用新型专利领域"双轨制"问题的认识。

研究"双轨制"遇到的核心问题在于，专利权有效性纠纷的性质到底是民事纠纷还是行政纠纷。强调确权的民事诉讼属性的，审理无效的行政部门可以不作为被告参加诉讼，且法院可以审判专利权有效性，结论只对当事人有效；强调确权的行政诉讼属性的，审理无效的行政部门往往带有职权主义色彩，作为被告参加诉讼，结论具有对世性，且一般坚持侵权和有效性判定双轨制不动摇。

在德国，对于发明专利严格坚持侵权和有效性判定双轨制，其当初将专利无效判定的管辖权由原专利商标局申诉委员会交由德国联邦专利法院，有考虑"对德国专利商标局授权不当的行为提出的请求仍然由其下属的一个部门进行审查，这不符合法理"的反对声音。但不论是管辖权变更前还是变更后，德国都没有将专利权的无效诉讼认定为民事诉讼的性质。然而由于无效判定的管辖权由管理专利工作的部门转移为法院，无效判定就有了能够适用民事诉讼形式的逻辑土壤。

在德国联邦专利法院进行的无效宣告请求程序中,仅由纠纷双方当事人参加诉讼,德国专利商标局并不作为被告参加诉讼。同时,管辖权的转移还带来了侵权诉讼程序的简化,无效程序由联邦专利法院一审,再由联邦最高法院二审终审,通常无效诉讼比侵权诉讼早一步进入联邦最高法院,在实践中也就不会出现侵权纠纷暂停等待无效诉讼结果而造成的诉讼拖延的情形。可以看出,德国并没有陷于专利权有效性纠纷是民事纠纷还是行政纠纷的性质认定,也没有因固守一方则绝不向另一方跨越半步,而是依照主要矛盾和次要矛盾的解决思路,将制度制定的逻辑自洽。譬如,将"对德国专利商标局授权不当的行为提出的请求仍然由其下属的一个部门进行审查,这不符合法理"作为主要矛盾,则作出将专利无效判定的管辖权由原专利商标局申诉委员会交由德国联邦专利法院的改革,并不因其认定的专利权有效性纠纷为行政纠纷性质而放弃这一改革。在改革后,仍然可以坚持侵权和有效性判定双轨制,此时坚持的是法院应出于对专利效力裁判机构技术性、专业性的尊重,推定经专利审查机构或效力裁判机构所判定的发明专利权具有法律效力,不宜轻易未经法定程序而给予否定。再譬如,将登记的实用新型专利权效力不稳定作为主要矛盾,则允许突破侵权和有效性判定双轨制限制,增强侵权诉讼中无效抗辩的适用,允许法院作出不对世效力认定,消减权利义务不对等造成的不公平,其适用的又是民事纠纷的逻辑。可见,德国并不因专利权有效性纠纷是行政纠纷的性质,就拒绝在特殊专利制度下适用民事纠纷处理的方式,也不会因法院对专利效力裁判机构作出决定应尊重的限制,就要求法院不能染指专利权有效性。

日本的确权制度和我国最像,都是由行政机关负责专利无效的审判,但日本无效审判属于当事人系审判,且对审判不服的可以直接向东京高等法院上诉,而不是向地区法院起诉。尽管日本的无效审理及无效诉讼,均具有民事诉讼的特点,但日本东京高等法院介绍,日本仍然将这种诉讼定性为行政诉讼。且即使是无效确权已经是包括日本特许厅的审判部作为一审在内的二审终审,日本仍然受制于专利确权纠纷的解决独立于专利侵权纠纷解决的单独设置模式而存在侵权诉讼拖延问题,为此日本大胆地利用无效抗辩赋予法院审理专利权的有效性的方式,该有效性为不对世的效力,与无效宣告程序的结论互不影响,但足可以解决侵权当事人二者之间的民事纷争。可见,日本也没有陷于专利权有效性纠纷是民事纠纷还是行政纠纷的性质认定,而是以问题为导向,适时地在行政纠纷与民事纠纷性质中进行转换。

可见,德国、日本为了解决实际问题,基于专利权公私法混合的性质会作出各种折中、妥协或变通。也正是由于专利权的特殊性质,这种妥协或变通也是能够被谅解的,逻辑是自洽的,其体系设计均深深蕴含着法律及法哲学之中的价值。而美国基于现实压力、现有资源条件及成本考虑,在传统上由法院直接审理专利权的有效性的基础上引入行政机关来解决专利有效性问题。以上以问题为导向的转变思路均值得借鉴。

笔者初以为"双轨制"的改革方向,其一,不管用哪种形态改造和构建,减少行政确权的审级是必须的;其二,专利侵权诉讼一审应设置在相对集中的知识产权专门法院进行,至少在当前地方中级人民法院一审侵权诉讼的现状下不适合引入法院对专利权有效性的确定;其三,减少行政与司法之间的协调成本,促进知识产权行政管理体制与司法体制的结合,符合知识产权诉讼发展方向。

附 录

本书分析使用的案例来源于北大法宝法律检索系统中的检索结果，具体如附表1所示。

附表1 本书分析使用的案例

序号	案例	北大法宝引证码
1	汕头市澄海区艾迪晟电器厂、赵某侵害实用新型专利权纠纷二审案	CLI.C.410158677
2	合肥市越虎钢管扣件租赁有限公司、合肥鹏峰建材有限公司侵害实用新型专利权纠纷二审案	CLI.C.84650904
3	四川新惠阳农业特种纸业有限公司、攀枝花阳丰农业开发有限责任公司侵害实用新型专利权纠纷二审案	CLI.C.95790737
4	河北国美新型建材有限公司等诉陕西丰益环保科技有限公司侵害实用新型专利权纠纷再审案	CLI.C.10392732
5	李某与广州南沙经济技术开发区碧桂园物业发展有限公司侵害实用新型专利权纠纷一审案	CLI.C.11236783
6	深圳市华亿技术有限公司与杭州库瑞机电有限公司侵害实用新型专利权纠纷上诉案	CLI.C.10756916
7	陈某、中国建筑第二工程局有限公司侵害实用新型专利权纠纷案	CLI.C.10092771
8	陈某、永州世纪之星文化传媒有限公司侵害实用新型专利权纠纷案	CLI.C.16229418
9	江苏松山照明集团有限公司与济南三星灯饰有限公司侵害实用新型专利权纠纷二审案	CLI.C.11322644
10	深圳市贤智电子有限公司、王某侵害实用新型专利权纠纷二审案	CLI.C.11573411
11	南昌艾依家居用品有限公司、胡某侵害实用新型专利权纠纷二审案	CLI.C.317022056
12	深圳市三文鱼技术有限公司与赵某侵害实用新型专利权纠纷上诉案	CLI.C.16474520
13	中山荣电电器有限公司、合肥荣事达小家电有限公司侵害实用新型专利权纠纷二审案	CLI.C.70169887
14	福建鸿圣纸业有限公司与邱某侵害实用新型专利权纠纷一审案	CLI.C.315299097
15	王某与浙江001集团有限公司侵害实用新型专利权纠纷上诉案	CLI.C.10683052
16	赵某等与吴某侵害实用新型专利权纠纷上诉案	CLI.C.9365980

续表

序号	案例	北大法宝引证码
17	深圳市捷能星光电科技有限公司与深圳市耀嵘科技有限公司纠纷上诉案	CLI.C.10426377
18	佛山市顺德区龙江镇勇吉五金店与广州一铭办公家具有限公司侵害实用新型专利权纠纷上诉案	CLI.C.11019812
19	东莞市光兆电子科技有限公司、东莞市铭冠电子科技有限公司侵害实用新型专利权纠纷二审案	CLI.C.71244294
20	深圳市今音恒业电子有限公司,李某与深圳市成研科技有限公司侵害实用新型专利权纠纷二审案	CLI.C.15691483
21	珠海金晟照明科技有限公司与灵川县市政建设管理所等侵害外观设计专利权纠纷再审案	CLI.C.315293288 CLI.C.409798405
22	青岛振坤智能科技有限公司与郭某、莱阳市明玉食品加工厂侵害发明专利权纠纷一审案	CLI.C.99208520
23	李某与赵某侵害实用新型专利权纠纷上诉案	CLI.C.551618246 CLI.C.9004353
24	张某、无锡万里实业集团有限公司等侵害实用新型专利权纠纷一审案	CLI.C.430522352
25	成都奥北环保科技有限公司与湖南现代环境科技股份有限公司侵害实用新型专利权纠纷一审案	CLI.C.109515053
26	张某与山东宝诚集团有限公司等侵害实用新型专利权纠纷一审案	CLI.C.324884472
27	浏阳市五一科技机械有限公司与桃源巍信智能设备机械厂侵害实用新型专利权纠纷一审案	CLI.C.94523224
28	漳州灿坤实业有限公司、厦门富坤生活电器科技有限公司侵害实用新型专利权纠纷二审案	CLI.C.96510952
29	阎某与莱州聚峰机械有限公司侵害实用新型专利权纠纷上诉案	CLI.C.9286924
30	肖某与广州市番禺区沙湾艺龙洗染设备制造厂等侵害实用新型专利权纠纷上诉案	CLI.C.9633518
31	大博医疗科技股份有限公司、浙江科惠医疗器械股份有限公司等侵害实用新型专利权纠纷一审案	CLI.C.501372562
32	虞某与郑某、邓某侵害实用新型专利权纠纷二审案	CLI.C.15571015
33	浙江天煌科技实业有限公司诉山东栋梁科技设备有限公司侵害专利权纠纷案	CLI.C.9577823
34	福建吉腾电子有限公司与博慧电子科技(漳州)有限公司侵害实用新型专利权纠纷一审案	CLI.C.109714247
35	宁波供享农业科技有限公司诉宁波市鄞州潘火恬恬小吃店等侵害外观设计专利权纠纷案	CLI.C.8701390

续表

序号	案例	北大法宝引证码
36	浙江睿丰智能科技有限公司、浙江百翔科技股份有限公司侵害外观设计专利权纠纷一审案	CLI.C.539164601
37	祁某诉山东银座商城股份有限公司等侵害实用新型专利权纠纷一审案	CLI.C.16701346
38	梁某与蒙某等侵害实用新型专利权纠纷上诉案	CLI.C.1437540
39	李某诉东莞展宏织带有限公司侵犯专利权纠纷案	CLI.C.118263
40	高某与徐水县华光市政建材有限公司侵害实用新型专利权纠纷案	CLI.C.3983003
41	诸某诉上海蓝蛐蛐网络科技有限公司等侵害外观设计专利权纠纷案	CLI.C.10932369
42	深圳市兴嘉林电子科技有限公司、广州畅翼汽车配件有限责任公司侵害实用新型专利权纠纷二审案	CLI.C.92734492
43	安徽朗汀园林绿化工程服务有限公司与孙某侵害实用新型专利权纠纷案	CLI.C.409798409
44	青岛科尼乐机械设备有限公司与青岛迪凯机械设备有限公司侵害实用新型专利权纠纷一审案	CLI.C.91548286
45	源德盛塑胶电子（深圳）有限公司、余姚市马渚王芳日用品店侵害实用新型专利权纠纷一审案	CLI.C.431711483
46	莱州市鲁樽机械有限公司与青岛鑫峰建筑机械有限公司侵害实用新型专利权纠纷一审案	CLI.C.324005919
47	叠彩区天力通讯器材店、源德盛塑胶电子（深圳）有限公司侵害实用新型专利权纠纷二审案	CLI.C.85706849
48	桂林市飞越无限通讯器材贸易有限责任公司、叠彩区金酷通讯经营部侵害实用新型专利权纠纷二审案	CLI.C.95603215
49	桂林市中记通讯有限责任公司、源德盛塑胶电子（深圳）有限公司侵害实用新型专利权纠纷二审案	CLI.C.76882507
50	象山区皇运手机店象山区皇运、源德盛塑胶电子（深圳）有限公司侵害实用新型专利权纠纷二审案	CLI.C.77136171
51	深圳唐恩科技有限公司与陈某侵害实用新型专利权纠纷一审案	CLI.C.11578033
52	佛山市兴宇物资有限公司与深圳市华夏磁电子技术开发有限公司侵害实用新型专利权纠纷一审案	CLI.C.299982347
53	桂林市太空通讯有限责任公司、七星区德明移动通信业务代办点侵害实用新型专利权纠纷二审案	CLI.C.94162730
54	桂林市华泰通讯器材经营部、桂林市天基通商贸有限公司侵害实用新型专利权纠纷二审案	CLI.C.76830585
55	源德盛塑胶电子（深圳）有限公司临桂县鑫宇、源德盛塑胶电子（深圳）有限公司侵害实用新型专利权纠纷二审案	CLI.C.76888305

续表

序号	案例	北大法宝引证码
56	灵川县彩云通讯器材经营部、源德盛塑胶电子（深圳）有限公司侵害实用新型专利权纠纷二审案	CLI.C.76830586
57	桂林市志有通讯设备有限公司、源德盛塑胶电子（深圳）有限公司侵害实用新型专利权纠纷二审案	CLI.C.76906853
58	七星区伊人通信营业厅、七星区潮人通信经营部侵害实用新型专利权纠纷二审案	CLI.C.76902005
59	浙江百诚烟具有限公司为与义乌市圣寿电子商务有限公司、浙江天猫网络有限公司侵害实用新型专利权纠纷案	CLI.C.16319853
60	中山市纳宝电器科技有限公司与中山市顺邦电器有限公司、广东志高空调有限公司侵害实用新型专利权纠纷一审案	CLI.C.105789023
61	中山市好美电子塑胶制品有限公司与广东宝跃星辰光电科技有限公司、袁某侵害实用新型专利权纠纷一审案	CLI.C.78920663
62	宁波市海曙神龙工具有限公司、乐清市清江东旭工具厂侵害实用新型专利权纠纷一审案	CLI.C.501745742
63	青岛科尼乐机械设备有限公司诉隗某专利权权属纠纷案	CLI.C.7549940
64	广州特美声电器有限公司诉广州市创宏电子有限公司等纠纷案	CLI.C.11020358
65	惠州星火能源有限公司等与多立恒（北京）能源技术股份公司纠纷上诉案	CLI.C.9154652
66	深圳市诚辉达电子有限公司与清远市佳的美电子科技有限公司侵害实用新型专利权纠纷上诉案	CLI.C.9154272
67	宁波奥克斯空调有限公司诉深圳市佳新源机电设备有限公司纠纷案	CLI.C.9398423
68	东莞市桥头优创欣塑胶制品厂与陈某侵害实用新型专利权纠纷上诉案	CLI.C.9560902
69	上海禹研自动化设备有限公司与上海良劲自动化科技有限公司侵害实用新型专利权纠纷一审案	CLI.C.431582057
70	深圳市捷波浪科技有限公司、东莞市微创智能科技有限公司侵害实用新型专利权纠纷二审案	CLI.C.313166491
71	叶某与鲤城区飞乐工艺品配件店侵害实用新型专利权纠纷一审案	CLI.C.111646994
72	深圳市凯贝科技有限公司与杭州骑客智能科技有限公司侵害实用新型专利权纠纷上诉案	CLI.C.9360987
73	厦门盛世华菲实业有限公司与厦门市集美区悦室母婴用品店侵害实用新型专利权纠纷一审民事判决书	CLI.C.309434611
74	中山市古镇金得旺照明门市部、欧普照明股份有限公司侵害实用新型专利权纠纷二审案	CLI.C.112647615

续表

序号	案例	北大法宝引证码
75	温岭市九洲电机制造有限公司诉台州市金宇机电有限公司侵害实用新型专利权纠纷案	CLI.C.11086452
76	青岛恩普环保设备有限公司、山东旭科环保设备有限公司侵害实用新型专利权纠纷一审案	CLI.C.407559771
77	东莞市精合包装机械有限公司、张某侵害实用新型专利权纠纷二审案	CLI.C.313717452
78	薛某与山西成信工程项目管理咨询有限公司侵害实用新型专利权纠纷一审案	CLI.C.11295913
79	一诺仪器（中国）有限公司、深圳市世纪云图科技有限公司侵害实用新型专利权纠纷二审案	CLI.C.315351909
80	张某与邓某侵害实用新型专利权纠纷上诉案	CLI.C.10538373
81	赵某诉永康市海财工贸有限公司等侵害实用新型专利权纠纷案	CLI.C.4110524
82	东莞市硕品电子有限公司、厦门广泓工贸有限公司侵害实用新型专利权纠纷二审案	CLI.C.120601570
83	厦门广泓工贸有限公司与东莞市硕品电子有限公司、潘某侵害实用新型专利权纠纷一审案	CLI.C.107895697
84	佛山市盛飞文具有限公司、肇庆市汇昌达塑料制品有限公司侵害实用新型专利权纠纷二审案	CLI.C.314950890
85	广州徒狮贸易有限公司、陈某等侵害实用新型专利权纠纷二审案	CLI.C.403090112
86	公牛集团股份有限公司与深圳市诺声电子科技有限公司、广东雅雕实业有限公司侵害外观设计专利权纠纷一审案	CLI.C.101026063
87	宁波飞乐体育用品有限公司、李某侵害实用新型专利权纠纷二审案	CLI.C.110798234
88	广东唯康教育科技股份有限公司与清华大学设备仪器厂、北京华控通力科技有限公司侵害实用新型专利权纠纷一审案	CLI.C.109531798
89	肖某与福州大学等侵害外观设计专利权纠纷上诉案	CLI.C.6484926
90	东莞市优易电子开发设计有限公司诉广州市金隆灯具厂有限责任公司侵害实用新型专利权纠纷案	CLI.C.3078496
91	台州市路桥区林宇卫浴有限公司与宝蔻（厦门）卫浴有限公司侵害实用新型专利权纠纷上诉案	CLI.C.10189618
92	傅某、深圳市派阁智能五金科技有限公司等与佛山市南海里水展华门窗配件制品厂等侵害实用新型专利权纠纷一审案	CLI.C.103924286
93	深圳市力飞科技有限公司、深圳市大疆创新科技有限公司侵害实用新型专利权纠纷二审案	CLI.C.70813566
94	宁波市江北宁科机械厂、宁波享昇机械有限公司侵害实用新型专利权纠纷二审案	CLI.C.62768959

续表

序号	案例	北大法宝引证码
95	杭州迈安奇婴童用品有限公司与邝某侵害实用新型专利权纠纷上诉案	CLI. C. 10689551
96	绍兴恒舜数控精密机械科技有限公司与泉州佰源机械科技股份有限公司侵害实用新型专利权纠纷上诉案	CLI. C. 8322324 CLI. C. 8975213
97	佛山市坦斯盯科技有限公司与深圳市鹰眼在线电子科技有限公司、深圳市傅敏电子有限公司侵害实用新型专利权纠纷一审案	CLI. C. 299978126
98	广东亮美集照明科技有限公司与昕诺飞（中国）投资有限公司、海通（深圳）贸易公司侵害实用新型专利权纠纷一审案	CLI. C. 299978127
99	孙某诉东莞市佳偶动漫科技有限公司等侵害实用新型专利权纠纷案	CLI. C. 9101878
100	李某与瑞安市曙兴金融机具有限公司、深圳市富宇邦科技有限公司侵害实用新型专利权纠纷一审案	CLI. C. 70143143
101	郑州科威自动化科技有限公司与郑州丰宏机械设备科技有限公司、郏县广天骏鹰磨料模具有限公司专利权权属纠纷一审案	CLI. C. 113233404
102	梁山立华机电设备有限公司、山东水泊焊割设备制造有限公司侵害实用新型专利权纠纷二审案	CLI. C. 102191477
103	广东天波教育科技有限公司与长沙中天电子设计开发有限公司侵害实用新型专利权纠纷一审案	CLI. C. 121868005
104	蓝某诉漳浦君威塑料制品有限公司侵害外观设计专利权纠纷案	CLI. C. 9768647
105	乌鲁木齐卡依娜特科技开发有限公司诉新疆激烈商贸有限公司侵害实用新型专利权案	CLI. C. 417421863
106	深圳市港龙网印机械有限公司等与李某等纠纷上诉案	CLI. C. 10548834
107	南阳仙草药业有限公司与重庆百笑医疗设备有限公司等专利权权属、侵权纠纷二审案	CLI. C. 111699858
108	天津市塘沽沃特斯阀门有限公司、天津市国威给排水设备制造有限公司侵害实用新型专利权纠纷二审案	CLI. C. 82676904
109	王某诉陈某侵害实用新型专利权纠纷案	CLI. C. 2460906
110	张某诉绍兴市威可多电器有限公司侵害实用新型专利权纠纷案	CLI. C. 2460927
111	宣城市宣州区新环宇通讯经营部叠嶂西路店、源德盛塑胶电子（深圳）有限公司侵害实用新型专利权纠纷二审案	CLI. C. 91253619
112	德兴璞电子（深圳）有限公司、广州市创宏电子有限公司侵害实用新型专利权纠纷二审案	CLI. C. 78435729
113	浙江海悦自动化机械股份有限公司诉长兴小胡蓄电池模具加工厂侵害实用新型专利权纠纷案	CLI. C. 8691496

续表

序号	案例	北大法宝引证码
114	大连金州热镀锌有限公司与大连长伟钢结构热镀锌有限公司侵害实用新型专利权纠纷一审案	CLI.C.501174601
115	成都金箭科技有限公司、宜宾市南溪区鑫盛技术开发有限公司侵害实用新型专利权纠纷二审案	CLI.C.503896061
116	东莞市乐放实业有限公司与深圳市赛源电子有限公司、广州晶东贸易有限公司侵害实用新型专利权纠纷上诉案	CLI.C.324669544
117	杭州骑客智能科技有限公司与广东圣奇仕电子科技有限公司侵害实用新型专利权纠纷一审案	CLI.C.299991996
118	亚迪加工部、耀王公司与胡某等侵害实用新型专利权纠纷一审案	CLI.C.315876674
119	山东德诺汽车配件销售有限公司与郑州宇晟汽车产品科技开发有限公司侵害实用新型专利权纠纷上诉案	CLI.C.95001358
120	东莞市蓝蕙日用品科技有限公司与佛山市三水区西南街波比水玲珑服装店侵害实用新型专利权纠纷一审案	CLI.C.112557175
121	张某与东莞市创龙电子有限公司、廖某侵害实用新型专利权纠纷一审案	CLI.C.93105245
122	胡某与深圳市南山区吉可可照明电器厂侵害实用新型专利权纠纷一审案	CLI.C.76272941
123	南宁利友百辉制卡有限公司与南宁市科学技术局（南宁市知识产权局）公司专利侵权处理决定纠纷上诉案	CLI.C.11203688
124	镇江新区恒达硅胶有限公司与谭某侵害实用新型专利权和外观设计专利权纠纷上诉案	CLI.C.9178866
125	东莞市特纯膜环保科技有限公司诉中山市普德净水设备有限公司侵害实用新型专利权纠纷案	CLI.C.11126410
126	湖南宝升塑业科技开发有限公司诉安宁贸盛塑料加工厂侵害实用新型及外观设计专利权纠纷案	CLI.C.8442329
127	郑某诉苏州市宏采展览展示器材有限公司侵害实用新型专利权纠纷案	CLI.C.2277109
128	孙某与卓远地产（成都）有限公司、成都广泽景观建设有限公司侵害实用新型专利权纠纷一审案	CLI.C.314882658
129	新疆中亚吉祥节能科技有限公司与乌鲁木齐南宝建筑节能科技有限公司侵害实用新型专利权纠纷上诉案	CLI.C.2688589
130	宜春善德科技有限公司、江西罡龙医疗器械有限公司侵害实用新型专利权纠纷二审案	CLI.C.502016578
131	乌鲁木齐亿能达机械制造有限公司与莎车县鑫鸿达金属制品有限公司侵害实用新型专利权纠纷案	CLI.C.417421361

续表

序号	案例	北大法宝引证码
132	杭州永创智能设备股份有限公司与台州旭田包装机械有限公司等侵害实用新型专利权纠纷上诉案	CLI. C. 70426007
133	陈某、景德镇古成陶瓷礼品有限公司侵害实用新型专利权纠纷二审案	CLI. C. 72667962
134	江苏卡拿翰机电科技有限公司与东尚船舶配件（上海）有限公司侵害外观设计专利权纠纷二审案	CLI. C. 62259727
135	佛山市南海区亿尼奥工艺品有限公司与马某侵害实用新型专利权纠纷案	CLI. C. 105310515
136	陈某诉温州市瓯海梧田博锐烟具厂侵害实用新型专利权纠纷案	CLI. C. 8532344
137	北京法帛商贸有限公司与集有商贸（天津）有限公司侵害外观设计专利权纠纷二审案	CLI. C. 541529112
138	江苏双发机械有限公司、江苏华航新材料科技集团有限公司侵害实用新型专利权纠纷二审案	CLI. C. 504398769
139	陈某、义乌市倪华贸易有限公司侵害外观设计专利权纠纷二审案	CLI. C. 526485012
140	佛山市如果电子科技有限公司、深圳市壹号优品贸易有限公司侵害外观设计专利权纠纷一审案	CLI. C. 408879336
141	福建省泉州市荣佳石业有限公司与厦门市富桥科技有限公司侵害实用新型专利权纠纷上诉案	CLI. C. 503828923
142	苏州宣嘉光电科技有限公司、深圳市恒必达电子科技有限公司等侵害实用新型专利权纠纷二审案	CLI. C. 430284411
143	陆某与北京京东叁佰陆拾度电子商务有限公司等侵害外观设计专利权纠纷一审案	CLI. C. 504401316
144	沈阳健水环保科技有限公司、李某因恶意提起知识产权诉讼损害责任纠纷一审案	CLI. C. 502476200
145	公牛集团股份有限公司、上海阿乐乐可工业设计有限公司因恶意提起知识产权诉讼损害责任纠纷一审案	CLI. C. 501132707
146	上海驼翁贸易有限公司与英乔实业（上海）有限公司因恶意提起知识产权诉讼损害责任纠纷二审案	CLI. C. 503082365
147	达利音响制造（宁波）有限公司、宁波升亚电子有限公司因恶意提起知识产权诉讼损害责任纠纷一审案	CLI. C. 505121393
148	广州市希迦达酒店用品有限公司、张某等因恶意提起知识产权诉讼损害责任纠纷一审案	CLI. C. 408689789
149	魏某、姜某因恶意提起知识产权诉讼损害责任纠纷二审案	CLI. C. 114836934
150	青岛德森木业设备有限公司、青岛盛福精磨科技有限公司因恶意提起知识产权诉讼损害责任纠纷一审案	CLI. C. 430066444

续表

序号	案例	北大法宝引证码
151	宁海县欣瑶电器有限公司与陈某因恶意提起知识产权诉讼损害责任纠纷一审案	CLI.C.72207174
152	东莞市佳偶动漫科技有限公司、东莞市横沥泽昌华模具厂等与孙某因恶意提起知识产权诉讼损害责任纠纷一审案	CLI.C.90771962
153	孙某等与山东街景智能制造科技股份有限公司因恶意提起知识产权诉讼损害责任纠纷一审案	CLI.C.120212880
154	成都骏合乐途智能科技有限公司与宁波行金太贸易有限公司侵害外观设计专利权纠纷上诉案	CLI.C.93903780
155	海口市知识产权局与海口琼山来宝塑料回收加工厂、海口粤广宝来塑料制品有限公司、海南南宝塑料制品有限责任公司专利侵权纠纷行政处理案	CLI.C.8447038
156	江西新兰德电子有限公司与南昌市市场监督管理局专利侵权纠纷行政处理案	CLI.C.103350535
157	西峡龙成特种材料有限公司与榆林市知识产权局、陕西煤业化工集团神木天元化工有限公司专利侵权纠纷行政处理案	CLI.C.10703486
158	山东巨明机械有限公司与武汉市知识产权局专利侵权纠纷行政处理上诉案	CLI.C.311662057
159	深圳市耀嵘科技有限公司与东莞市红富照明科技有限公司侵害实用新型专利权纠纷一审案	CLI.C.66676680
160	中山市吉力电器制造有限公司与国家知识产权局实用新型专利权无效行政纠纷二审案	CLI.C.314936937
161	源德盛塑胶电子（深圳）有限公司、钟某侵害实用新型专利权纠纷一审案	CLI.C.408377399
162	源德盛塑胶电子（深圳）有限公司、平阳县书妍电子商务商行侵害实用新型专利权纠纷一审案	CLI.C.408366304
163	源德盛塑胶电子（深圳）有限公司与上海寻梦信息技术有限公司等侵害实用新型专利权纠纷一审案	CLI.C.409340538
164	源德盛塑胶电子（深圳）有限公司、慈溪市科尚贸易有限公司等侵害实用新型专利权纠纷二审案	CLI.C.503657903
165	张某与广东彩婷生态圈服饰股份有限公司、浙江天猫网络有限公司侵害实用新型专利权纠纷一审案	CLI.C.77061833 CLI.C.76977322

参考文献

[1] 陈冲. 论专利司法实践中专利权评价报告制度的适用 [D]. 武汉：华中科技大学，2019.

[2] 陈伟凌. 专利侵权诉讼中专利权评价报告的适用研究 [D]. 湘潭：湘潭大学，2020.

[3] 陈扬跃，马正平. 专利法第四次修改的主要内容与价值取向 [J]. 知识产权，2020 (12)：6-19.

[4] 程英东. 我国专利权无效程序的制度完善 [D]. 长春：吉林大学，2023.

[5] 董涛. 国家治理现代化下的知识产权行政执法 [J]. 中国法学，2022 (5)：63-82.

[6] 范晓宇. 宣告专利权无效决定的本质及其效力限定兼评我国专利复审制度的改革 [J]. 中外法学，2016，28 (3)：684-701.

[7] 郭禾. 专利权无效宣告制度的改造与知识产权法院建设的协调：从专利法第四次修订谈起 [J]. 知识产权，2016 (3)：14-19.

[8] 郭建强. 职权分离模式下我国专利侵权与确权纠纷解决机制的衔接问题研究 [M] //国家知识产权局条法司. 专利法研究 2010. 北京：知识产权出版社，2011.

[9] 郭小军. 专利权评价报告制度前瞻：补充实质审查程序高效阻拦无效专利申请 [J]. 中国对外贸易，2016 (9)：42-43.

[10] 国家知识产权局. 专利审查指南 2023 [M]. 北京：知识产权出版社，2024.

[11] 国家知识产权局条法司. 关于专利权无效宣告与专利权评价报告制度 [J]. 电子知识产权，2010 (4)：32-35.

[12] 国家知识产权局条法司.《专利法》第三次修改导读 [M]. 北京：知识产权出版社，2009.

[13] 国家知识产权局条法司.《专利法实施细则》第三次修改导读 [M]. 北京：知识产权出版社，2010.

[14] 何伦健. 中外专利无效制度的比较研究 [J]. 电子知识产权，2005 (4)：32-35.

[15] 黄超，韩赤风. 德国专利纠纷诉讼解决机制及其借鉴 [J]. 法律适用，2018 (13)：93-100.

[16] 黄运康. 论专利确权司法审查权与行政权的冲突及解决 [J]. 电子知识产权，2023 (4)：51-62.

[17] 黄运康. 美国专利再审查制度的反思与借鉴：兼议中国专利确权制度的完善 [J]. 电子

知识产权, 2021 (10): 25-35.

[18] 姜洋洋. 专利循环诉讼问题研究 [J]. 中国律师, 2015 (7): 74-76.

[19] 姜珍英. 日韩专利行政部门确认专利侵权制度比较研究 [J]. 知识产权, 2020 (2): 84-96.

[20] 蒋华胜, 孙远风, 杨岚. 专利民事诉讼案件中行政确权困局的路径选择研究: 以司法审查权为视角 [J]. 科技与法律, 2018 (4): 41-48.

[21] 李建伟. 我国专利权评价报告制度研究 [D]. 合肥: 安徽大学, 2021.

[22] 李扬. 德国实用新型制度的特点和优势 [J]. 法制博览, 2018 (4): 150, 149.

[23] 刘洁. 论我国实用新型专利权评价报告制度 [D]. 北京: 中国政法大学, 2010.

[24] 刘梅. 专利确权改革路径分析研究 [J]. 中阿科技论坛 (中英文), 2020 (11): 175-178.

[25] 刘谦. 我国专利权评价报告制度研究及完善建议 [C]//中华全国专利代理人协会. 2015年中华全国专利代理人协会年会暨第六届知识产权论坛论文集. 北京: 中华全国专利代理人协会, 2015.

[26] 刘洋, 刘铭. 判例视野下美国专利确权程序的性质研究: 兼议我国专利无效程序的改革 [J]. 知识产权, 2019 (5): 95-108.

[27] 刘子晨. 专利权评价报告制度研究 [D]. 青岛: 青岛大学, 2018.

[28] 毛昊, 刘夏. 经济学视角下中国专利无效制度的改革路径 [J]. 知识产权, 2020 (10): 51-63.

[29] 倪静. 台湾专利无效宣告"双轨制"之相关问题及完善 [J]. 台湾研究集刊, 2012 (6): 31-38.

[30] 钱海玲, 张军强. 论侵权诉讼中专利无效抗辩制度的引入 [J]. 北京政法职业学院学报, 2020 (4): 53-60.

[31] 曲淑君. 世界实用新型专利运用指南 [M]. 北京: 知识产权出版社, 2019.

[32] 饶鹏. 试论我国实用新型专利检索报告制度的完善 [D]. 武汉: 华中科技大学, 2010.

[33] 史兆欢. 专利无效制度的改革和完善 [J]. 电子知识产权, 2018 (8): 31-40.

[34] 孙国瑞. 对知识产权行政执法标准和司法裁判标准统一的几点认识 [J]. 中国应用法学, 2021 (2): 87-99.

[35] 田丽莉, 李新芝. 日韩专利复审无效制度及其借鉴 [J]. 中国发明与专利, 2020, 17 (8): 100-105.

[36] 王向东. 专利权评价报告制度应当取消 [C]//中华全国专利代理人协会. 全面实施国家知识产权战略, 加快提升专利代理服务能力: 2011年中华全国专利代理人协会年会暨第二届知识产权论坛论文集. 北京: 中华全国专利代理人协会, 2011.

[37] 卫珊. 论我国实用新型专利权评价报告制度的完善 [D]. 南京: 南京大学, 2012.

[38] 徐棣枫, 张迩瀚. 论我国专利确权制度的改革路径: 从"行政一元制"到"行政与司

法二元制"[J]. 重庆大学学报（社会科学版），2022，28（2）：183-194.

[39] 闫宇晨. 论专利权的推定效力[D]. 南京：南京大学，2020.

[40] 严若菡. 论我国专利权评价报告制度的完善[M]//国家知识产权局条法司. 专利法研究2015. 北京：知识产权出版社，2018.

[41] 杨楠. 论我国专利主动确权制度的构建[D]. 上海：华东政法大学，2022.

[42] 易继明. 构建知识产权大司法体制[J]. 中外法学，2018，30（5）：1260-1283.

[43] 易继明. 国家治理现代化进程中的知识产权体制改革[J]. 法商研究，2017，34（1）：183-192.

[44] 易继明. 专利法的转型：从二元结构到三元结构：评《专利法修订草案（送审稿）》第8章及修改条文建议[J]. 法学杂志，2017，38（7）：41-51.

[45] 尹新天. 中国专利法详解[M]. 北京：知识产权出版社，2011.

[46] 于馨淼. 德国专利确权制度体系化研究[J]. 德国研究，2021，36（4）：86-104，158-159.

[47] 余颖蕾. 专利行政执法困境与应对[D]. 广州：广东工业大学，2022.

[48] 曾晓波，孙杰，蔡静，等. 透过最新司法解释看专利权评价报告[C]//中华全国专利代理人协会. 2015年中华全国专利代理人协会年会第六届知识产权论坛论文集. 北京：中华全国专利代理人协会，2015.

[49] 张飞虎. 专利侵权纠纷救济"双轨制"下行政裁决与司法裁判程序衔接相关问题的探讨[J]. 电子知识产权，2020（12）：79-86.

[50] 张汉国. 专利行政确权制度存在的问题及其解决思路[J]. 知识产权，2016（3）：111-116.

[51] 张怀印. 美国专利确权双轨制的分殊与协调[J]. 电子知识产权，2018（5）：31-37.

[52] 张亮. 试论专利侵权诉讼中"恶意"的推定与规制[J]. 法制与经济，2022，31（4）：1-6.

[53] 张鹏. 论《专利法实施细则》修改对专利无效宣告制度的完善[J]. 今日财富（中国知识产权），2010（9）：63-65.

[54] 张鹏. 我国专利无效判断上"双轨制构造"的弊端及其克服：以专利侵权诉讼中无效抗辩制度的继受为中心[J]. 政治与法律，2014（12）：126-135.

[55] 张韬略，黄洋. 《德国专利法之简化和现代化法》评述：浅析德国专利法律的最新修改[J]. 电子知识产权，2009（10）：49-54.

[56] 张运昊. 行政裁决的实践困局与制度重整[J]. 行政法学研究，2023（4）：117-128.

[57] 张子帆. 我国实用新型专利权评价报告制度研究[D]. 乌鲁木齐：新疆大学，2020.

[58] 郑小粤，张利洲. 过犹不及：谈德国实用新型申请中的常见误区[C]//中华全国专利代理人协会. 2015年中华全国专利代理人协会年会第六届知识产权论坛论文集. 北京：中华全国专利代理人协会，2015：9.

[59] 朱飞宇. 我国专利确权程序改革研究 [J]. 科技与法律, 2020 (6): 23-30.

[60] 朱理. 专利民事侵权程序与行政无效程序二元分立体制的修正 [J]. 知识产权, 2014 (3): 37-43.

[61] 专利权评价报告制度相关问题研究（国家知识产权局一般课题，编号 Y120203，负责人：何越峰）.

[62] 日本、韩国、澳大利亚实用新型制度深入研究（国家知识产权局一般课题，编号 Y070302，负责人：雷春海）.

[63] 实用新型专利权评价报告制度的实施情况评估与完善（国家知识产权一般课题，编号 Y130304，负责人：魏保志）.

[64] 中外主要实用新型制度的对比研究（国家知识产权局一般课题，编号 Y060301，负责人：朱广玉）.